SŌSEKI /DAZAI/MISHIMA

OBRAS MAESTRAS DEL JAPÓN

(TOMO II)

astria

OBRAS MAESTRAS DEL JAPÓN (TOMO II)
SŌSEKI/DAZAI/MISHIMA

©Colección Erandique
Supervisión Editorial: Óscar Flores López
Diseño de portada: Andrea Rodríguez
Administración: Tesla Rodas—Jessica Cordero
Director Ejecutivo: José Azcona Bocock
Primera Edición
Tegucigalpa, Honduras—Octubre de 2025

CONTENIDO

ALMOHADA DE HIERBA por NATSUME SŌSEKI

I

Mientras subo por la montaña, pienso lo siguiente: Si te guías por la razón, toparás con esquinas; si te dejas llevar por un mar de sentimientos, te arrastrará la marea; y actuar a voluntad, a la larga, es oprimirse a uno mismo. En todo caso, vivir en este mundo no es tarea fácil.

A medida que esta sensación se acrecienta, te acucia la necesidad de trasladarte a un lugar más tranquilo. Pero no importa dónde vayas, pues cualquier lugar te parecerá inhabitable. Y es entonces cuando nacen la poesía y la pintura, en el instante en que comprendes que no hay ningún lugar al que huir.

Este mundo no lo han creado ni los dioses ni los demonios. Lo han creado personas corrientes, vecinos que viven a la vuelta de la esquina. No hay más mundo que el que ellos han construido y, si lo hubiera, se trataría de un lugar inhóspito, completamente despoblado en el que sería muy difícil vivir.

Así las cosas, y visto que no hay escapatoria posible, solo queda sobrellevar la brevedad de la vida en este mundo inhabitable y tratar de hacer de él un lugar más cómodo. Es aquí donde los poetas desempeñan su labor sagrada; aquí, donde los pintores hallan la inspiración. Y el arte de estos guerreros pacifica el corazón de sus habitantes, lo colma y lo ennoblece.

Si se extrae de este mundo inhabitable la agonía que suscita vivir en él, el panorama que se proyectará ante nuestros ojos será una obra de arte. Puede que un poema o una pintura. O puede que una canción o una escultura. Y no siempre será necesario verlas plasmadas sobre un papel o un lienzo. Basta con mirar alrededor para ver cómo la pintura y la poesía forman parte del paisaje. Antes de plasmar un poema en el papel, la melodía de los versos resuena en el alma, del mismo modo que los ojos del espíritu proyectan un magnífico abanico de formas y colores antes de trazar la primera pincelada sobre un lienzo. En nuestro mundo, basta con mirar a través de la lente del alma para esclarecer y embellecer la nebulosa opacidad de la vida mundana. Así, hasta un poeta mudo o un pintor monocromo llegarán a alcanzar la felicidad suprema, contemplando el mundo tal y como es. Serán capaces de vencer las tentaciones y entrar y salir a placer de un mundo que desborda luz y pureza; podrán dan forma a un universo que ellos mismos han creado; se desharán de las cadenas del egoísmo… y su dicha será mayor que la del más acaudalado de los humanos y que la del más poderoso de los reyes.

Alcanzarán una felicidad mayor que la de aquellos que llevan una existencia mundana.

A los veinte años comprendí que vale la pena vivir en este mundo. A los veinticinco, supe que luz y oscuridad caminan juntas de la mano, y que en los lugares bañados por la luz del sol se proyectan las sombras. A los treinta, pienso que la alegría conlleva una honda tristeza y que cuanto mayor es la dicha, más profundo es el dolor que la acompaña. La tristeza y la dicha son inherentes al ser humano. El dinero, por ejemplo, es algo importante, pero si las cosas importantes se van acumulando, por la noche no podrás conciliar el sueño. El amor reconforta, pero el amor en exceso te hará añorar la época en que aún no lo tenías. Sobre los hombros de un ministro descansan las vidas de cientos de miles de personas: es ardua tarea acarrear una nación entera a tus espaldas. Privarte de un delicioso manjar causa impotencia, y probar solo un bocado no te sacia, pero tras atiborrarte, la sensación de empacho no es para nada agradable…

Mis pensamientos se ven interrumpidos cuando mi pie derecho trastabilla con una piedra enorme. Para conservar el equilibrio adelanto el pie izquierdo y aterrizo sobre mi cadera en un peñasco que hay un metro más allá. La caja donde guardo mis aparejos de pintura sale despedida por los aires, pero es un mal menor pues, por suerte, yo estoy ileso.

Al levantarme, alzo la vista y veo, al lado izquierdo del camino, la cumbre de una montaña que apunta al cielo y que me recuerda a un barreño puesto boca abajo. La montaña luce enteramente cubierta por el manto azul negruzco que forman las copas de los árboles, aunque no sabría decir si se trata de cedros o de cipreses. Entre el verde del follaje se escalonan franjas de rosa pálido que denotan la presencia de cerezos en flor, pero poco más puedo discernir entre la espesa niebla que envuelve el monte. Algo más cerca de donde me encuentro, y sobresaliendo por encima de las demás, se alza una montaña completamente desnuda, desafiante. Su escarpado relieve se suaviza al llegar a las profundidades del valle, talmente como si toda ella hubiera sido esculpida por el hacha de un gigante. En la cima se yergue un único árbol, quizá un pino rojo, entre las ramas del cual se perfilan claramente varios pedazos de cielo. El camino parece terminarse a unos doscientos metros por delante, pero a lo lejos diviso a una persona vestida de rojo que avanza hacia mí desde lo alto, por lo que deduzco que si me dirijo hacia allí, llegaré a buen puerto. Aunque el camino sea impracticable.

Si solo fuera por la tierra, avanzar no supondría tanto esfuerzo, pero sobre ella reposan piedras enormes. Puede que la tierra sea plana, pero no las piedras que la cubren. Y, si bien podrías destrozar las pequeñas, lidiar con las grandes es harina de otro costal. La tierra no moldea caminos que se adapten a nuestros pies, por lo que solo tengo dos opciones: o pasar por encima de las piedras, o sortearlas e ir por otro camino, si bien avanzar por el camino sin rocas tampoco es fácil. A derecha e izquierda del sendero se alzan dos altas paredes rocosas que dejan una depresión en el centro. Como si se tratara de un triángulo de casi dos metros de anchura cuya cúspide se encuentra en el centro del camino. Quizá sería más apropiado decir, pues, no que estoy siguiendo un camino, sino que estoy vadeando un río. Pero me permito el lujo de cruzar el paso de los Siete Desvíos, no tengo ninguna prisa.

De pronto escucho el trino de una alondra a mi espalda. Miro hacia el fondo del valle, pero no veo ni una sombra, ni un atisbo del pájaro. Su canto es lo único que llega a mis oídos con total claridad. Es un canto apresurado, incesante. Como si lo estuviera mordiendo un enjambre de miles de pulgas que han flotado hasta él por la superficie del aire. Está escrito en su voz, esa ave no tiene un segundo que perder: ha de cantar. Canta a los pacíficos días de primavera; canta pese al agotamiento; canta hasta la extenuación. Y mientras canta, sigue su camino en eterna ascensión, hacia el infinito. La alondra morirá entre las nubes, estoy seguro. Cuando haya ascendido hasta la cúspide del monte, se zambullirá en un mar de nubes y en alto vuelo su cuerpecillo irá desapareciendo hasta que solo reste su canto, vivo por siempre en la cara oculta del cielo.

Giro al llegar al extremo de un peñasco y doy un brusco viraje hacia la derecha para evitar caer en una zanja por la que sin duda un ciego se habría despeñado. Miro hacia abajo y contemplo una enorme extensión de flores de canola. «La alondra debe de haberse posado por ahí», me digo. O quizá no. Quizá haya salido volando desde ese campo dorado. Cabe la posibilidad de que se haya cruzado con otra alondra mientras volaba. De un modo u otro, concluyo, la alondra no hubiera cesado su vigoroso canto ni al alzar el vuelo, ni al cruzarse con otra, ni al plegar las alas.

La primavera nos adormece. Los gatos se olvidan de perseguir a los ratones, del mismo modo que los humanos olvidamos nuestras tribulaciones. A veces hasta nos olvidamos de nuestra alma y dejamos de saber quiénes somos. Pero la visión de este campo de canolas me despierta. Al escuchar el trino de la alondra, mi alma resucita y canta con ella, con el mismo brío. Porque la alondra no canta solo con su garganta, sino que su canto brota de todos los rincones de su espíritu. Y al instante comprendo que no hay mayor fuente de vida en el mundo. Sí… esto es felicidad. Esto es poesía.

De repente recuerdo el poema de la alondra de Shelley e intento recitarlo, pero a mi mente solo acuden dos o tres pasajes. Uno de ellos reza:

We look before and after and pine for what is not:
Our sincerest laughter with some pain is fraught;
Our sweetest songs are those that tell of saddest thought.

«Hacia atrás y adelante, tras algo que no existe, mira el hombre anhelante; ¿qué sonreír no es triste? ¿a cuál endecha dulce vago pesar no asiste?».

Eso es. Por más dichoso que se sienta el poeta, nunca podrá cantar con el gozo y la alegría de la alondra, con la pasión y el corazón de quien es capaz de olvidarse de lo que hay detrás y de ignorar lo que está por venir. La poesía occidental y la china gustan de transmitir las miles de tragedias que rodean al ser humano. Aunque quizá para el lector no se trate de tamañas tragedias. Deduzco, pues, que los poetas sufren más que nadie y que tienen el doble de sensibilidad que cualquiera. A veces experimentan una felicidad sin parangón, pero por norma general, casi siempre están sufriendo. Así las cosas, realmente vale la pena pensarse dos veces esto de ser poeta.

Hace un rato que camino por terreno llano. A mi derecha se alza una montaña poblada de árboles de diferentes clases. A mi izquierda se suceden los campos de canolas y, absorto como estoy en su contemplación, piso sin querer unos dientes de león. Bajo la vista al suelo, preocupado. Las hojas de los dientes de león son pequeñas sierras que apuntan sin titubeos hacia los cuatro puntos cardinales, custodiando esferas doradas. Por suerte, las esferas doradas que he pisado siguen intactas, protegidas por blancas sierras y a salvo en su sagrado templo. «¡Qué flor más despreocupada!», me digo, volviendo a mis reflexiones.

Puede que el sufrimiento y la agonía formen parte de la esencia del poeta, pero la sola idea de que reste la más mínima sombra de dolor tras escuchar el canto de esa alondra, me resulta impensable. Es como la alegría que invade mi corazón al estremecerse con la sola visión de las canolas, los dientes de león, los cerezos… los cerezos… en algún momento he dejado de verlos. Me he adentrado en una montaña y me he sumergido en un paisaje de naturaleza viva donde todo lo que veo y todo lo que oigo me resulta fascinante. No hay nada particularmente doloroso en todo ello. Si acaso lo hubiera, sería solo que estoy cansado por la caminata y que me gustaría tener algo bueno que llevarme a la boca.

¿A qué se deberá la ausencia de dolor? Quizá se debe a que contemplar este paisaje es como admirar una pintura o estar leyendo un poema. Contemplándolo de esta forma, uno no siente deseos de apropiarse de la tierra, ni de disponer sobre ella vías de tren para obtener un beneficio económico. Este paisaje no satisface una necesidad física ni nos proporciona un salario mensual. La esencia de este paisaje invita a que nos recreemos en él, a que lo disfrutemos. Por consiguiente, en él no tienen cabida los problemas y las preocupaciones. Ese es el valor incalculable de la fuerza de la naturaleza: purificar nuestro espíritu para poder entrar en contacto con la auténtica poesía.

Visto desde fuera, el amor hacia una mujer o el amor que sienten los hijos por sus padres es algo bello. La lealtad y el patriotismo también son ideas muy atractivas. Sin embargo, cuando te ves inmerso en la vorágine de pros y contras que comportan, dejas de ver la hermosura y el atractivo en ellas. Y ya no eres capaz de percibir la poesía.

Para volver a percibir la poesía has de ponerte en el lugar de un tercero y observar la situación desde fuera. Es así como se disfruta una obra de teatro o una novela: siendo meros espectadores que las observan sin verse envueltos en ellas. Durante esos instantes de lectura y contemplación, dejas de pensar en ti mismo y es entonces cuando te conviertes en poeta.

Con todo, las novelas y las obras de teatro también están llenas de esencia y naturaleza humana. Los personajes sufren, se enfadan, se excitan, lloran… y en el momento en que nos sentimos identificados con ellos, nosotros también sufrimos, nos enfadamos, nos excitamos y lloramos. Lo bueno de leer una novela o ver una obra de teatro es que nuestra avaricia no entra en juego. Lo malo es que sí lo hacen el resto de emociones que conforman nuestra naturaleza humana y estas reverberarán todavía con más fuerza en nuestro interior.

Sufrir, enfadarse, excitarse o llorar son emociones que forman parte de los hombres. En treinta años las he experimentado todas y ya las aborrezco. Además, las revivía una y otra vez en cada novela y en cada obra de teatro. La inspiración para la poesía que yo anhelo no se encuentra en tales sensiblerías. La poesía, tal y como yo la concibo, es aquella que, aunque solo sea por un instante, abandona las tentaciones mundanas y se escinde de este mundo apagado en el que vivimos. Hasta las representaciones teatrales que se tienen por obras maestras no consiguen desprenderse de ese hedor a humanidad. Pocas son las novelas que van más allá de la diferencia entre el bien y el mal, y la característica común a todas ellas es la de no ser capaces de dejar atrás la vulgaridad del mundo. Los fundamentos de la poesía occidental, en concreto, son los asuntos humanos y, por eso, a diferencia de la poesía oriental, no hay ni una sola obra que consiga zafarse de estas cadenas. Cualquiera de ellas es un mercado de compasión, momentos frugales, amor, justicia y libertad. Se trata de una poesía comercial plagada de naturaleza humana, sin nada de trascendental en ella. No me extraña que Shelley se sintiera tan afligido al escuchar el canto de la alondra.

Por suerte, en la poesía oriental hay obras que van un poco más allá. Existe un poema que reza:

«Recojo crisantemos plantados al pie de la parte este de mi valla, miro con serenidad hacia las montañas del sur».

No hay ni trampa ni cartón en estas palabras que se limitan, simple y llanamente, a dejar totalmente de lado el mundo del día a día. No hay ninguna joven mirando con disimulo tras la valla. Su amado no está atendiendo negocios en las lejanas montañas del sur. Son palabras que se desprenden de los pros y los contras de las situaciones y, de un modo totalmente alieno, sin pretensiones, dejan el mundo terrenal atrás.

«Me siento solo en un silencioso bosque de bambúes. Toco un laúd y tarareo una melodía.

Nadie sabe de mi presencia en este bosque. Solo la luz de la luna cae sobre mí».

Esta es la prueba fehaciente de que con unas pocas líneas puede construirse un universo enteramente nuevo. Las bendiciones de ese universo no son las de obras como Hototogisu o Konjikiyasha. Las bendiciones de ese universo son las que restan tras olvidarnos de barcos y trenes de vapor, de derechos y obligaciones, de comportamiento y moral, y quedarnos profundamente dormidos.

Todo el siglo XX debería caer en un profundo sueño para descubrir el valor de esta poesía genuina. Por desgracia, los poetas y los lectores de hoy en día están obnubilados por los poetas de Occidente. Ya no se suben a un pequeño bote que les lleve río arriba hacia un paraíso en la tierra. Yo no soy poeta, y no pretendo divulgar la poesía de Wang Wei o Tao Yuanming. Solo defiendo que sus obras me ayudan a sentirme bien.

Son mucho más inspiradoras que un espectáculo o una danza e infinitamente más gratificantes que un Fausto o un Hamlet. Es por eso que camino lentamente por este sendero montañoso, en primavera, solo, con una caja de pinturas y un caballete a mis espaldas. Quiero empaparme de la naturaleza en que se gestaron los poemas de Wang Wei y Tao Yuanming. Y quiero, aunque sea por poco tiempo, enajenarme de cualquier tipo de sentimiento humano y poder vagar errante por un universo de total insensibilidad. A eso aspiro.

Huelga decir que soy humano y que, en consecuencia, por más que quiera, permanecer ajeno a cualquier sentimiento durante mucho tiempo me es imposible. Siendo realistas, Tao Yuanming no se pasaría un año entero contemplando las montañas del sur y Wang Wei no habría podido dormir en aquel bosque de bambúes sin una buena mosquitera. Si Tao Yuanming dispusiera de crisantemos a espuertas, los acabaría vendiendo en alguna floristería cercana. Y Wang Wei hubiera llegado a un acuerdo con el verdulero a propósito de su bosque de bambúes. Yo no soy diferente. Por más que adore la visión de las canolas y las alondras, prefiero guarecerme en algún hostal a tener que pasar las noches al raso. Y no es que sea muy difícil encontrar personas, incluso en un lugar apartado como este. He visto pasar individuos con un pañuelo atado a la cabeza y los bajos del kimono arremangados o jovencitas vestidas de rojo. Incluso he visto caballos. Me rodean cientos de miles de cipreses y el aire que respiro me dice que debo encontrarme a mucha altura por encima del nivel del mar, pero, con todo, no consigo desprenderme de este olor a humanidad que todo lo impregna. Y mi intención de pasar la noche en los baños termales de Nakoi no contribuyen a la causa.

En cualquier caso, las cosas dependen del cristal con que se miran. Leonardo da Vinci les dijo a sus alumnos que escucharan con atención el repicar de una campana y advirtió que cada uno la escucharía de un modo distinto. Del mismo modo, hombres y mujeres son muy diferentes dependiendo del punto de vista con que los miremos. Ya que he emprendido este viaje con el objetivo de librarme de mi condición humana, trataré de observar a las personas sin el filtro de esa condición en vez de tratar de comprenderlas a través de la espesa niebla que se esparce entre los estrechos callejones de un mundo concurrido en exceso. Además, aunque no pueda liberarme por completo de mi condición humana, siempre puedo recurrir a las nada despreciables virtudes del teatro no para conseguir un alejamiento temporal, si bien apenas perceptible, de la vida mundana. Porque en el no también se atisban sentimientos humanos. Es inevitable derramar unas lagrimitas con la obra Shichikiochi o con Sumidagawa. Pero en el no las emociones humanas se dividen en tres partes y el arte se fragmenta en siete. Las virtudes del no no residen en la habilidad con la que se manifiestan los sentimientos humanos, sino en la manera en cómo estos se adornan con capas y capas de arte hasta quedar recubiertos de un halo de paz y serenidad que no son de este mundo.

¿Qué pasaría si trato de imaginar que todos los acontecimientos y todas las personas con las que me encuentre en este viaje han salido de una obra de teatro no? Por supuesto, eso no los librará de su condición humana, pero ya que el motivo de este viaje es vivir de un modo más trascendental, he de aprovechar al máximo cada oportunidad de deshacerme de esta humanidad. Las montañas del sur y el bosque de bambúes de los que hablan esos poemas son de una índole muy diferente, y nunca podré ver a los humanos como he visto a la alondra o a las canolas, pero he de intentarlo: quiero acercarme a esa perspectiva todo lo que pueda. Basho escribió un haiku que habla sobre la elegancia de un caballo que había orinado cerca de la almohada del poeta. A partir de ahora yo también asumiré que todas las personas con las que me cruce, sean campesinos, mercaderes, funcionarios o ancianos, son pinceladas en un rollo de pintura, personajes que forman parte de un bello cuadro paisajístico. Por supuesto, las personas de carne y hueso, a diferencia de los personajes de una pintura, gozan de libre albedrío. Sin embargo, yo no pretendo examinarlos como lo haría un simple novelista que trata en todo momento de explicar el porqué de los actos de las personas, de introducirse en su psique y reflexionar sobre la complejidad del comportamiento humano. A mí no me importa que se muevan, porque por más que lo hagan, no podrán salir del lienzo. Si dejo que los personajes vayan más allá, estos danzarán ante mis ojos, yo me inmiscuiré en sus vidas, empatizaré con ellos y acabaré implicándome en exceso. En consecuencia, apreciar la belleza de la pintura será harto complicado. Por lo tanto, de ahora en adelante observaré a las gentes de este mundo en la distancia y me separaré por completo de las emociones humanas. De este modo, por más que se esfuercen, nadie podrá atisbar mi corazón. Y eso significa que me limitaré a permanecer delante de ellos como si observara una pintura en la que las figuras están en constante movimiento. Podré contemplarla con calma y a salvo si me mantengo a unos metros de distancia de ella. En otras palabras: desnudo de egoísmos, podré invertir todas mis fuerzas en observar sus acciones como si fueran puras manifestaciones artísticas. Y podré juzgar seriamente si hay o no belleza en lo que veo.

Interrumpo mis cavilaciones al mirar el cielo, que presagia tormenta. En un instante, la nube solitaria que hace un momento vagaba sobre mi cabeza se ha truncado y expandido en todas direcciones, formando un inmenso mar de nubes del que empieza a caer una fina lluvia primaveral. Hace rato que he dejado atrás el campo de canolas y ahora camino entre dos montañas, pero las gotas de lluvia son tan finas que parecen crear un manto de niebla y no puedo calcular las distancias. En ocasiones sopla un viento que esparce las nubes más altas y, entonces, puedo vislumbrar la cúspide de una montaña negruzca. Parece que al otro lado del valle se extiende una pequeña sierra. Justo a mi izquierda se encuentra el pie de otra montaña. A veces, entre la densa cortina de lluvia, distingo árboles, quizá pinos, aunque tan pronto creo haberlos visto, desaparecen rápidamente. Llega un momento en que no sé si lo que se mueve es la lluvia, los árboles o los engranajes de un sueño en el que estoy inmerso, pero me invade una sensación muy extraña.

Contra todo pronóstico, el sendero se ensancha y el terreno se vuelve algo más plano, facilitándome el camino, pero no llevo nada que me proteja de la lluvia y he de darme prisa. Cuando los goterones de lluvia empiezan a resbalar por mi sombrero llega a mis oídos el tintineo de una campana. A unos treinta metros de distancia, aparece de la nada un arriero con su caballo.

—¿No habrá por aquí cerca un lugar donde guarecerme, verdad?

—Hay un salón de té a un kilómetro y medio en esta dirección. ¡Se ha mojado usted un poco!

«Un kilómetro y medio todavía», pienso, y en el instante en que dejo de mirarlo, el hombre se desvanece tan silenciosamente como ha aparecido.

La fina cortina de lluvia se torna más espesa por momentos y a cada gruesa gota de lluvia la rodea un pequeño remolino de viento. Estoy calado hasta los huesos; el agua permea también en mi ropa interior y todo mi cuerpo se empapa de una desagradable humedad. Me calo bien el sombrero y aprieto el paso.

Visto desde un punto de vista objetivo, se podría decir que hay poesía en la escena de alguien caminando bajo la lluvia: un hombre vagando por un vasto mundo hecho de tinta, por el que discurren en diagonal cientos de gotas de agua que asemejan flechas plateadas. Cuando me olvido de mi yo corpóreo, me transformo por vez primera en el personaje de una pintura y entro en bella harmonía con todos los elementos de la naturaleza que conforman el paisaje. No obstante, en el momento en que la sensación de cansancio de mis piernas o la impasibilidad del aguacero acuden a mi mente, me desvinculo de toda poesía; dejo de ser el personaje de un cuadro y vuelvo a ser un simple hombre de ciudad. La agitación de las nubes, la nebulosa bruma… dejan de tener significado para mí. Ya no me estremece la poesía que hay en la caída de los pétalos de una flor o en el canto de un ave. No veo la belleza en lo que me rodea, solo, andando entre montañas, en medio de una deprimente lluvia. En primer lugar, me ajusto el sombrero y sigo caminando. Después, fijo la vista en mis pasos. Por último, me encojo de hombros y camino algo más pausadamente. La lluvia mece las ramas de los árboles y las gotas que caen de sus copas, en vez de esparcirse en todas direcciones, caen sin piedad sobre un servidor. Para ser sinceros, ya he tenido suficiente «deshumanización» por un día.

II

—¿Hola? —llamo, pero nadie contesta.

Desde el cobertizo trato de atisbar el interior de la casa, pero el shoji está firmemente cerrado y me impide ver lo que hay al otro lado. Del alero del tejado cuelgan cinco o seis pares de sandalias de paja mortecinas que se balancean lánguidamente. En el suelo se alinean tres cajas de pastelitos y, encima de ellas, hay varias monedas esparcidas.

—¿Hola? —insisto. En una de las esquinas, a ras de suelo, hay una rueda de molino sobre la que caminan un par de aves de corral que prorrumpen en cacareos al oírme.

«¡Cococo!», exclaman alterados. En el umbral hay un hornillo de barro, húmedo por la lluvia que ha caído hace un momento y parcialmente descolorido. Encima hay una tetera negra que parece hecha de barro o de metal, no sabría decirlo. Respiro aliviado al ver un fuego encendido en el horno.

Al no obtener respuesta, me tomo la libertad de sentarme en el banquito de la entrada. Las aves descienden aleteando desde la rueda al tatami. Si la puerta no estuviera cerrada probablemente se colarían en la casa. Además, mi presencia las ha alterado porque no dejan de cacarear alborotadas. Debo parecerles un perro o un zorro. Encima del banco hay un cajón donde se guardan los aparejos para fumar. En su interior una espiral de incienso se va consumiendo, impertérrita al paso del tiempo. La lluvia, poco a poco, ha ido remitiendo.

Poco después oigo unos pasos que se acercan procedentes del interior de la casa y la ennegrecida puerta corredera se abre. Una anciana aparece en el umbral.

Sabía que en un momento u otro iba a aparecer alguien. Con el fuego del horno encendido, todas esas monedas esparcidas y el incienso prendiendo a la buena de Dios, era cuestión de tiempo que alguien hiciera acto de presencia. Pero al ser de ciudad, no estoy muy acostumbrado a ver una casa con las puertas abiertas de par en par. Aunque tampoco es algo propio del siglo XX el que yo haya entrado sin permiso y me haya sentado a esperar como Pedro por su casa. Esta carencia de modales tan impropia resulta interesante en extremo. Además, el rostro de la anciana que acaba de entrar me llama mucho la atención.

Hace uno o dos años fui a ver la obra de no Takasago y el tableau vivant fue exquisito. En una escena, un viejo que acarreaba una escoba al hombro caminaba unos cinco o seis pasos por el corredor que daba al escenario y, cuando llegaba, se daba la vuelta lentamente y se encontraba frente a frente con el rostro de una anciana. Tengo la sensación de estar viviendo esa misma escena. Además, por la posición que ocupaba en el teatro entonces, pude ver la expresión de la cara de la anciana como si esta me mirase directamente a mí. En aquel momento, me maravillé con su belleza y mi corazón grabó a fuego la expresión de aquella mujer, dejándome una fotografía impresa en la memoria. Es como si por las venas de aquella mujer y de la que tengo frente a mí ahora mismo corriera la misma sangre.

—Siento haber entrado como si nada, señora.

—Tranquilo, no sabía que estaba usted aquí.

—Qué manera de llover, ¿no?

—Este mal tiempo ha debido de ponerle en un apuro. ¡Vaya, pero si está calado hasta los huesos! Avivaré el fuego. Y quítese la ropa, se la pondré a secar.

—Si es tan amable de avivar un poco más el fuego, se lo agradeceré. Por la ropa no se preocupe, se secará tal cual. He cogido algo de frío mientras esperaba, solo eso.

—Como guste. Le serviré una taza de té.

La anciana se levanta y espanta a las aves con un ¡shi, shi! La ofendida pareja se aleja entonces revoloteando desde el enmohecido tatami hasta las cajas de pastelitos, en una de las cuales el gallo deja caer un pequeño presente.

—Aquí está —dice la anciana que, en un visto y no visto, vuelve a hacer acto de presencia con una bandeja de madera sobre la que reposa una taza de té. En el fondo ya ennegrecido de la vieja taza se perfilan tres pétalos de flor de ciruelo dibujados sin mucho esmero.

—¿Unos pastelitos? —Y esta vez trae en la bandeja un pastelito de sésamo y otro de pasta de arroz. Echo un vistazo en busca del excremento del gallo, pero no veo nada. Debe de seguir en la caja.

La mujer se arremanga el kimono atándose las mangas con el tasuki y se arrodilla frente al fuego. Yo extraigo un pequeño cuaderno de bocetos de entre los pliegues de mi kimono y empiezo a dibujar el perfil de la anciana mientras entablo conversación con ella.

—Qué lugar más tranquilo…

—Ciertamente. Como puede ver, vivimos entre montañas.

—¿No cantan los ruiseñores por aquí?

—Desde luego que sí, casi cada día. Especialmente en verano.

—Me encantaría escucharlos. Cuando no se escuchan, se echan en falta.

—Por desgracia, la lluvia de hoy los ha ahuyentado.

Entonces, una repentina ráfaga de aire azota un fuego ya crepitante y de él se eleva una llamarada de treinta centímetros de altura.

—Bueno, ya está listo. Acérquese, estará congelado.

Miro hacia arriba y veo cómo una columna de humo azulado se eleva hasta el borde de los aleros del tejado, donde se deshace en endebles volutas.

—¡Aah, qué bien! Me ha devuelto usted a la vida, señora.

—El cielo también se ha despejado ya. Mire, se puede ver la roca Tengu.

La tormenta ha amainado en esta parte de la montaña y en el cielo de primavera solo quedan ya algunas nubes tímidas. En la dirección en que señala el dedo de la mujer se alza una roca alta y escarpada en forma de columna.

Miro fijamente la roca Tengu y, a continuación, miro a la anciana. Por último, los abarco a ambos con la vista, comparándolos. Desde un punto de vista pictórico, mi mente asocia a las ancianas con dos rostros en concreto: la de la obra Takasago, que he mencionado anteriormente, y la de la mujer que aparece dibujada en la Yama—uba de Rosetsu. La primera vez que vi esa pintura, quedé completamente prendado de ella y, desde entonces, ese es mi ideal de anciana. La figura de esa pintura quedaría perfecta enmarcada entre hojas de otoño o bajo una fría luna de invierno. Me sorprendió toparme con una expresión de amabilidad idéntica en el rostro de la anciana de la obra Takasago. No me cabe la menor duda de que esa máscara la talló un experto del que, por desgracia, desconozco el nombre. Sin embargo, ambas mujeres desprenden una sensación de inmensa calma y calidez. Las imagino perfectamente sobre un fondo dorado, mecidas por una brisa de primavera o entre pétalos de cerezo. La anciana sentada sobre sus rodillas que veo ahora, señalando a la distancia con las mangas del kimono arremangadas es la representación perfecta del paisaje vernal que me rodea, mucho más de lo que lo es la roca Tengu. Alzo el cuaderno de bocetos a toda prisa pero, justo entonces, la anciana se mueve y la harmonía se desgarra. Decepcionado, me acerco con el cuaderno al fuego para que se seque.

—Está usted en plena forma, señora.

—Pues sí, gracias a Dios tengo muy buena salud. Todavía puedo utilizar una aguja, tejer lino y moler harina de arroz para hacer pastelitos.

«Me encantaría verla usar el molino», pienso, pero sería una petición extraña y me abstengo de decir nada. En lugar de eso, pregunto:

—Hasta Nakoi quedan unos cuatro kilómetros, ¿verdad?

—No llegará a los tres. Supongo que se dirige al balneario del pueblo…

—No es que lo tenga decidido, pero estaba pensando en alojarme allí, sí, si no está muy lleno…

—No lo estará. Desde que empezó la guerra se ha quedado sin huéspedes. Es como si hubieran echado el cierre.

—¡Qué raro! Entonces, quizá no quieran alojar a nadie.

—Pierda cuidado, siempre dan alojamiento al que lo pide.

—Solo hay un lugar donde alojarse en Nakoi, ¿cierto?

—Sí, pregunte por el propietario, el señor Shioda, no tiene pérdida. Él mismo vive en el balneario, aunque, puesto que lo usa como lugar de retiro, no sé si se le puede seguir llamando balneario.

—Entonces, supongo que no pasará nada por que no haya huéspedes.

—¿Es la primera vez que va?

—No, fui una vez hace ya algún tiempo.

Se hace el silencio. Abro el cuaderno y me dispongo a dibujar tranquilamente a la pareja de aves, cuando llega a mis oídos, hechos ya al silencio, el tintineo de la campana de un caballo. Se trata de un sonido capaz de hacer brotar en mi mente un sinfín de melodías. Es como quedarse dormido y oír en sueños el sonido de la rueda del molino. Dejo de dibujar a las aves y, en el borde de esa misma página, escribo:

La brisa vernal arrastra, de un caballo, su tintineo.

Desde que empecé a subir por esta montaña, me he topado con cinco o seis caballos. Y todos llevaban campanillas colgando del vientre, a la vieja usanza. El sonido no parece proceder de este mundo. Poco después, penetra en mi ensoñación la canción de un arriero que camina por los sinuosos caminos de montaña sin más compañía que la primavera. Trato de pintar los ecos de lamento de su voz:

Cruza Suzuka

tu canción, arriero, envuelta en lluvia.

Lo he escrito en diagonal, pero, al releerlo, me doy cuenta de que estos versos no son míos.

—Ha venido alguien más —dice la abuela, casi como si hablara consigo misma. Solo hay un camino que discurre entre estas montañas, así que los transeúntes han de pasar por su casa de té a la fuerza. Seguramente, la anciana ha repetido las mismas palabras a todos y cada uno de los arrieros que subían o bajaban la montaña y que yo me he encontrado hasta ahora. Seguramente, durante muchos años, en este pueblo solitario de primavera donde confluyen todas las eras y brotan flores por doquier, esta buena mujer se ha dedicado a contar los tañidos de las campanas hasta que el pelo se le ha tornado blanco. En la siguiente página, escribo:

Son de arriero

de cabellos de plata y crepúsculo.

Pero estas líneas no terminan de expresar lo que realmente quiero decir. «Necesita unos retoques», pienso con la vista fija en la punta del lápiz. De un modo u otro, quiero dejar las palabras «cabellos de plata» en el poema y quiero introducir unas nuevas: «son antiguo». El tema principal seguiría siendo «el son del arriero», y me gustaría añadir algo relacionado con la estación vernal. Por supuesto, al tratarse de un haiku, debo ceñirme a un número limitado de caracteres. En mitad de mis reflexiones, se escucha la voz de un arriero, uno de verdad, que está de pie frente a la puerta.

—¡Buenas tardes!

—Oh, ¿eres tú, Gen? ¿Vuelves para el pueblo?

—Pues sí, ¿necesita que le traiga algo, señora?

—Pues, ya que te ofreces, si vas a pasar por Kajicho, tráeme un amuleto del templo Reigan, hazme el favor. Es para mi hija.

—Claro, se lo traeré. Solo uno, ¿verdad? Su hija Aki ha escogido un buen marido.

Estará contenta, ¿eh?

—Por suerte, la vida no le está poniendo palos en las ruedas. Supongo que eso es bueno.

—¡Claro que lo es! Si no, compárela usted con esa chica solterona de Nakoi…

¡adónde va a parar!

—Lo de esa chica es una auténtica lástima, ¡con lo bonita que es! ¿Cómo se encuentra últimamente?

—¿Cómo va a estar? ¡Como siempre!

—Qué pena —dice la anciana, lanzando un suspiro.

—Una pena, sí —corrobora el arriero, acariciándole el morro a su caballo.

En las flores y las hojas de las finas ramas de los cerezos se forman pequeños lagos en miniatura, fruto de la lluvia que ha caído hace un rato. Entonces, una repentina ráfaga de viento estremece las ramas y cientos de gotas se precipitan sobre el caballo, que se asusta y se encabrita.

—Quieto —le regaña Gen, y su voz y el repiqueteo de las campanillas interrumpen el hilo de mis pensamientos.

—¿Sabes, Gen? Es como si la tuviera ante mis ojos ahora mismo. Vestida con un kimono estampado y el pelo recogido al estilo takashimada, sentada sobre un caballo el día de su boda…

—Sí, no fue en barco, sino en caballo. Paró a descansar en esta casa, ¿no?

—Ya lo creo. Su caballo se detuvo justo bajo ese cerezo en el momento en que caían los pétalos. Recuerdo cómo se le posaban sobre ese peinado tan logrado.

Vuelvo a abrir el cuaderno de bocetos. Una escena como esa también puede convertirse en un cuadro o una poesía. A mi mente acude la imagen de una novia, y mi imaginación trata de evocar su rostro…

Monta a caballo; cabalga sobre flores la bella novia.

Es curioso. Puedo imaginarme a la perfección sus ropajes, su peinado, el caballo, el cerezo… pero no puedo dibujar su rostro en mi mente. Mientras trato de ponerle un rostro a la novia, a mi mente acude el retrato de la Ofelia de Millais e imagino a Ofelia con un peinado takashimada. ¡Santo Dios, no! He de quitarme esa imagen de la mente en seguida. Mi corazón ha creado un escenario bellísimo en un instante: los ropajes, el pelo, el caballo, el cerezo… pero en mi interior permanece la nebulosa imagen de una Ofelia con las manos en actitud de rezo, flotando en el agua, y por más que intento disiparla con todas mis fuerzas, no lo consigo. Es un sentimiento vago, impreciso, como la difusa estela que dibuja un cometa en el cielo.

—Bueno, pues voy tirando —se despide el tal Gen.

—Cuando vuelvas para casa pásate antes por aquí. Con la lluvia que ha caído te va a ser imposible dar un rodeo…

—No le falta razón, no —dice Gen, poniéndose en marcha. Su caballo camina tras él con un sonoro ¡tolón, tolón!

—¿Es de Nakoi? —pregunto a la anciana.

—Sí, se llama Genbei.

—¿Ese hombre cruzó la montaña con una novia montada en su caballo?

—Sí, se trataba de la hija del señor Shioda. Fue el día que bajaba al pueblo para celebrar su boda. Iba montada en un caballo negro precioso y Genbei llevaba las riendas. De eso hace ya cinco años… ¡cómo vuela el tiempo!

¡Afortunado aquel que solo lamenta la brevedad de la vida cuando se ve las canas en el espejo! Esta mujer, que ha contado los años con los dedos mientras habla, comprende perfectamente el significado del tiempo, como lo percibiría un ermitaño. No parece humana.

—Seguro que era bellísima. Me hubiera gustado verla…

—¡Ja, ja, ja! Estoy segura de que tendrá ocasión de conocerla en el balneario.

—¿Cómo? ¿Está en el pueblo? Vaya… lástima que no la veré vestida con ese kimono estampado de mangas largas ni con el peinado takashimada…

—Oh, la verá si se lo pide.

Realmente lo dudo, pero la anciana lo ha dicho sin titubeos, muy segura de sí misma. En fin, si no me topara con caracteres así, este viaje en busca del desapego de las emociones humanas sería muy aburrido.

—Es muy parecida a la hija de los Nagara —prosigue la anciana.

—¿En las facciones?

—No, en la manera en cómo le han salido las cosas.

—¿Ah, sí? ¿Y quién es esa tal Nagara?

—Pues verá, hace mucho, mucho tiempo, en este mismo pueblo, vivía la hija de un hombre muy rico. Todo el mundo la conocía como la hija de los Nagara. Y resulta, querido, que dos hombres se enamoraron de ella al mismo tiempo.

—Ya veo…

—La joven no sabía si decantarse por el joven Sasada o por Sasabe. Pasó días y noches enteros discurriendo en amarga duda, fruto de la cual nació este poema que ella misma compuso:

«Como el rocío de una flor de otoño, breve y efímero,

¿así mi vida se desvanecerá?»

A poco, desesperada, se arrojó a las aguas del río Fuchi.

¡Cómo podía yo imaginar que llegaría a escuchar una historia tan maravillosa, contada con unas palabras tan elegantes, en este pueblo de montaña y de labios de una mujer como esta!

—Si se desvía unos quinientos metros hacia el este mientras baja hacia el pueblo, verá una pequeña pagoda de cinco anillos de piedra al borde del camino. Ahí está la tumba de la hija de los Nagara.

Decido que iré a verla sin falta, y la anciana vuelve a tomar la palabra.

—A la joven de Nakoi también la pretendían dos hombres. Al primero lo conoció cuando fue a Kioto a estudiar y el otro es el hombre más acaudalado de Nakoi.

—¡Vaya! ¿Y quién fue el afortunado finalmente?

—Ella deseaba casarse por todos los medios con el hombre de Kioto, pero sus padres la obligaron a casarse con el otro pretendiente. Supongo que tendrían sus motivos pero…

—Por suerte no acabó tirándose al río Fuchi, ¿verdad?

—No, pero… bueno puede que la relación hubiera llegado a buen puerto en lo que a él se refiere porque, al fin y al cabo, ese hombre estaba prendado de ella, y es que es una muchacha muy bella. Pero a ella la habían casado a la fuerza, así que su relación empezó a tambalearse y llegó a un punto realmente preocupante. Por si fuera poco, por culpa de la guerra, el banco donde trabajaba su esposo quebró y, entonces, ella volvió a Nakoi. La gente dice de ella que es fría y desagradable… lo cierto es que yo la recuerdo como una muchacha amable y reservada, pero últimamente se ha vuelto bastante gruñona y Genbei siempre me dice que la cosa es preocupante…

Si sigo escuchando, mi elaborada pintura se malogrará. Es como si me hubiera topado con la preciosa prenda de plumas de algún ser divino y, justo entonces, alguien viniera a reclamar con insistencia que se la devolviera. No tendría sentido haber emprendido este viaje y haber dado un rodeo tan arriesgado para acabar arrastrado de nuevo a los brazos de la vida mundana. Si me meto en habladurías y chismorreos, cada poro de mi piel se impregnará del olor de la banalidad y acabaré cediendo bajo ese peso mugriento.

—A Nakoi se va en línea recta desde aquí, ¿verdad, señora? —pregunto mientras me levanto y deposito una moneda de plata encima del banco.

—Eso es. Desde la tumba de Nagara, gire a la derecha. Por allí hay un atajo que desciende unos quinientos metros hasta el pueblo. El camino no es muy transitable, pero usted es joven, no tendrá problemas. Gracias por una propina tan generosa, señor. Y vaya con cuidado.

III

La noche ha sido sumamente extraña.

Cuando llego a la pensión son las ocho de la noche y, por la disposición del edificio y del jardín, no puedo diferenciar la parte este de la oeste. Recorro de cabo a rabo un corredor que rodea toda la casa y, por fin, me decido a entrar por una puerta que da a una pequeña habitación de seis tatamis. El lugar es muy diferente a como lo recordaba. Ceno, me doy un baño y, al volver a mi habitación, tomo un té mientras una chica hace la cama.

Curiosamente, es la misma chica que se ha encargado de recibirme, servirme la cena, guiarme hasta el baño y preparar mi habitación. No parece una mujer de pueblo, apenas si ha abierto la boca. Tras recibirme, me ha guiado por los pasillos y escalerillas de la casa. Caminaba delante de mí asiendo una antigua lámpara de papel con un obi rojo atado a la cintura. Más tarde me ha conducido hasta el baño y, al seguir de nuevo a ese mismo obi y a esa misma lámpara, me ha dado la sensación de estar entrando y saliendo de una pintura.

En la entrada, la chica me ha dicho que últimamente no habían limpiado ninguna de las habitaciones debido a la falta de huéspedes y que lo sentía, pero que tendría que alojarme en una habitación que solían usar para otras cosas. Me prepara la cama y se despide con un lánguido «buenas noches» que, para mi sorpresa, desprende algo de humanidad. Pero al salir y oír alejarse sus pasos por los sinuosos corredores, se impone un silencio angustioso y dejo de percibir todo rastro de presencia humana en la casa.

Solo había sentido algo así una vez en mi vida, en un viaje que hice partiendo desde Tateyama hacia Boshu, un día que caminaba siguiendo la costa que separa Kazusa de Choji. Aquel día me hospedé en cierto sitio. No hay mejor manera de definir el lugar exacto: era «cierto sitio». Es como si se me hubiera olvidado el nombre de la pensión y la zona exacta en la que estaba. Pensándolo bien, dudo hasta de que fuera realmente una pensión. Era un edificio de tejado alto y dentro había solo dos mujeres. Cuando pregunté si podía alojarme allí, la mayor me contestó que sí, y la más joven se dispuso a conducirme a mi alcoba. Me guio por unos corredores anchos y ruinosos hasta llegar a la sala más alejada de la primera planta. Para acceder a la habitación

había que subir tres peldaños y, al entrar, me llegó el tacto frío de algo que había bajo los alerones del tejado. Eran ramas de bambú. Ramas de bambú que, mecidas por el viento de la noche, me rozaban la cabeza y los hombros. Miré hacia arriba y vi que los travesaños y las vigas del techo estaban completamente podridos por culpa del bambú. Advertí a la joven que me acompañaba que, si no hacían nada al respecto, en pocos años el bambú se habría comido el resto de maderos de la casa y esa habitación se convertiría en una auténtica plantación, pero la chica se limitó a sonreír sin decir nada y se marchó.

Aquella noche, el susurro del susodicho bambú que había cerca de mi almohada no me dejó conciliar el sueño. Abrí la puerta corredera y dejé que mis ojos vagaran por el mar de hierba del jardín, sumergido en la luz de la luna de verano. Sin vallas ni muros que lo limitaran, el jardín se extendía hasta más allá de una montaña, justo detrás de la cual rompían las olas del vasto océano, alzándose amenazantes contra el mundo de los hombres. Al final, no pude pegar ojo en toda la noche, dentro de aquella inquietante mosquitera. Tenía la impávida sensación de estar viviendo una historia propia de un kusazoshi de la era Edo, difícil de ubicar en el mundo real.

A aquel viaje le siguieron más, pero no había vuelto a sentir algo parecido hasta esta misma noche en Nakoi.

Acostado boca arriba, mis ojos se topan por casualidad con una caligrafía superpuesta sobre una tela de color bermellón que cuelga del dintel de la puerta. Pese a estar tumbado, puedo leerla perfectamente: «La sombra de un bambú no levanta polvo», reza. La caligrafía está firmada por un tal Daitetsu. No soy ni mucho menos un entendido del tema, pero adoro el estilo de Kosen, preceptor de la secta budista zen Obaku. También me gustan algunos trabajos de Ingen, Sokuhi o Mokuan, pero en mi opinión no se pueden comparar con la fuerza y la elegancia de la caligrafía de Kosen. Veo su pincel y su pulso en estos siete caracteres, pero bajo ellos hay escrito un nombre diferente. Debe tratarse, pues, de otra persona. Quizá sea obra de un monje que también pertenecía a la doctrina Obaku. Aunque, pensándolo bien, el papel se ve sorprendentemente nuevo… ¡Eso quiere decir que es una obra muy reciente!

Me doy la vuelta y, al hacerlo, veo una pintura de grullas, obra de Jakuchu. Una pintura; este es mi campo. Nada más entrar en la habitación me he percatado de que se trataba de una auténtica reliquia. En la mayoría de sus obras, Jakuchu hace un uso bastante moderado de los colores, pero en esta se nota que las pinceladas son más atrevidas. El tronco ovalado de la grulla reposa sobre una única pata y la línea del contorno continúa con total naturalidad hasta concluir en el largo pico del ave. Al lado de la cama hay un pequeño estante y, contiguo a este, un armario del que ignoro el contenido.

Poco a poco me voy quedando dormido. Y en mi sueño…

La hija de los Nagara, enfundada en un kimono de mangas largas, cabalga a lomos de un caballo negro que atraviesa la montaña. De repente, salen a su encuentro Sasada y Sasabe, que empiezan a tirar de ella, uno hacia un lado, el otro hacia otro. Entonces, la señorita Nagara se convierte en Ofelia, y veo como esta se va flotando río abajo tumbada sobre una rama de sauce, cantando con una voz preciosa. En un intento por rescatarla, agarro una pértiga y la persigo por la orilla del río. Pero la joven no da muestras de encontrarse en un aprieto y se limita a sonreír y a cantar mientras la arrastra la corriente. Y yo, acarreando todavía el palo, la llamo inútilmente a voz en grito.

En este punto del sueño me despierto. Tengo las axilas empapadas en sudor. Ha sido un sueño muy extraño, mezcla de poesía y vulgaridad. Recuerdo que hace mucho tiempo existía un maestro zen llamado Daie, de la dinastía So, que afirmaba que, con una mente privilegiada, uno podía llegar a dominar sus propios sentimientos, pero que en ningún caso podría escapar de la vulgaridad de lo que se experimenta al soñar, y esa idea le frustraba. Ahora lo entiendo. Un artista no podrá destacar como tal si sus sueños no son un poco más bellos que los de la media. Me revuelvo de nuevo en la cama, alicaído ante la imposibilidad de que mi sueño se convierta en una obra de arte y, entonces, en un instante, la luz de la luna ilumina el shoji y la sombra ladeada de dos o tres ramas se proyecta en su superficie. Es una noche de primavera asombrosamente brillante.

De repente, oigo un canto tenue que, en un primer momento, atribuyo a mi imaginación. Puede que la canción haya nacido en un sueño y se haya filtrado en el mundo real o, por el contrario, quizá se trate de una canción del mundo real que subrepticiamente ha cruzado la frontera del distante país de los sueños. Lo que es seguro es que alguien está cantando. Escucho apenas un hilillo de voz, suave y distante, como si se tratara del latido de la adormecida noche de primavera. Lo curioso es que, con todo, puedo distinguir parte de la letra de la melodía… soy consciente de que no hay nadie cantando a los pies de mi almohada y no debería ser capaz de escucharla… pero lo cierto es que la escucho.

Como el rocío de una flor de otoño, breve y efímero,
¿así mi vida se desvanecerá?

Es la canción de la hija de los Nagara, que se repite una y otra y otra vez. Al principio parecía que la voz procediera de los aleros del tejado de fuera, pero poco a poco se ha ido distanciando. Una melodía con un final tan abrupto y tajante no puede ensombrecer el ánimo de nadie porque al corazón le resulta fácil separarse de un sonido que se corta de un tajo. Por el contrario, a veces una melodía avanza sin pausa haciéndose más y más imperceptible, poco a poco, hasta desvanecerse. En esos casos el corazón se encoge, se comprime, se estremece con cada minuto, con cada segundo que pasa hasta que llega el final. Como la brevedad de la vida de un marido en su lecho de muerte, o el ligero temblor de una llama a punto de extinguirse, así el final inminente de esta canción me perturba, pues en su interior parece yacer toda la angustia que emanan todas las primaveras de este mundo.

Hasta ahora me he quedado acostado pacientemente mientras escuchaba, pero mis oídos se empeñan en tratar de percibir de nuevo esa voz en la distancia, como si de un tentador señuelo se tratara. Cuanto más se aleja la melodía, más ganas siento de salir volando tras ella. Incapaz de aguantar más, y apenas un instante antes de que a mis impacientes oídos deje de llegar el murmullo de la melodía, ya me he deslizado de entre las mantas y he abierto la puerta suavemente. Nada más salir, la luz de la luna me baña de rodillas para abajo. En la parte de arriba de mi yukata se proyecta, titilante, la sombra de los árboles.

En un primer momento no percibo nada al abrir la puerta, así que mis ojos se dirigen instantáneamente hacia el lugar que les marcan mis oídos y, dando la espalda a lo que, por el aspecto de las flores, diría que es un manzano, distingo una vaga silueta oculta entre las sombras a la que no toca la luz de la luna. No obstante, antes de poder entender lo que veo, la oscura silueta corre hacia la derecha, pisando las sombras de las flores a su paso. Entonces, entreveo fugazmente la figura de una mujer que, veloz, dobla la esquina de la casa y queda oculta por completo.

Me quedo unos instantes atónito, de pie ante la puerta de mi habitación, enfundado en el yukata, hasta que el penetrante frío de las montañas me saca de mi atolondramiento. De algún modo, vuelvo a la cama y mi mente empieza a divagar. Saco mi reloj de bolsillo de debajo de la almohada y veo que pasan diez minutos de la una. Lo dejo donde estaba y vuelvo a mis divagaciones. No ha podido ser un fantasma, eso seguro. Si no ha sido un fantasma, ha tenido que ser una persona y, en ese caso, no me cabe duda de que se trata de una mujer. Podría ser la hija del propietario del balneario. Aunque lo cierto es que no es muy apropiado para una mujer casada que ha vuelto al hogar salir en mitad de la noche a un jardín tras el cual no hay más que montañas y montañas. Todas estas elucubraciones no me dejan dormir. Escucho el tictac del reloj de debajo de la almohada. Hasta ahora no había prestado atención al sonido del reloj, pero esta noche es como si me instara a devanarme los sesos y me repitiera constantemente «¡no te duermas, no te duermas!».

¡Maldito cacharro!

Si miras a las «cosas que asustan» como simples «cosas que asustan», puedes crear poesía. Del mismo modo ocurre con las cosas maravillosas. Si te desvinculas de ellas y las observas como simples maravillas, estas pueden conformar un bello lienzo. Exactamente lo mismo pasa con una pintura cuyo tema sea el «desamor». Si nos olvidamos del dolor y aprendemos a mirar objetivamente la tristeza, el desconsuelo, la ternura, o incluso, yendo un poco más allá, el sufrimiento que desprende la ternura en su estado más puro, dispondremos de los elementos necesarios para dar forma a una obra de arte. Con estos elementos es posible crear una obra de desamor excepcional con la que agonizar y en la que recrearnos al mismo tiempo. El hombre de a pie que evalúe una obra de este calibre la considerará una idiotez, una auténtica estupidez. Sin embargo, desde el punto de vista del arte, recrearnos en la tristeza que sentimos y, deliberadamente, hacer de ella nuestra rutina es lo mismo que hace el artista al dibujar un paisaje inexistente y sumergirse en ese universo mágico fruto de su propia creación. En este aspecto, la mayoría de los artistas son más idiotas que el resto de los hombres. Quizá la idiotez forme parte de la rutina de un artista, no solo de su faceta artística, aunque tampoco pondría las manos en el fuego. Por ejemplo, si hacemos un viaje calzados con sandalias de paja, el camino resulta pesado en extremo y del alba al ocaso no dejamos de proferir quejas sobre lo mucho que nos duelen los pies, pero delante de otras personas, no nos solemos lamentar. Lo más curioso es que hablaremos de esa travesía como si estuviéramos encantados con ella y expondremos con orgullo aquello de lo que otrora nos quejamos. Y esto no es un intento por engañarnos a nosotros mismos o al que nos escucha. Resulta contradictorio, pero lo cierto es que, si bien durante un viaje son los sentimientos humanos los que guían nuestros pasos, cuando relatamos la experiencia vivida, de repente, nos convertimos en poetas. En otras palabras: se podría decir que las personas normales habitan un mundo cuadrado, de cuatro esquinas. El artista, no obstante, vive en un mundo triangular, del que ha desaparecido una de las esquinas: la del sentido común.

Por este motivo, ya sea en la naturaleza o en temas humanos, el artista se adentra en terrenos a los que las masas ni se acercan; examinan miles de piedras preciosas y son capaces de distinguir las mejores de entre todas ellas. A este proceso se le conoce comúnmente por el nombre de «embellecimiento», pero yo no creo que se trate de eso porque en este mundo lleno de fenómenos siempre han habido pequeños cúmulos de luz brillante que son bellos de por sí, sin haber sufrido ningún cambio previo. Solo que nuestra ceguera nos impide ver esa belleza primigenia; por eso, la vulgaridad de este mundo nos acorrala; por eso nos ilusiona algo tan vulgar como el honor y la gloria. Y por eso vivimos obviando la auténtica belleza de un barco de vapor hasta que la descubrimos dibujada en un Turner, o en El fantasma de Oyuki.

En este caso, el fenómeno de que he sido testigo, la silueta que acabo de ver, también desborda poesía, independientemente de quién la vea o quién la describa. La poesía mora en el balneario de esta apartada aldea, en las sombras de las flores de un ocaso de primavera, en una canción susurrada a la luz de la luna, en una silueta envuelta en la noche… cada elemento puede convertirse en el tema de un poema. ¿Y qué hago yo? ¡Ver cómo todos estos temas potenciales se suceden ante mis ojos, sin dejar de cuestionarlos inútilmente! Trato de dar una explicación lógica a una belleza sin tacha y la contamino con recelos. ¿Qué sentido tiene, entonces, afirmar que quiero desapegarme de las emociones humanas? Está claro que necesito disciplinarme más antes de poder autoproclamarme poeta o artista. Había oído que, hace tiempo, un pintor italiano llamado Salvator Rosa deseaba con todo su corazón saber qué se sentía al ser un ladrón, así que, a riesgo de su propia vida, decidió convertirse en uno, y pasó a formar parte de un grupo de bandoleros. En comparación, lo único que he hecho yo es salir tan campante de casa con un cuaderno de dibujos en el bolsillo. Es humillante.

Así pues, para volver a ver la escena desde un punto de vista más poético he de volver a materializar el paisaje en mi mente, partiendo de las sensaciones que este ha despertado en mí. A continuación, he de alejarme un poco de esas sensaciones, serenarme y tratar de ver el mismo paisaje como si fuera otra persona que no tiene nada que ver con él. Los poetas son, en este sentido, médicos forenses con la obligación de diseccionar su propio cadáver y dar a conocer los resultados de su autopsia por todo el mundo. Y la mejor forma de hacerlo es resumir cualquier cosa que se les ocurra en las diecisiete sílabas que componen un haiku. No hay una composición poética más sencilla y se puede componer en cualquier momento: al lavarnos la cara, yendo al baño, en el tren… No obstante, que un haiku sea fácil de escribir no significa que convertirse en poeta sea pan comido. Soy de la opinión de que la virtud reside en la simpleza y por eso, precisamente, considero que un haiku merece el mayor de los respetos. Pongamos por caso que me enfado y, tomando esa rabia como base, escribo un haiku. Al terminarlo, mi enfado habrá pasado a ser el de otra persona, porque no se puede escribir un haiku y estar enfadado al mismo tiempo. Ahora pongamos por caso que estoy llorando y convierto mis lágrimas en diecisiete sílabas. Al concluir el haiku me sentiré tremendamente feliz, pues al convertir las lágrimas en letras, la tristeza se evapora y en mí solo resta la dicha propia de un hombre capaz de llorar.

Esas han sido siempre mis convicciones y esta noche trataré de ponerlas en práctica. Así que, metido en la cama, trato de componer varios versos. Para profundizar en mis estudios he de dejar constancia de los poemas por escrito, así que cojo mi cuaderno de bocetos, lo coloco al lado de la almohada y en la primera página escribo:

Sobre el manzano mil gotas de delirio. Tiembla el rocío.

No es ninguna maravilla, pero tampoco me desagrada. A continuación escribo:

Sombras de flores
y una sombra de mujer entre la bruma.

Demasiadas palabras que evocan las estaciones. No importa. Me tranquilizo y me dejo llevar.

El gran dios zorro se transforma

en mujer bajo la luna.
Este me ha quedado raro, pero es gracioso.
Poco a poco gano entusiasmo
y voy anotando los poemas a medida que se me ocurren:
Noche de estrellas; como un pasador de luz brilla en su pelo.
Pelo empapado;
la humedad de las nubes en primavera.
La primavera tararea una canción en plena noche.
Rayos de luna brotan del manzano,
¿será su alma?
El final de mayo
se cierne inexorable,
¡cuánta soledad!

Y, entre poema y poema, sin darme cuenta, me voy quedando dormido.

¿Es éxtasis la palabra que debería utilizar para describir esta sensación? Cuando uno duerme no es consciente de nada y, en cambio, cuando está despierto es incapaz de obviar el mundo que le rodea. Pero entre el sueño y la vigilia hay un espacio ínfimo, frágil, donde moran los fantasmas y las visiones. Demasiado vago para ser considerado una realidad y demasiado real para ser considerado un sueño. Es como si un poeta mezclara deliberadamente con su pincel el sueño y la vigilia en un frasco. Los colores de la naturaleza se extienden hasta la mismísima entrada al reino de los sueños, un reino de bruma al que va a parar la esencia del universo. Morfeo suaviza las picudas aristas de la realidad de este mundo con sus manos y de él se desvanece lentamente lo poco que queda de nosotros. Del mismo modo que el humo permanece a ras de suelo incapaz de elevarse, así nuestra alma está confinada en un cascarón del que no puede desprenderse. Nuestro espíritu planea sobre nuestras cabezas, vacilante, pero ansioso por escapar, y al final se acaba yendo, incapaz de vivir por más tiempo en un mundo falto de emociones. Al mismo tiempo, la energía del universo envuelve cada rincón de nuestro cuerpo y nos crea una dependencia; nos hace desear el amor.

Mientras paseo por la frontera entre el sueño y la vigilia, la puerta de mi habitación se abre y en el umbral aparece la silueta de una mujer. ¿Será una ilusión? Ni me sorprendo ni me asusto, simplemente la miro con calma. Aunque lo de «mirarla» es un decir, porque lo cierto es que tengo los párpados cerrados y lo único que capto es su contorno, pero la mujer lo ignora. Se desliza silenciosamente en la habitación. Camina sobre los tatamis con el silencio de un ser místico que camina sobre las aguas del mar. Apuesto a que es una mujer de piel blanca, cabello negro y cuello de cisne. A través de mis párpados cerrados la percibo como la figura de una fotografía oscura que tendría que acercar a una llama para ver en detalle.

El fantasma se detiene junto al armario y lo abre. Alcanzo a distinguir, no sin esfuerzos, un brazo blanco que emerge de la manga del kimono para sumergirse en la oscuridad envolvente. Cierra la puerta del armario. Vuelve a cruzar el mar de tatamis con la misma delicadeza, y la puerta corredera se cierra sola. Poco a poco me va venciendo el sueño y entro en ese estado de transición al que debe viajar uno cuando muere y está a punto de reencarnarse en una vaca o un caballo.

Ignoro cuánto tiempo paso vagando en ese limbo entre mi forma humana y la reencarnación en un caballo. Lo que sé es que me despierto con la risa de una mujer. Al abrir los ojos, el tupido telón de la noche se ha levantado y la luz invade cada rincón de la habitación. Un radiante día de primavera se cuela por el entramado de bambúes de la ventana circular de mi habitación y se traga las sombras, revelando todos los secretos de este mundo. El misterio ha vuelto al más allá, cruzando a la otra orilla del río Sanzu.

Entro en el baño con el yukata todavía puesto y, ya en la bañera, me quedo quieto con la cabeza medio hundida en el agua durante unos cinco minutos. No tengo ganas de lavarme, pero tampoco de salir de ahí. ¿Qué fue lo de anoche? Es como si el mundo se hubiera puesto patas arriba.

Me da mucha pereza secarme, así que, aún goteando, me dispongo a salir del baño y, al abrir la puerta, me topo con otra sorpresa.

—Buenos días. ¿Cómo ha pasado la noche?

No me esperaba que hubiera nadie allí y del susto me he quedado algo aturdido, sin saber qué contestar.

—Venga, venga, póngase esto —dice, acercándose por detrás y colocándome un suave kimono sobre los hombros.

Por fin consigo balbucear un «g—gracias…» y, mientras me doy la vuelta, la mujer retrocede dos o tres pasos.

Desde tiempos inmemoriales los novelistas han descrito concienzudamente la apariencia de los protagonistas de sus obras. Si tuviera que redactar una lista con todos los cánones que han definido la belleza de las mujeres de todos los países desde el principio de los tiempos, esta sería tan extensa como una colección de sutras budistas.

De toda esa ingente cantidad de adjetivos, no sé ni cuántos ni cuáles exactamente podría utilizar para describir a la mujer que me está mirando, con la cabeza levemente ladeada, con una expresión divertida en el rostro ante mi cara de sorpresa y desconcierto. En mis treinta años de vida no había visto nunca una expresión como la suya. En la antigua Grecia las esculturas más sobresalientes eran las que reflejaban un movimiento contenido. Parece que vayan a moverse en cualquier momento. ¿De qué modo? Eso lo ignoramos. La inmovilidad del cuerpo puede mutar, en cualquier momento, en lluvia y viento, o en truenos ensordecedores. Sea lo que sea, ese eco, ese movimiento, existe y ha llegado hasta nosotros a través de los siglos. Toda la dignidad y solemnidad del universo yace escondida en la posibilidad de que algo se mueva. Y cuando un mecanismo se mueve, se desvelan los secretos. Las revelaciones conllevan uno, dos, o tres cambios. Cada cambio tendrá un peso diferente, pero los tres acabarán degenerando en algo pútrido y será completamente imposible devolverlos a su estado de harmonía original. La conclusión, pues, es que todo lo que conlleva movimiento o cambio es vulgar. Las estatuas budistas de Unkei y los dibujos y grabados de Hokusai fallan en este aspecto. ¿Movimiento o quietud? Ese es el dilema que rige el destino de los artistas. Y la descripción de la belleza también ha debido de categorizarse en estos dos grandes bloques desde tiempos inmemoriales.

No obstante, miro a esta mujer y lo cierto es que no sé en qué categoría ubicarla. Una fina línea conforma sus labios sellados. Los ojos se mueven como si trataran de abarcar más de lo que pueden. Tiene el rostro ovalado y los carrillos prominentes, y desprende tranquilidad y sosiego. Un pico de viuda quebranta la harmonía de su frente estrecha. Además, tiene las cejas bastante juntas y en el espacio entre una y otra se dibuja un mohín de irritabilidad. La nariz no es ni chata, ni respingona, pero tampoco tiene nada de insulsa: quedaría preciosa en una pintura. Lo cierto es que cada facción tiene su propio distintivo y yo los veo pasar uno a uno ante mis ojos, sin orden ni concierto. Calma, no debo aturullarme demasiado.

Pongamos, por ejemplo, que de la noche a la mañana se activa un mecanismo en un apartado rincón de un planeta totalmente inmóvil y este empieza a moverse. En un principio, moverse va contra su naturaleza, así que intenta volver desesperadamente a su estado de inmovilidad anterior, pero una vez roto el equilibrio ya no puede forcejear contra la moción que le impele a moverse. Si tal fenómeno existiera, serviría para describir a la perfección a la mujer que tengo delante.

Por eso siento la necesidad de llegar a lo que se esconde tras esa expresión de mofa y presunción. Leo inteligencia en sus ojos. Su ingenio y entusiasmo harían las delicias de cientos de hombres, pero también esconde una gentileza dulce y sutil. No obstante, la expresión de esta mujer no es como debiera ser. La lucidez y la confusión que emergen de su alma llenan cada rincón de esta casa. La falta de harmonía en su corazón se corresponde con la falta de harmonía en su rostro. Y la carencia de harmonía en su corazón quizá se deba a la carencia de harmonía en su mundo. La Tristeza pretende invadir su rostro, pero sus facciones no se han doblegado todavía ante ella. No me cabe la menor duda: esta mujer no es feliz.

—Gracias —le repito, y esta vez inclino un poco la cabeza.

—¡Ja, ja, ja! He limpiado su habitación, ya puede ir a verla. Me pasaré más tarde — dice y, acto seguido, se da la vuelta y enfila ligera el corredor. Lleva el pelo recogido en un moño tradicional bajo el que asoma un cuello blanco precioso. Y yo me quedo allí, preguntándome si su obi tiene ese color negro satén por ambas caras.

IV

Vuelvo a mi habitación, todavía algo aturdido. Efectivamente, la ha limpiado. Todavía inquieto por el suceso de anoche, decido echarle un vistazo al armario por si las moscas. En la parte de abajo hay varios cajoncitos superpuestos y, del de arriba, asoma la mitad de un obi mal colocado, como si alguien hubiera cogido con prisas una prenda del armario y se hubiera ido corriendo. El obi está parcialmente cubierto por todo tipo de ropajes preciosos. En uno de los lados hay apilada una pequeña montaña de libros, siendo los de arriba del todo un ejemplar de la obra Orategama, de Hakuin Osho, y un volumen del Ise Monogatari.

Puede que la visión de anoche haya sido real después de todo.

Me dejo caer sobre un cojín y, al instante, me doy cuenta de que han colocado mi cuaderno de bocetos encima de la elegante pieza de madera occidental que conforma el escritorio. El lápiz reposa sobre la página en la que me quedé anoche. Lo tomo entre las manos y me dispongo a leerlos ahora que es de día y que la ensoñación de entonces se ha esfumado.

Tiembla el rocío; son gotas de delirio sobre el manzano.

Debajo, alguien ha añadido lo siguiente:

Tiembla el rocío

por el graznar de un cuervo sobre el manzano.

La caligrafía es demasiado firme para ser la de una mujer y demasiado fina para ser la de un hombre, pero está escrito a lápiz y es difícil afirmarlo con certeza. ¡Y aún hay más! A continuación, leo:

Sombras de flores

y una sombra de mujer entre la bruma.

Y justo debajo:

Sombras de flores

y una sombra de mujer

que las oculta.

El siguiente haiku que escribí reza:

El gran dios zorro

se transforma en mujer bajo la luna.

Y debajo han anotado:

¡Oh, Yoshitsune!

te transformas en mujer bajo la luna.

Inclino la cabeza, confuso. Ignoro si la joven me ha querido imitar, corregir, si es un puro intercambio de poesías, si es estúpida, o si me ha tomado por estúpido.

Ha dicho que se pasaría más tarde, así que quizá aparezca a la hora de la comida. Cuando venga podré aclarar mis ideas. Miro el reloj. Ya pasan de las once. ¡Pues sí que he dormido! Será mejor que me salte el desayuno y almuerce directamente.

Abro la puerta de la derecha de mi habitación, que da al exterior, y echo un vistazo en busca de reminiscencias de la pasada noche. Parece que lo que aventuré que era un manzano es realmente un manzano, pero el jardín es mucho más pequeño de lo que pensaba. Solo hay un caminillo de cinco o seis piedras recubiertas de una capa de musgo. Imagino que será una delicia pisarlas descalzo. A la izquierda, tras la montaña, hay un risco sembrado de pinos rojos que apuntan hacia el cielo, entre rocas, sobrepasando el jardín. Tras el manzano hay algunos matorrales y, al fondo, una plantación de bambú de unos treinta metros refulge con un verde intenso intensificado por el sol de primavera. El tejado del edificio me impide vislumbrar lo que hay a la derecha pero, a juzgar por la inclinación del terreno, por allí se debe de bajar a los baños, sin duda.

Más allá, la montaña se convierte en colina y esta, en una llanura de unos trescientos treinta metros de longitud; más allá de esa explanada la tierra se sumerge en el océano y, unos sesenta y cinco kilómetros mar adentro, vuelve a emerger abruptamente formando la llamada isla Maya, una ínsula de unos veintitrés metros de circunferencia. Esa es la topografía de Nakoi. El balneario está al pie de la colina y el jardín rodea parte del risco, pero, debido a la inclinación del terreno, la parte delantera del edificio es de dos plantas, mientras que la trasera, donde yo me encuentro, es de una. Por eso, si dejara colgando mis pies en el borde del porche, rozaría el musgo con los talones. Esta extraña disposición de la casa fue la razón por la que anoche la recorrí de arriba a abajo sin acertar a orientarme.

Ahora abro la ventana de la izquierda. Delante veo una roca de unos dos tatamis de largo, con una horadación natural en el centro. Dentro del agujero se han acumulado las lluvias de primavera y en su calma superficie se refleja un cerezo. Dos o tres matas de bambú enano colorean los bordes de las rocas y detrás asoma lo que parece un arbusto goji. Más allá está el camino de montaña que desciende desde la colina hasta la playa. A veces se escuchan las voces de los caminantes que pasan por él. Bajando cuesta abajo por la carretera en dirección sur hay plantados varios mandarinos y, donde termina el valle, hay otra gran plantación de bambú que despide fulgores blancos bajo la luz del sol. Qué curioso, nunca me había dado cuenta hasta ahora de que las hojas del bambú, vistas desde lejos, brillan con luz blanca. Por encima del bosquecillo de bambúes se alza imponente una montaña cubierta de pinos rojos entre los cuales entreveo cinco o seis escalones de piedra que quizá conduzcan a un templo. Abro la puerta y salgo al corredor descubierto. Ante mí hay un jardín vallado por los cuatro costados al otro lado del cual se alza el edificio de dos plantas. En la segunda de ellas hay una habitación con la puerta abierta de par en par. Seguro que desde ahí se puede ver el mar. Por la altura y el recorrido de la valla, deduzco felizmente que mi habitación está a la altura de ese segundo piso. Y dado que las aguas termales están bajo tierra, ¡podría decirse que me encuentro en lo más alto de un edificio de tres plantas!

La casa que tengo enfrente parece bastante amplia, pero aparte de esa habitación de la segunda planta, el resto de cuartos que discurren a la derecha de la valla y que, supongo, están destinados a los huéspedes, están cerrados. Quizá ocurra lo mismo con la sala de estar y la cocina. Puede que yo sea el único huésped del lugar. Parece que durante el día no abren los postigos de las habitaciones. Y si los abren, los dejan abiertos toda la noche. ¡Quién sabe si no dejarán abierta también la puerta de la entrada! Este es el lugar perfecto para experimentar la inhumanidad de la que quiero empaparme durante mi viaje.

Son casi las doce, pero todavía no han traído el almuerzo y tengo hambre. En fin, Wang Wei loa la vida del ermitaño con el verso de un poema que dice así: «En las montañas solitarias no se ve un alma». Debo mantenerme firme y no echar en falta aquello de lo que no dispongo. No me apetece ponerme a dibujar y no vale la pena escribir poesía ahora que mi mente está totalmente inmersa en ella. Sopeso la posibilidad de leer un poco, aprovechando que llevo conmigo dos o tres libros que he atado con una cuerda al caballete, pero no me apetece desatarlos. No ahora que el mundo me brinda el placer de estar tumbado en el porche junto a la sombra de las flores, mientras los rayos del sol de primavera me calientan la espalda. Pensar sería poco ortodoxo y moverme, peligroso. Si pudiera, hasta dejaría de respirar. Me gustaría pasar dos semanas así, inmóvil, como una planta que ha arraigado en este suelo.

Finalmente, oigo unos pasos que se acercan por el corredor y suben las escaleras. Escucho atentamente y adivino que son dos personas. Se paran delante de la habitación, pero una de ellas vuelve por donde ha venido. La otra abre la puerta y compruebo, algo decepcionado, que no es la mujer de esta mañana, sino la que me atendió anoche. Llega con la bandeja del almuerzo.

—Siento llegar tarde —se disculpa, sin excusarse por la ausencia de desayuno esta mañana. Hay pescado a la plancha con verduras de guarnición y un bol de sopa. Al levantar la tapa del bol, veo que una solitaria gamba roja y blanca reposa al fondo, en un nido de helechos cocidos. Los colores de la sopa son preciosos.

—¿No le gusta?

—Me gusta, me la comeré —respondo, aunque sería una auténtica lástima. Una vez leí en un libro una anécdota sobre Turner. Según el libro, Turner acudió una vez a un banquete y, mientras miraba la ensalada que tenía delante, les dijo a los que estaban sentados a su lado que aquellos colores tan frescos eran los que él utilizaba en sus pinturas. Me gustaría enseñarle a Turner el color de esta gamba y estos helechos. No hay ni un solo plato occidental cuyos colores merezcan la pena. Si acaso, los de la ensalada o el rábano rojo. Ignoro su valor nutricional, pero vista con los ojos de un artista, la occidental no es una cocina muy avanzada. La belleza de un plato japonés, en cambio, se aprecia en las sopas y en el sashimi, incluso en los entremeses. Se trata de un almuerzo tan sobrecogedor que sería una pena mancillarlo con los palillos cuando puedo comérmelo con los ojos y quedarme más que satisfecho. Solo por un almuerzo como este merece la pena volver a dejarse caer por el balneario en un futuro.

—Aquí vive una chica joven, ¿verdad? —digo mientras deposito suavemente la sopa sobre la bandeja.

—Sí.

—¿Quién es?

—Es la señorita de la casa.

—¿Y la señora de la casa?

—La señora murió el año pasado.

—¿Y su marido?

—Está aquí. Vive con la señorita, que es su hija.

—¿El padre de esa joven?

—Sí.

—¿Qué hace la señorita cada día?

—Cose…

—¿Y?

—Y toca el shamisen.

¡Vaya, eso sí que es una sorpresa! Me entran ganas de seguir preguntándole:

—¿Y qué más?

—Va al templo —prosigue la sirvienta.

Otra sorpresa. Es curioso que vaya al templo y toque el shamisen.

—¿Va al templo a rezar?

—No, va a visitar al sacerdote.

—¿A darle clases de shamisen?

—No.

—Entonces, ¿a qué va?

—Va a ver al señor Daitetsu.

Ahora lo entiendo. Se trata del mismo Daitetsu de la caligrafía. Esa letra solo podía ser la de un monje budista. El Orategama del armario debe de ser uno de los objetos personales de la chica.

—¿Quién utiliza normalmente esta habitación?

—La suele ocupar la señorita.

—Así que estaba en esta habitación hasta que yo llegué anoche, ¿no?

—Eso es.

—Siento las molestias que haya podido causar. Entonces, ¿qué hace con el señor Daitetsu?

—No lo sé.

—¿Qué más?

—¿Qué más, de qué?

—La señorita. ¿Suele hacer algo más?

—Bueno, varias cosas…

—¿Varias cosas, de qué?

—No lo sé.

La conversación acaba aquí. Yo termino el almuerzo. Entonces, cuando la sirvienta me retira la bandeja y abre la puerta, la veo. La joven de esta mañana está en la segunda planta del edificio de enfrente, tras la baranda, al otro lado del jardín. Lleva el mismo peinado recogido y, con una mano apoyada en la barbilla, clava la mirada en el suelo. Parece una de las formas de Kannon, la que sostiene una rama de sauce entre sus manos, porque está mucho más sosegada que esta mañana y sus facciones se han endulzado. Tal vez esa sensación se deba a que ahora sus pupilas no se mueven, miran fijamente hacia abajo, sin cruzarse con las mías. Alguien dijo una vez que lo mejor del ser humano son sus ojos y, ciertamente, es la mayor fuente de expresividad en las personas. Por debajo de la baranda, a través de la cual puedo verla sentada sola, dos mariposas bailotean en el aire, acercándose y alejándose la una de la otra. No obstante, el ruido que ha hecho la sirvienta al abrir tan violentamente la puerta corredera ha alertado a la joven, que en un instante ha dirigido la vista de las mariposas hacia donde me encuentro. Su mirada atraviesa el vacío como una flecha envenenada y se posa en mí sin un saludo que la adorne. Antes de darme cuenta, la sirvienta vuelve a cerrar la puerta con firmeza y la primavera retoma su curso, apacible e indiferente.

Yo me vuelvo a tumbar sobre el tatami y los siguientes versos resuenan en mi corazón:

Sadder than is the moon's lost light
Lost ere the kindling of dawn, To travellers journeying on,
The shutting of thy fair face from my sight.

(Más triste que para el viajero perder la luz de la luna al romper el alba es que pierda yo de vista la belleza de tu rostro).

Supongamos que me hubiera enamorado de ella. Intentaría volver a verla, por más que doliera, y un final abrupto en el cruzar de unas miradas, como el que acabamos de tener ahora, me haría sentir feliz y desgraciado al mismo tiempo. Si ese fuera el caso, estos versos precederían al poema anterior:

Might I look on thee in death, With bliss I would yield my breath.
(Si pudiera seguir contemplándote en la muerte, con gusto dejaría yo de respirar).

Por suerte, hace tiempo que abandoné los asuntos del amor. Por más que quisiera volver a sentir ese dolor, no sería capaz. Con todo, la poesía adyacente al momento que acabo de vivir la expresan perfectamente esas cinco o seis líneas. Aunque entre nosotros no exista un vínculo de amor desgarrador, resulta curioso pensar que la relación que mantenemos ahora mismo se puede imbuir en estos versos. Se podría decir, pues, que este poema define el presente de ambos. Entre los dos hay un delgado hilo de karma que nos une a una parte de ese poema, una parte que en este preciso momento es muy real. Lástima que el susodicho hilo sea tan fino. No se trata de un hilo normal y corriente. Es el hilo que forma en el vacío un arcoíris de colores; es el hilo de bruma que zigzaguea en los campos; es el hilo de una tela de araña que brilla con las gotas del rocío. Un hilo tan sumamente frágil que se puede romper en cualquier momento. Es el colmo de la belleza. Sería una desgracia si, de tanto mirarlo, este delicado hilo se convirtiera en una cuerda gruesa y recia, como la que rodea la polea de un pozo. Bueno, no creo que exista tal peligro. Al fin y al cabo, yo soy un pintor y ella no es una mujer corriente, ni de lejos.

De repente, oigo cómo se abre la puerta. Me doy la vuelta, todavía tumbado, y veo a mi compañera de karma, de pie en el umbral, sosteniendo una bandeja en la que reposa una taza de porcelana de celadón.

—¿Estaba durmiendo? Ya le molesté anoche y hoy vuelvo a las andadas, ¿eh? ¡Jo, jo, jo! —se ríe. No da muestras de timidez, ni de recato… ni mucho menos parece sentirse avergonzada. Únicamente ha tomado la iniciativa.

—Gracias por lo de esta mañana —vuelvo a decir cortésmente. Ahora que lo pienso, es la tercera vez que me dirijo a ella con una fórmula de cortesía y, además, las tres veces le he agradecido algo.

Cuando me dispongo a incorporarme, ella se acerca rápidamente al lado de mi almohada y toma asiento:

—No, no se moleste. ¡Podemos hablar mientras está tumbado! —exclama alegremente.

No le falta razón. Por el momento me coloco boca abajo, con la barbilla apoyada en las manos y los codos en el tatami.

—Pensé que se estaría aburriendo, así que le he traído un té.

—Gracias —¡Ah, ahí está el cuarto «gracias»!

Al lado del té, puesto en un platito, hay un yokan con un aspecto magnífico, y da la casualidad de que es mi dulce preferido. No es que me apetezca comérmelo especialmente, pero su disposición sobre el plato, su aspecto aterciopelado y elegante, y el brillo translúcido de su textura lo convierten en una auténtica obra de arte, se mire por donde se mire. La sola visión del color verde azulado de un yokan, que es como una amalgama de gemas y agalmatolita, es cautivadora. Además, ¡lo veo tan lustroso en ese plato de porcelana de celadón! Es como si acabara de nacer. Sin darme cuenta, estiro el brazo con afán de acariciarlo. Entre los dulces occidentales no hay ninguno capaz de maravillarme hasta este punto. Concedo que los colores de la crema son suaves, pero algo pesados. La gelatina puede parecer una piedra preciosa a primera vista, pero al temblar, pierde encanto, carece de la consistencia del yokan. En cuanto a esas pagodas de cinco pisos hechas de leche y azúcar blanca, son una auténtica aberración.

—Tiene un aspecto delicioso.

—Genbei lo acaba de traer. Supuse que le gustaría.

Parece que Genbei acabó pasando la noche en el pueblo. Yo continúo con la mirada fija en el yokan, sin responder. En realidad, no me importa quién lo haya traído. Lo que me importa es que es bonito y, para mí, recrearme en su belleza es satisfacción suficiente.

—La forma de este plato de porcelana es inmejorable. Y el color también es precioso. No tiene nada que envidiarle al yokan.

La chica se ríe con un casi imperceptible «ju, ju». He visto romper contra sus labios la ola de una mueca de desdén. Quizá no me tome en serio. Aunque, bien pensado, si realmente lo hubiera dicho para darme aires, merecería su desprecio. Comentarios como este son los que haría cualquier simplón para tratar de parecer ingenioso.

—¿Es de China?

—¿El qué? —inquiere ella, que no está prestando atención al plato.

—Parece chino —digo levantando el plato y mirando en la base.

—Si le gustan, puedo enseñarle más.

—Me encantaría ver más.

—A mi padre le gustan mucho las antigüedades, tiene muchas cosas de este estilo.

Le diré que está interesado y un día de estos podrá tomar un té con él.

Me repele un poco el oír la palabra «té». No hay en el mundo seres más pomposos que los maestros de las ceremonias del té. Se apropian de una pequeña porción del inmenso hábitat de la poesía y se dedican a tomarse en él su té con burbujitas. Son extremadamente engreídos, extremadamente artificiales, y cortos, muy cortos de miras. Si en las enrevesadas reglas de una ceremonia de té hay elegancia, entonces, las tropas de un ejército apestan a sofisticación. Los camaradas que marchan al ritmo del «pelotón a la derecha. ¡Marchen!» son auténticos maestros de la ceremonia del té. Gente como los tenderos y los comerciantes, que no han recibido una educación al respecto y no saben realmente en qué consiste la sofisticación, se han tragado automáticamente las normas establecidas años ha y están convencidos de que son el colmo de la elegancia. ¡Pobres ignorantes!

—Cuando habla de té, ¿se refiere a asistir a una ceremonia?

—No, en absoluto. Es más, no tiene porqué beber té si no le apetece.

—En ese caso, acepto encantado.

—¡Jo, jo, jo! A mi padre le encanta enseñar sus utensilios a todo el mundo.

—¿Le gusta que lo alaben?

—Ya está mayor, así que si le regala el oído, se alegrará.

—Bien, pues le daré un poco de coba.

—¿Un poco? ¡No sea rácano!

—¡Ja, ja, ja, ja! —me río, y comento:— No parece una mujer de pueblo.

—¿Aunque sea de pueblo, quiere decir?

—Es mejor haber nacido en un pueblo, en vez de en una ciudad.

—Bueno, criarme aquí me ha influenciado mucho.

—Pero ha estado en Tokio.

—Sí, y en Kioto también. Me gusta ir de un lado a otro, ya he visto varios sitios.

—¿Qué prefiere, el pueblo o la ciudad?

—Es lo mismo.

—Bueno, imagino que la vida ha de ser más llevadera en un lugar tan apacible como este, ¿no?

—Llevadera o no, en este mundo la mentalidad de uno es la que condiciona el lugar donde se encuentra. No tiene sentido mudarse a un lugar lleno de mosquitos porque te has cansado de vivir entre moscas.

—¿Y si se trasladara a un mundo donde no hay ni mosquitos ni moscas?

—Si de verdad existe un lugar así, me gustaría verlo. Venga, enséñemelo. Vamos — me exhorta, aproximándose.

—Está bien, se lo mostraré —accedo. Saco mi cuaderno y hago el dibujo o, más bien, el boceto, dado que solo son unas pinceladas rápidas, de una mujer montada en un caballo. La mujer dirige la vista hacia un cerezo.

—Vamos, entre aquí. Aquí no hay ni mosquitos ni moscas —digo mostrándole el cuaderno ante sus narices. Me pregunto cuál será su reacción: ¿se sorprenderá, se sonrojará? En todo caso, no se sentirá ofendida. La mujer opta por tomar un desvío:

—Bah, ¡ese mundo es minúsculo! ¿Quién va a vivir en un mundo bidimensional como ese? ¿Un cangrejo?

—¡Ja, ja, ja! —rompo a reír. Y al hacerlo, un ruiseñor que había cerca de los aleros del tejado deja de cantar y se traslada a otra rama. Tanto ella como yo interrumpimos la conversación y lo escuchamos con atención, pero una vez ha cesado su canto es muy difícil arrancarle más notas.

—Ayer conoció a Genbei en la montaña, ¿verdad?

—Sí.

—¿Vio la tumba de la hija de los Nagara?

—Sí.

—«Como el rocío de una flor de otoño, breve y efímero, ¿así mi vida se desvanecerá?» —recita con una entonación uniforme. No sé por qué lo ha hecho. No obstante, le digo:

—Escuché esa canción en la casa de té.

—¿Se la enseñó la anciana, verdad? Esa mujer trabajó hace años en esta casa antes de que yo me casar… —empieza, pero se interrumpe y me mira. Yo finjo no estar al corriente del tema.

—Yo todavía era muy joven. Cada vez que venía, le explicaba la historia de la hija de los Nagara. Ella apenas si podía recordar el poema al principio, pero llegó un punto en que lo escuchó de mi boca tantas veces que acabó aprendiéndoselo al dedillo.

—Vaya, ya me parecía raro que pudiera recitar algo así. Es conmovedor.

—¿Lo es? Yo no hubiera compuesto nunca un poema como ese. En primer lugar,

¿qué es esa tontería de tirarse al río Fuchi?

—Bueno, ahora que lo dice, sí que es algo tonta. ¿Qué habría hecho usted?

—Es obvio, ¿no? Hubiera convertido a Sasada y a Sasabe en mis amantes.

—¿A los dos?

—Sí.

—¡Admirable!

—No es admirable, es lógico, ¿no cree?

—Ya veo. Eso significa que no tendría que elegir entre el mundo de los mosquitos o el de las moscas.

—Uno puede vivir sin tener que pensar como un cangrejo.

De repente se escucha un ¡hooo, hokekyo! procedente del olvidado ruiseñor que, en un momento dado, vuelve a cantar con un potente piar. Primero canta como si se corrigiera a sí mismo, y después empieza a hacerlo con más fluidez. Su cuerpecillo se expande y contrae, arriba y abajo, arriba y abajo, y de las profundidades de su garganta asciende un canto tembloroso que emite abriendo al máximo su pequeño pico: ¡hooo, hokekyo, hooo, hokekyo!, canta y canta sin descanso.

—Eso es auténtica poesía —me alecciona la joven.

V

—Disculpe la indiscreción, señor, pero, usted es de Tokio, ¿cierto?

—¿Parezco de Tokio? —le respondo.

—Más que parecerlo físicamente… digamos que lo he deducido nada más escucharle.

—¿Sabría decirme de qué parte de Tokio exactamente?

—Bueno, Tokio es muy grande, es verdad. Mmmm… yo diría que usted no es de la parte sur, de Shitamachi. Más bien parece de la zona de Yamanote. ¿Kojimachi, tal vez? ¿No? En ese caso, ¿Koishikawa? Si no, por fuerza ha de ser de Ushigome o de Yotsuya.

—Por ahí van los tiros, sí. Conoce bien la ciudad, ¿eh?

—Aquí donde me ve, yo también soy uno de los hijos de la antigua Edo.

—No hace falta que lo jure. Parece un auténtico tokiota.

—Je, je, je, no bromee. Míreme, vivo en la miseria…

—¿Cómo es que vino a parar aquí?

—Esas son las palabras exactas. Vine a parar aquí porque vine a parar aquí, como usted mismo ha dicho, señor. No tenía nada que llevarme a la boca…

—¿También dirigía una barbería en Tokio?

—No la dirigía, pero trabajaba en una. ¿Que dónde estaba? Estaba en Matsunagacho, en Kanda. Un barrio minúsculo y muy sucio, ¿sabe usted? Puede que no haya oído hablar de él. Ahí está el puente Ryukanbashi. ¿Cómo? ¿Tampoco lo conoce? ¡Con lo famoso que es ese puente!

—Oiga, ¿podría enjabonarme un poco más esta parte? Me duele un poco.

—¿Le hago daño? Verá, yo soy bastante perfeccionista en estas cosas, ¿sabe? Rasuro en la dirección contraria a la que crecen los pelos y me aseguro de que no queda ni uno solo. ¡No como los barberos de hoy en día, que más que afeitar, parece que le estén acariciando a uno! Aguánteme ahí un poco más.

—¡Es que llevo aguantando desde hace un rato! Haga el favor de ponerme agua caliente o jabón.

—¿No puede aguantarse? Vaya, ¿tanto le duele? Pues no será porque tenga mucho pelo, el problema es que los pocos que tiene, los tiene muy largos.

El barbero aparta las manos de mis maltratadas mejillas a regañadientes. Coge una pastilla de jabón rojo de encima de la estantería y, tras sumergirla brevemente en un poco de agua, empieza a restregármela tal cual por toda la cara. No estoy muy acostumbrado, que digamos, a que me embadurnen la cara directamente con una pastilla de jabón. Además, el agua con la que ha empapado la pastilla… a saber cuántos días lleva en la peana. Aunque tampoco me seduce demasiado la idea de tratar de averiguarlo.

Todo cliente de una barbería tiene derecho a tener un espejo delante y yo lo tengo. El espejo cumple su función si dispone de una superficie lisa que refleje el rostro de las personas tal y como es. Si un espejo no es como debe ser y un hombre se ve obligado a mirarse en él, el espejo distorsionará sus facciones y desfigurará la imagen resultante, del mismo modo que la desfiguraría la lente de un fotógrafo inexperto. Puede que echar por tierra nuestra vanidad sea un buen método para cultivarnos como personas, pero no es necesario que me aleccionen enseñándome un reflejo distorsionado de mi cara y que me insulten con un «esto es usted». Y el espejo que tengo delante ahora mismo y que he tenido que estar mirando desde que he puesto un pie aquí me está insultando. De perfil derecho, soy todo nariz. Y de izquierdo, la comisura de la boca me llega hasta la oreja. Si echo la cabeza hacia atrás, la veo tan achatada que parezco un sapo. Y si la inclino hacia adelante parezco uno de esos dioses de la longevidad, un Fukurokuju de cabeza alargada. Lo quiera o no, mientras permanezca frente a este espejo tendré que ver cómo me transformo en un monstruo detrás de otro. Mi cara, de por sí, no es que sea muy agraciada, pero la tonalidad de la pantalla de aluminio del espejo, que se ha descascarillado y que a duras penas proyecta la luz, la afea mucho más. A priori no me afecta demasiado. Es como escuchar los insultos de un niño irrespetuoso: no me los tomo como una afrenta personal, pero reconozcamos que pasar mucho tiempo escuchando a un niño así no es plato del gusto de nadie.

Además, este barbero no es un barbero normal. Cuando me he asomado a la puerta estaba sentado con las piernas cruzadas, fumando de una larga pipa y soltando bocanadas de humo sobre una bandera de juguete que representa la Alianza Anglo— japonesa. Parecía aburrido. Pero le ha bastado con ponerme las manos en el cuello para dejarme de piedra. Lo trata sin ningún tipo de miramiento, con tal falta de tiento que he empezado a dudar de si mi cuello sigue siendo realmente mío o si ha pasado a ser de su propiedad. Sigo teniendo el cogote en su sitio, pero no sé si por mucho tiempo. Navaja de afeitar en mano, este hombre no se rige por las leyes de la civilización. El ruido que produce al afeitar es muy desagradable, tanto que al aproximarse a la oreja oigo palpitar de terror a mis propias arterias. El sonido de la navaja al rasurar la pelusilla de la barbilla es sumamente extraño, quebradizo, como de pisadas sobre el hielo. ¡Y encima tiene las narices de creerse el mejor barbero de Japón!

Por si eso fuera poco, está borracho. Cada «señor» que ha salido de sus labios ha venido acompañado de un tufillo extraño, una especie de gas que ha llegado flotando hasta mis narinas. No sé en qué momento cometerá un error, ni cómo lo cometerá, ni qué parte de mí se verá afectada por ello. Él mismo ignora los planes que su propia navaja me tiene reservados. Pero he puesto mi cara en sus manos motu proprio así que no puedo conjeturar, como no puedo quejarme si acabo levemente herido. Ahora bien, que me raje la tráquea es ya un asunto más serio.

—Esto de enjabonar para después afeitar es más propio de un barbero novato. Pero supongo que no hay más remedio. ¡Tiene una señora barba! —dice mientras vuelve a dejar sobre la estantería la pastilla de jabón que se desliza rebelde hasta el suelo.

—No lo he visto mucho por aquí, señor. ¿Cómo es eso? ¿Llegó al pueblo hace poco?

—Sí, hace dos o tres días escasos.

—Vaaaya. ¿Y dónde se aloja?

—Estoy pasando las noches en Shioda.

—Ya veo, es uno de sus huéspedes. Lo supuse. A decir verdad, yo también estoy aquí gracias al dueño del balneario… éramos vecinos cuando vivíamos en Tokio… allí nos conocimos. Es un buen hombre. Y listo, sabe muchas cosas. El año pasado murió su mujer y ahora no hace más que juguetear con sus cacharros… ¡Tiene cada maravilla! Si las vendiera sacaría un buen pico. Al menos, eso dicen…

—Tiene una hija muy guapa.

—Ojito con ella.

—¿Por qué?

—«Por qué», dice. Esa mujer ha vuelto a su antigua casa por culpa de un matrimonio fallido.

—¿De verdad?

—De la buena. Y eso es decir poco. Realmente, se podría haber quedado donde estaba. No cumplió con sus obligaciones para con su esposo. El banco se fue a la quiebra y no pudo seguir llevando una vida de lujos… por eso volvió al pueblo. Mientras su padre siga como hasta ahora, todo irá bien, pero si pasa lo peor, la cosa dará un giro tremendo.

—¿Usted cree?

—¡Vaya si lo creo! Y el hermano mayor de esa chica, que vive en la casa principal, tampoco es trigo limpio.

—¿Hay una casa principal?

—En lo alto de la colina. Le recomiendo que vaya a verla, el paisaje vale la pena.

—Oiga, ¿podría pasarme un poco más de jabón? Vuelve a dolerme.

—Pues sí que es puñetera esta barba, ¿eh? Es que tiene los pelos demasiado duros. Debería afeitárselos cada tres días para evitarse problemas, señor. Si esto le duele, con otro barbero será peor.

—Eso haré, pues. Vendré cada día. ¿Le parece bien?

—¿Tanto tiempo tiene pensado quedarse? Es peligroso. Piénseselo bien. A saber qué podría ocurrirle si se deja atrapar por indecencias.

—¿Por qué lo dice?

—Su dama es muy bella, pero está loca.

—¿Por qué?

—¿Que por qué? Señor, todos en el pueblo dicen que le falta un tornillo.

—Puede que se equivoquen.

—Pero es que hay pruebas. Hágame caso, señor. Reconsidérelo.

—No se preocupe por mí. ¿Qué pruebas son esas?

—Es una historia extraña. Se la contaré tranquilamente mientras se fuma un cigarro… ¿le lavo la cabeza?

—No, ya está bien.

—Le quitaré un poco la caspa, ¿de acuerdo?

Sin más dilación y sin ningún tipo de consideración, coloca los diez dedos sobre mi cráneo y empieza a moverlos violentamente de arriba a abajo. Las uñas se deslizan entre cada uno de mis pelos con la ferocidad y la fuerza que emplearía un gigante para labrar con su rastrillo una vasta superficie de tierra yerma. No sé cuántos miles de pelos pueblan mi cabeza, pero noto como si me los estuvieran arrancando de raíz y, de cada pequeño hueco, asomaran miles de lombrices de tierra. Siento que sus uñas me atraviesan el cráneo y llegan hasta el cerebro. ¡Qué manera más violenta de rascar tiene este hombre!

—¿Qué me dice? Qué gustito, ¿eh?

—Tiene usted una fuerza sobrehumana.

—Vaya, pues a todo el mundo le alivia que se lo haga.

—Siento que se me va a descolgar la cabeza en cualquier momento.

—¿No será flojera? Eso es del clima, seguro. Con la primavera se vuelve uno más debilucho, más apático. Venga, échese un cigarro. Debe aburrirse ahí solo en Shioda. Vamos a hablar un poco. Los dos somos descendientes de Edo, seguro que tenemos muchas cosas en común. Ahora, ¿no me irá a decir que esa mujer se le puso a hablar cortésmente? No hace distinciones con nadie, y eso es un auténtico problema.

—Estaba a punto de contarme alguna historia relacionada con ella, justo en el momento en que ha empezado a volar caspa… y justo cuando pensaba que la cabeza me iba a salir volando también.

—Cierto, ¡se me ha ido el santo al cielo por completo!… La historia tiene que ver con ese monje…

—¿Ese monje? ¿Qué monje?

—Uno de los de menor rango del templo Kankaiji.

—No he conocido a ninguno, ni de bajo ni de alto rango.

—¿No? Vaya, ya me he avanzado. Bueno, resulta que es un monje de buen ver, atractivo para las mujeres, vaya. Pues resulta que acabó por enviarle una carta. Espere, espere. ¿O tuvo una riña con él? No, eso no. Le escribió una carta, no hay duda. Y… y entonces… pasó que… ¿qué era?… Es que la historia es un poco rara. ¡Ah, sí! Sí, sí. Eso es. ¡Se sorprendió cosa mala!

—¿Se sorprendió quién?

—La mujer.

—¿Le sorprendió recibir una carta?

—La sorpresa sería que a esa mujer le sorprendiera algo, pero no es el caso, no, no,

¡ni mucho menos!

—Entonces, ¿quién se sorprendió?

—El hombre con el que riñó.

—¿No había dicho que no hubo riña?

—Sí… vaya, ya me he vuelto a avanzar. Espere, me he equivocado. Ella recibió una carta del monje.

—Entonces, la que se sorprendió sí que fue ella.

—Nooo, el hombre.

—¿Quiere decir el monje?

—Eso es, el monje.

—¿Por qué se sorprendió el monje?

—¡Que por qué, dice! Esa mujer irrumpió en el templo mientras el monje y el abad estaban recitando sutras, ¡en pleno oficio! Ju, ju, ju… está como una cabra.

—¿Y qué pasó entonces?

—Ella se plantó allí y le soltó a bocajarro: «¡Si tan bonita te parezco, hazme el amor delante de Buda!», y se echó al cuello del monje.

—Dios…

—Taian, que así se llamaba el monje, se quedó helado. La vergüenza cayó sobre él, todo por haberle enviado una carta a una chiflada. Por culpa de eso acabó quitándose la vida en secreto esa misma noche…

—¿Murió?

—Supongo que sí. ¿Cómo podría seguir viviendo después de semejante escándalo?

—Vaya, me deja sin palabras.

—Bueno, no sé… quizá pensara que no valía la pena morir por una chiflada y no se quitara la vida. Quién sabe.

—Qué historia tan interesante.

—¡La gente del pueblo se parte de risa cada vez que la escucha! En cuanto a ella, como no está bien de la cabeza, pues no tiene vergüenza ninguna y sigue como si nada… Alguien tan recto y centrado como usted, señor, no tendrá problemas, pero siendo como es ella, con que haga algo que la moleste un poco, ¡se meterá en un buen lío!

—Iré con pies de plomo, ¡ja, ja, ja, ja!

Desde la cálida costa llega una salada brisa de primavera que agita suavemente la cortinilla de la entrada de la barbería. En el espejo veo reflejada una golondrina que corta el aire ágilmente. En la casa de enfrente, un anciano de unos sesenta años se acuclilla bajo los aleros de un tejado y descascarilla moluscos en silencio. Empuña un pequeño cuchillo con el que extrae, con un leve «clac», un trocito de carne roja que lanza a un pequeño canasto de bambú, donde ya hay apilada una pequeña montaña y, acto seguido, arroja las cáscaras medio metro más allá. Durante los segundos en que atraviesan el aire, estas emiten una luz intensa. No sé si son ostras, almejas o navajas, pero llega un momento en que la pila se desmorona y las cáscaras van a parar al fondo de un río de lodo. De un mundo transitorio, a la sepultura de un reino oscuro. Y no bien ha terminado un funeral, un nuevo molusco cae sobre la pila, colocada ante un sauce. El viejo prosigue su tarea sin pausa, indiferente al destino de los moluscos, lanzando al aire una cáscara tras otra. Su canasto parece no tener fondo, y su día de primavera transcurre tranquilo en su eternidad.

El río de lodo fluye bajo un pequeño puente de unos tres metros y medio, transportando las aguas vernales en dirección al mar de primavera, en cuya orilla se alinean redes de pesca que forman un inmensurable entramado. La suave y cálida brisa atraviesa las redes, se impregna del olor del pescado y llega hasta el pueblo. Tras las redes, yace una inmensa espada roma cuyo filo se va fundiendo poco a poco. Es del color del mar.

El barbero no casa en este paisaje. Si tuviera una personalidad más imponente, capaz de rivalizar con el escenario que lo rodea, me impresionaría mucho más. Pero no hay incongruencia entre ambos. Por suerte, el barbero no da la talla. Por más «hijo de Edo» que sea, por más ínfulas y bravuconerías que profiera, no encaja en la harmonía de este mundo calmo. Destroza por completo toda harmonía haciendo gala de una garrulería autocomplaciente que lo lleva a convertirse en una minúscula partícula que flota a la deriva al otro lado de este paisaje vernal. La contradicción no puede existir entre elementos incompatibles en fuerza, en volumen, en cuerpo o en espíritu, sino solo entre objetos o personas del mismo rango. Cuando entre ambos elementos hay una enorme diferencia, la contradicción en sí acaba por desvanecerse. En ese caso, puede que cada elemento actúe por su cuenta y pase a formar parte de la energía del planeta. Por eso los genios son la mano derecha de los poderosos; los idiotas son los subalternos de los genios, y el ganado es la servidumbre de los idiotas. Mi barbero está interpretando un papel cómico en este escenario de primavera ilimitado. Alguien como él, cuya sola presencia debería bastar para rasgar la serenidad de la primavera, en lugar de rasgarla, la refuerza. Poco podía imaginar yo que en pleno marzo me toparía con un individuo tan despreocupado y divertido como este, y lo cierto es que me alegro. Este charlatán es la compañía perfecta para un apacible día de primavera. Es uno más de los colores que me rodean en perfecta harmonía.

De hecho, me ha asaltado la idea de que el barbero también podría formar parte de un cuadro o un poema y es por eso que, pese a que ya debería haberme ido, me he sentado a charlar con él. Poco después, un monje asoma la cabeza por la cortina del establecimiento.

—Disculpe, vengo a que me afeite —dice entrando en el local. Lleva un kimono y un obi acolchado de algodón blanco y, encima, lleva puesta una tela de aspecto áspero, semejante a una mosquitera. Es un monje joven de expresión jovial.

—Ryonen, ¿cómo va todo? El otro día el abad te echó un buen rapapolvo por holgazanear y comer a deshoras, ¿eh?

—Al contrario, me felicitó.

—¿Felicitarte? ¿Por qué? ¿Qué tiene de admirable que te mande a hacer un recado y te pongas a comer pescado a mitad de camino?

—Me dijo que, siendo joven como soy, está bien que disfrute un poco de la vida.

Me felicitó por ello.

—No me extraña que tengas esos bultos en la cabeza. Tengo que echarle narices para afeitar una cabeza tan irrespetuosa. Por hoy pase, pero ya puedes traerla como Dios manda antes de volver a dejarte caer por aquí.

—Si tengo que remodelarme la cabeza a su antojo, más vale que me busque un barbero mejor.

—¡Ja, ja, ja! Vaya, la lengua sí que la conservas afilada, ¿eh?

—Y lo dice el que solo es ligero de brazos cuando empina el codo.

—¡No digas tonterías! ¿Brazos lentos, yo?

—No lo digo yo, lo dice el abad. Venga, no se enfade, no es propio de alguien de su edad.

—Vaya, qué chispa se gasta el amigo, ¿no le parece, señor?

—¿Eh?

—Todos los monjes de su calaña viven en un templo, ahí en las alturas, sin preocuparse por nada y, claro, se les afila la lengua. Hasta los jóvenes como él las sueltan que da gusto… ¡Uy! Ladea un poco la cabeza… te he dicho que la ladees…

¡Hazme caso o te acabaré cortando!

—¡Au, duele! Haga el favor de ir con más cuidado.

—¡Si te quejas por tan poco, no llegarás a monje!

—Ya soy un monje.

—No uno curtido. Por cierto, novicio, ¿tú sabes por qué murió Taian?

—Taian no está muerto.

—¿Que no está muerto? Santo Dios, ¡estaba convencido de que sí!

—Tras el incidente, Taian decidió comenzar de nuevo y partió en busca de conocimiento al templo Daibaiji, en Rikuzen. Hizo bien. A estas alturas ya será todo un maestro.

—¿Que hizo bien? ¿Cuántos monjes han huido avergonzados en mitad de la noche? Y tú, más vale que tengas cuidado. No vayas a perder la cabeza por una mujer. Y hablando de mujeres… ¿esa chiflada va a visitar al abad?

—No conozco a ninguna chiflada.

—¡Oh, vamos, pequeño iluminado! Seguro que puedes deducir de quién hablo.

¿Va o no va?

—Al templo no viene ninguna chiflada. En todo caso, viene la señorita del balneario Shioda.

—Ya puede el abad dedicarle todos los rezos que quiera, a esa no la puede curar nadie. Su marido la maldijo.

—Esa mujer es admirable. El abad también lo cree así.

—Pues sí que veis el mundo patas arriba desde vuestro pináculo. Una loca es una loca. Y el abad puede decir misa. Ale, afeitado. Ve rápido a que te riña el abad.

—No, mejor me entretengo un poco más para que me felicite después.

—Insolente mocoso, ¡haz lo que te venga en gana!

—No eres más que un mierda.

—¡¿Qué has dicho?!

Pero la recién afeitada cabeza ya ha salido por la cortina y se ha ido con la brisa de la primavera.

VI

Es de noche y estoy sentado frente al escritorio. Las puertas están abiertas de par en par. El balneario es relativamente grande para la poca clientela que lo frecuenta. Intrincados pasillos separan mi habitación del lugar donde residen las pocas personas que habitan esta casa, el único foco de humanidad existente aquí. No ha habido hasta ahora ningún sonido que interrumpa mis reflexiones. Y hoy todo está especialmente silencioso. El propietario, su hija y el resto de sirvientes de la casa parecen haber abandonado el lugar dejándome solo. Quizá no hayan ido a un lugar cualquiera. Quizá han partido al reino de la niebla o de las nubes. O quizá han partido a un reino donde el agua colinda con las nubes, y el barco blanco en que navegan flota a la deriva en un mar calmo, de modo que nadie ha de enderezar el timón. En su travesía, el barco se va camuflando entre el agua y las nubes hasta que al final se confunde entre ellas… puede que las personas de la casa hayan ido a parar a ese distante paraje. Si no, puede que se hayan desvanecido de repente en la propia primavera.

Puede que lo que hasta ese momento eran sus cuerpos se hayan convertido en un aura invisible que deambula entre el cielo y la tierra y cuyos minúsculos vestigios no puede detectar ni la lente de un potente microscopio. O puede que se hayan transformado en alondras y que, después de dedicar un canto al color de las canolas, hayan levantado el vuelo en busca del violeta de la noche. O, tal vez, han prolongado el ya de por sí largo día faenando como los tábanos, sorbiendo el dulce rocío que pende de los pistilos de las flores para tenderse más tarde bajo las camelias y dormirse aspirando el aroma del mundo. En cualquier caso, todo está muy tranquilo.

La brisa de primavera que inunda el vacío de esta casa no ha venido para deleite de los que celebran su llegada. Ni viene por aquellos que la desprecian y tratan de entorpecer su paso. Esta brisa no es más que el espíritu imparcial del universo, un espíritu que puede ir y venir como y cuando le plazca. Apoyando la barbilla sobre las palmas de las manos, pienso consternado que si mi corazón estuviera tan vacío como esta habitación, la brisa de la primavera también penetraría en él sin llamar a sus puertas.

Las personas somos conscientes de los peligros que entraña la tierra y por eso la pisamos con precaución. Sabemos que es cielo lo que hay sobre nuestras cabezas y por eso podemos temer a los rayos. Este mundo transitorio obliga a los hombres a luchar entre ellos, así que, inevitablemente, los hombres sufren. Vivir en este universo equivale a caminar sobre la cuerda floja de nuestros propios intereses. En este universo, el amor verdadero es el enemigo, y las riquezas que perciben nuestros ojos no son más que barro. La fama a la que nos aferramos, la gloria de la que a veces nos apoderamos a la fuerza, es como una miel dulce preparada por una afanosa abeja que ha dejado caer su aguijón en ella. En lo que nosotros llamamos gozo, siempre habrá una parte de nosotros mismos, un añadido. Y, en consecuencia, en el gozo hay dolor. Solo gracias a los poetas y a los pintores podemos llegar a entender la esencia de este mundo cambiante, penetrando en su interior hasta los mismísimos huesos.

El alimento de los artistas es la bruma; se sacian con el rocío, distinguen las diferentes tonalidades del violeta, del rojo de los carmines y cuando les llega la muerte, no tienen nada de qué arrepentirse. No hay añadidos en el gozo de un artista. Ellos asimilan el gozo y se hacen uno con él creando un nuevo ser imposible de ver, ya que no puede habitar sobre la vasta superficie de la tierra. Los artistas recorren mil parajes llenándose de la infinita pureza del aire de las montañas, vestidos con harapos, pero habiendo abandonado por voluntad propia la auténtica suciedad que los cubría. No estoy describiendo este mundo con ánimo de presumir o de menospreciar a aquellos a los que ha corrompido el dinero. Me limito a promulgar una buena nueva: mi cometido como artista es el de hacer saber a todos que hay una manera de alcanzar ese mundo. Y lo hago a través de señas simples para aquellos que quieran y puedan entenderlas. Honestamente hablando, la poesía y la pintura son el camino a la perfección y todos podemos caminar por él. Cuando podamos contar los otoños y las primaveras que nos quedan con los dedos de la mano, cuando seamos ancianos quejumbrosos y miremos hacia atrás, podremos dar un repaso a los arrebatos que han dado rumbo a nuestros pasos. Y cuando lo hagamos, nos olvidaremos por un momento de nosotros mismos y recordaremos con regocijo nuestra historia durante un segundo fugaz, tan efímero como la débil luz que rodea el cuerpo de un cadáver y que termina desvaneciéndose. Si un hombre no es capaz de alcanzar tal felicidad, su vida no habrá valido la pena.

Con todo, el poeta no halla la inspiración sólo al transformarse en un momento u objeto concretos. A veces puede convertirse en el pétalo de una flor o en un par de mariposas. Hay momentos en que puede mutar en un campo de narcisos, como los de Wordsworth, y dejarse acariciar por el aire de las montañas. En ocasiones, el paisaje natural que lo rodea es tan absolutamente sobrecogedor que su propio corazón es incapaz de concebir tanta belleza. Uno creerá que lo acarician los brillantes vientos del universo. Otro dirá que en su corazón es capaz de escuchar la melodía de un koto sin cuerdas. Y puede que un tercero describa esta sensación como la de vagar por un mundo infinito que no alcanza a comprender y por el que yerra ajeno a la inmensidad que se abre a sus pies. Cada uno puede describir este mundo como desee. Todas esas elucubraciones conforman mi actual cuadro mental, aquí, sentado ante el escritorio con la mirada perdida.

Realmente no estoy pensando en nada. Y tampoco estoy mirando nada. No me he convertido en uno con nada, porque no hay nada que haya traído consigo algo de color o movimiento a mi consciencia. No obstante, yo sí que me muevo. No importa si en este mundo o fuera de él. Lo que importa es que, por algún motivo, me muevo. No es el movimiento de las flores, ni el de los pájaros, ni el de un ser humano. Es el movimiento que yace en el éxtasis.

Si tuviera que explicarlo, diría que mi corazón se mueve al ritmo de la estación. O diría que un espíritu se ha hecho con todos los colores, vientos, elementos y sonidos de la primavera, se ha fundido en ellos y se ha convertido en un elixir que después ha mutado en agua. Esa agua mística que mana de las montañas de los inmortales y que se evapora bajo el sol del paraíso en la tierra. Pues bien, ese espíritu ha permeado en mí sin que me diera cuenta y ha colmado mi corazón de júbilo. Esa sería otra forma de explicarlo. Normalmente una asimilación del entorno conlleva un estímulo previo y es, precisamente, gracias a este estímulo que la transformación resulta placentera. En mi caso, dudo mucho que me haya transformado en nada porque no he sentido ningún tipo de estímulo, pero esa falta de estímulo es lo que convierte mi experiencia en una aventura que estoy disfrutando. Es difícil de explicar. Mi estado de ánimo no tiene nada que ver con esa alegría escandalosa y superficial equiparable a la del viento que, sin querer, agita la marea. Podría describirlo de la siguiente manera: ahora mismo soy como las azules aguas del mar que se agitan indomables entre los continentes y cuyo fondo es indiscernible.

En realidad, me falta vitalidad para ser como las olas del mar, pero esa falta de vigor no supone un contratiempo. Al contrario, la existencia de una fuente de vitalidad me angustiaría porque sé que esta no manaría por siempre. No es algo por lo que uno se preocuparía en circunstancias normales. Y ahora, ahora que me siento tan etéreo, me deshago de la angustia que provoca el saber que toda energía, por más fuerte que sea, se desvanece; es ahora cuando puedo deshacerme de las disposiciones de mi propio corazón. Cuando hablo de algo etéreo hablo de algo que no es fácil de atrapar, no tiene nada que ver con la debilidad. Puede que mi estado mental lo definan mejor expresiones tan recurrentes en poesía como sosiego y arrobo. Y yo me pregunto: ¿y si quisiera representar lo mismo en una pintura? Ni que decir tiene que no se trataría de una pintura normal. Lo que conocemos comúnmente como

«pintura» no es más que la representación en un lienzo del paisaje que tenemos ante nuestros ojos, así como de los elementos que lo componen tal y como los vemos. O tal y como los percibimos con el sentido ascético. Por norma general, en una pintura, una flor es una flor, el agua es agua, y las personas son personas. Pero las mejores pinturas son aquellas en las que representamos lo que sentimos tal y como lo sentimos, las que consiguen que el lienzo rezume vida. El objetivo de este tipo de obras es plasmar la realidad tal y como la percibe el artista y, por lo tanto, cada uno realizará una obra diferente dependiendo de su fuente de inspiración. No obstante, ninguno podrá crear nada hasta que de la punta del pincel brote con total claridad la materialización de sus percepciones. Buscan una realidad concreta que ven de un modo concreto, que sienten de un modo concreto. Y defienden esa manera de ver y sentir sin desmerecer por ello las obras de sus predecesores. Al contrario, pueden atenerse a antiguas tradiciones para crear una obra extremadamente real; extremadamente bella. Si no consigue crear una obra así, el pintor no la considerará arte. Entre estas dos clases de pinturas pueden establecerse diferencias en cuanto a subjetividad y objetividad o en cuanto a profundidad y superficialidad. Pero, en ambos casos, los pintores trazarán la primera pincelada al recibir un estímulo alto y claro del mundo exterior.

El problema es que el cuadro de lo que siento ahora no es fácil de representar. Me aferro a toda inspiración que puedan proporcionarme mis sentidos, pero no hallo ningún equivalente en el exterior. No lo hay en las formas: ni en las cuadradas, ni en las redondas; no lo hay en los colores: ni en los rojos, ni en los verdes; y tampoco encuentro su igual en la luz o la oscuridad de las sombras, ni en el grosor o la delicadeza de un contorno. Lo que yo siento no viene de fuera. Y, aunque viniera de fuera, no se trataría de un escenario inmóvil que puedo abarcar con la mirada, no puedo apuntar hacia una causa concreta con total convicción. Es, simplemente, un sentimiento. ¿Cómo podría convertir lo que siento en una pintura? No. La cuestión es:

¿qué elementos podrían reproducir mis sentimientos con mayor fidelidad para que los demás pudieran entenderlos?

En una pintura normal basta con reproducir objetos, los sentimientos sobran. El segundo tipo de pintura es aquel en el que los objetos representados coexisten con los sentimientos. El tercer tipo de pintura está destinado únicamente a los sentimientos, así que el artista, para darles forma, se ve obligado a escoger una manifestación concreta. Pero la manifestación de esos sentimientos no es fácil de ver. Y si se deja ver, no resulta fácil interpretarla. Es más, aunque pudiéramos interpretarla, es posible que su sentido fuera totalmente opuesto al de cualquier elemento de la naturaleza. Por eso, el público no considerará arte un cuadro así. Y el propio artista negará haber reproducido en su pintura ningún elemento de la naturaleza. Concluirá que ha creado una auténtica obra maestra cuando vea en ella los sentimientos que le incitaron a crearla; cuando su sola visión inculque algo de vida en su enajenado ánimo. Puede que no haya habido un solo artista que haya consumado tan ardua tarea. Si tuviera que señalar a algunos artistas que creo que sí lo han hecho, citaría los bambúes de Wen Tong. O las pinturas de montañas y ríos de la escuela Unkoku. O los paisajes de Ike Taiga. O los personajes de Buson. En cuanto a los artistas de Occidente, la mayoría tienen los ojos fijos en el mundo que los rodea y su contemplación artística hacia algo más elevado no va más allá, así que ignoro cuántos de ellos habrán conseguido dar a sus obras un toque trascendental.

Por desgracia, esa elegancia que con tanto esfuerzo Sesshu y Buson imbuyeron en sus obras es demasiado simplona y repetitiva. No me puedo comparar con ellos en lo que a habilidad con el pincel se refiere, pero los sentimientos que a mí me gustaría plasmar en una pintura ahora mismo son mucho más complejos. Y su complejidad me impide darles forma. Cambio de posición, levanto la barbilla y me cruzo de brazos sobre la mesa, pero no hay manera de que se me ocurra nada. He de encontrar los colores, las formas, los tonos que me permitan identificar a mi propio corazón y poder decirle: «¡Ah! Conque estabas aquí, ¿eh?». Como un hijo del que hace tiempo me separé y al que cada noche y cada día tengo presente; un hijo que ahora busco sin descanso a lo ancho y largo del país y con el que un día fortuito me topo en un cruce de caminos. «Ah, aquí estabas…», diría, mientras una luz fugaz y repentina interrumpe la escena. Ese es el momento que quiero capturar. Y eso es muy difícil. Si consiguiera crear una pintura así, la opinión de los demás no me importaría lo más mínimo. Aunque la calumniaran, no me arrepentiría de haberla creado. Si por lo menos pudiera combinar los colores de forma que expresaran una mínima parte de lo que siento, si el trazado de una línea mostrara un atisbo de mi estado anímico, si toda la disposición del cuadro reflejara hasta cierto punto la elegancia a la que aspiro, no me importaría que la figura representada en el cuadro fuera una vaca, un caballo o cualquier otra cosa. Pero soy incapaz. Coloco el cuaderno de bocetos encima de la mesa y lo taladro con la mirada, en profunda reflexión, pero no se me ocurre nada.

Dejo el lápiz y recapacito. Mi error, de buen principio, es el de pretender plasmar en un dibujo una idea tan abstracta. Las personas no diferimos tanto las unas de las otras. Por fuerza debe de haber alguien que en alguna ocasión se haya visto asaltado por mis mismas inquietudes y haya intentado dejar constancia de ellas a través de algún que otro medio. ¿Pero a través de qué medio, exactamente?

Y entonces, frente a mis ojos, se proyectan las letras de una sola palabra: «música».

¡Eso es! La música nace cuando el momento y la necesidad lo exigen, pues es la mismísima voz de la naturaleza. Por primera vez reparo en que debería haber escuchado y aprendido algo de música, pero soy un ignorante en ese campo.

Trataré de adentrarme, pues, en un tercer terreno: el de la poesía. Lessing sostenía que la poesía y la pintura se rigen por principios totalmente diferentes y que la auténtica poesía la conforman todos aquellos fenómenos que se ven condicionados por el paso del tiempo. Desde su punto de vista, pues, yo, que tengo tanta prisa por materializar mis sentimientos, no podré escribir un poema. Puede que, efectivamente, el concepto de tiempo exista en el estado en que se encuentra ahora mismo mi corazón, pero en mí no hay una sucesión de eventos concreta por la que el tiempo transcurra. No hay un sujeto que me abandone y cuyo lugar ocupe un segundo sujeto;

ni habrá un tercer sujeto que venga a suplir al segundo cuando este desaparezca. No. Mi felicidad no se basa en tales sucesiones. Se basa en algo que permanece tranquilo, inmóvil, siempre en el mismo sitio. Por lo tanto, a la hora de traducir este fenómeno en palabras, no tengo por qué utilizar elementos temporales. Y la poesía, al igual que la pintura, se consigue con la disposición de una serie de elementos en un espacio vacío, ¿no? La cuestión es: ¿qué debería trasladar yo a mi poesía para que esta reflejara algo tan extraordinariamente sutil? Cuando lo descubra, crearé el poema perfecto sin tener que atenerme a las teorías de Lessing. Las obras de Homero o Virgilio no significan nada para mí. Si la poesía es un medio para expresar el propio estado de ánimo, no es necesario someter ese ánimo a las restricciones del tiempo y crear una sucesión cronológica de los hechos. Si el requisito fundamental para dibujar es, simplemente, un espacio en el que hacerlo, también resulta plausible llenar ese espacio con palabras.

¡Qué más dan las teorías! Apenas recuerdo el contenido del Laocoonte de Lessing, pero dudo que leyéndolo ahora lograra aclarar mis ideas. En cualquier caso, y puesto que no he conseguido dibujar nada, voy a tratar de componer un poema. Me balanceo un poco, apretando el lápiz contra el cuaderno. Permanezco así durante un rato, esperando inútilmente a que la punta del lápiz empiece a moverse de un momento a otro del sitio donde parece haberse encallado. Es como si de pronto hubiera olvidado a un viejo amigo y tuviera su nombre en la punta de la lengua. Sé que si no me esfuerzo por recordarlo ahora, perderé su recuerdo para siempre.

Imaginemos ahora lo siguiente: cuando uno se dispone a preparar kuzuyu y empieza a mezclar el agua caliente con fécula de arrurruz con los palillos, estos se mueven con fluidez en el líquido. Al cabo de un rato, la mezcla se empieza a trabar y los palillos encuentran algo más de resistencia y, aunque persistas, llegará un momento en el que no podrás más. Al final será la propia pasta la que, motu proprio, se adhiera a los palillos que hasta hace un momento batallaban en su contra. Crear poesía es exactamente eso.

Por fin mi lápiz empieza a moverse, con timidez al principio y con más energía después, hasta que entre unas cosas y otras, al cabo de veinte o treinta minutos, consigo escribir unos seis versos.

La primavera en su apogeo
trae el brotar de la fresca hierba y el de mi tristeza.
Flores esparcidas por el suelo de una habitación muda, sin sombras.
Arañas inmóviles en un nido impenetrable.

El humo del incensario se eleva formando caracteres que se disipan al rozar los aleros.

Releyéndolo, me doy cuenta de que no son más que versos que podrían representarse en un cuadro. Si hubiera sabido que este iba a ser el resultado, hubiera preferido dibujar de buen principio. ¿Por qué me ha sido más fácil componer un poema que hacer un dibujo? Bueno, pelillos a la mar, si he sido capaz de escribir esto, lo que escriba a continuación fluirá con más desenvoltura. Eso sí, lo que componga ahora no podrá plasmarse en un dibujo. Y tras dar muchas vueltas, finalmente anoto lo siguiente:

Sentado en silencio en un mundo callado,
siento una luz brillar en lo más profundo de mi alma. Nadie que desenmarañe su sentido.
Calma impenetrable.
Y, un día, alcanzo la paz.
La que no existía en mi monótona existencia.
¿Dónde guardar este sentimiento precioso? Me hallo solo en la inmensidad del cielo.

Lo releo desde el principio y la verdad es que no está del todo mal, pero ofrece una imagen desoladora que no guarda relación con el magnífico templo de belleza en el que hasta hace un momento había entrado mi alma. Me dispongo a escribir otro poema y ya tengo el lápiz firmemente sujeto cuando, sin ningún motivo en particular, levanto la vista hacia la puerta abierta que da al pasillo de casi un metro de ancho. Y entonces la veo. La sombra de una silueta preciosa que cruza el pasillo como una exhalación. ¡Santo Dios!

Para cuando mis ojos se posan en la entrada, esa preciosa silueta se ha desvanecido tras la sombra de la puerta. Ya se estaba moviendo antes de que la descubriera y la he perdido de vista en menos que canta un gallo. Abstraído, me olvido por completo de la poesía y me quedo mirando hacia la puerta.

No ha pasado ni un minuto cuando la figura vuelve a aparecer, esta vez en el lado contrario. Viste un kimono de mangas largas propio de una ceremonia de boda y camina sola, serena y pausadamente, sin hacer el menor ruido, por el porche de la segunda planta del edificio de enfrente. Sin darme cuenta, el lápiz se me escurre de entre los dedos, y contengo firmemente la respiración.

Su figura, vestida con el kimono de mangas largas, se pasea graciosamente de arriba a abajo; sus pasos, enmarcados por la baranda tras la cual se vislumbra el cielo encapotado del atardecer que presagia una lluvia inminente. Y yo, sentado sobre el tatami de mi habitación, separado de ella por los diez metros del jardín, percibo la presencia de una atmósfera entre nosotros que desborda soledad.

La mujer no ha mediado palabra. Tampoco me mira. Camina tan silenciosamente que apenas si debe percibir el frufrú de la tela de su kimono al caminar. Estoy demasiado lejos para discernir de qué color es de cintura para abajo. Sí que veo, no obstante, que la porción de tela donde se enlaza el liso con el estampado es de un color oscuro que acentúa la dualidad del día y la noche, una dualidad de la que hace gala su personalidad desenfadada.

No sé cuánto rato hace que se pasea de esa forma, vestida de una forma tan extraña. ¡Quién sabe lo que le estará pasando por la cabeza! La situación resulta rarísima. Yo, aquí sentado, sin entender absolutamente nada, viéndola aparecer y desaparecer de mi campo de visión con tanto silencio y dignidad, una y otra vez… Si este acto fuera un lamento por el paso inexorable de la primavera, ¿parecería tan indiferente y ajena a todo? Es curioso que una persona tan aparentemente despreocupada, se vista de un modo tan elegante.

A través de la puerta de mi habitación vislumbro, entre el tenue y distante remolino de colores de este atardecer de primavera, un obi bordado en oro. ¿Me habrán engañado los ojos? El brillante brocado va y viene, sumergiéndose en el añil de la oscuridad para volver a emerger suavemente de entre sus profundidades. Me recuerda a las estrellas de primavera que pueblan el cielo y que, al amanecer, parecen hundirse en las profundidades de un cielo teñido de violeta.

Me asalta la siguiente imagen: las puertas del cielo se abren, y este se dispone a inhalar la oscuridad para encerrarla en el reino de las sombras. La mujer da la espalda a la pantalla de oro que enmarca su figura y se encara a un mar de lámparas de plata. Me vienen a la mente las palabras de Soshoku: «Cada instante de un atardecer de primavera vale más que mil lingotes de oro». Su naturaleza agitada la cubren unos ropajes que harmonizan con el paisaje que la rodea. No opone resistencia, no lucha contra este mundo irisado, sino que se va desvaneciendo en él. Esta visión tiene un no sé qué de sobrenatural e irreal. Aguzo la vista y observo atentamente su figura, sobre la que se va cerniendo la oscuridad. Mantiene el mismo paso constante, sin prisa, sin miedo, y se detiene vaga e imperceptiblemente siempre en los mismos sitios. Puede que no sea consciente de que los peligros de la noche se le echan encima, en cuyo caso, esta mujer es demasiado inocente. Y si es consciente, pero no cree que supongan un peligro, es asombrosa. Quizá la oscuridad sea su auténtica morada y ahora ella misma solo sea una ilusión temporal que deambula serenamente entre el todo y la nada para retornar al lado distante y neblinoso del que proviene. Su kimono, de un enrevesado estampado que se sumerge en un negro tinta inescrutable, es un fiel reflejo de la esencia de su alma.

A continuación, me acomete una segunda imagen: la de una bella mujer que cae bellamente dormida en un profundo sueño del que no despertará. Sumida en las alucinaciones del sueño, exhala su último aliento, afligidos los corazones de los que la contemplan al lado de su almohada. Sin embargo, no creo que la muerte sea algo triste, pues es preferible morir a llevar una vida sin rumbo y llena de sufrimientos. Visto así, quizá el sufrimiento se torne en consuelo para ella y los seres queridos que rodean su lecho. Pero ¿qué pecados ha podido cometer, pongamos por caso, un niño que fallece tras quedarse plácidamente dormido? Su alma es transportada a las profundidades del Hades mientras duerme, y así pone fin el mundo a una vida preciosa y frugal a la que le faltó tiempo para afrontar la muerte. Si de un modo u otro he de morir, antes quiero dejarme llevar por los ineludibles designios del destino, quiero tener la ocasión de rendirme e invocar a Buda en mis oraciones. Si no se han cumplido las condiciones necesarias para recibir una muerte digna y nos topamos con la sola y absurda muerte de frente, hemos de ser capaces de verla venir.

Si ante mí viera a alguien dispuesto a morir así, con medio cuerpo en el abismo dispuesto a dar el siguiente paso, sentiría la imperiosa necesidad de gritarle que volviera, que retrocediera, con todas mis fuerzas. No obstante, esa bella mujer, que erróneamente cree haberse sumido en un sueño temporal y que ignora que ha sido transportada a un sueño eterno, podría volver a sufrir si la instáramos a regresar. Porque solo conseguiríamos atarla con las recias lías que la unen a los deseos mundanos y de las que finalmente se desprenderá cuando todo acabe. «No me llaméis, por piedad, dejadme dormir tranquila», pensaría. Y aun así, nosotros seguiríamos exhortándola a que volviera. Cuando he visto a esa mujer aparecer ante mi puerta, he querido llamarla y rescatarla de este mundo irreal. Pero en el momento en que la he visto en el otro lado, a un metro de mí, deslizándose como en un sueño, me he quedado sin habla. Cuando mi corazón toma la determinación de llamarla, ella vuelve a pasar de largo. Y así una y otra vez. Mientras me pregunto por qué soy incapaz de decirle nada, ella vuelve a pasar. Pasa sin preocuparse lo más mínimo por si la estoy observando o me inquieto por ella. Pasa sin prestar la menor atención a mis miedos, sin sentir la menor lástima por mí, totalmente ajena a mi existencia. Mientras me repito inútilmente que a la próxima irá la vencida, que a la próxima sí que la llamaré, la capa de nubes que había aguardado pacientemente hasta ahora, empieza a liberar su carga gentilmente en forma de pequeños hilos que encierran la silueta de esa mujer en una desoladora jaula de lluvia.

VII

Hace frío. Cojo la toalla y bajo a la zona de baños.

Me desvisto en una pequeña sala de tres tatamis y, al bajar cuatro escalones, ya estoy en el baño. No cabe duda de que en este pueblo le sacan partido hasta a la última piedra, pues todo el suelo está pavimentado de granito. En el centro hay una bañera que me recuerda a la tina de un vendedor de tofu, hundida en el suelo a unos ciento veinte centímetros de profundidad y, como todas, hecha de piedra. El agua de manantial de los balnearios, por norma general, contiene varios minerales en su composición, pero el agua de este se ve tan cristalina que da gusto entrar. Una vez dentro, me sumerjo hasta la nariz un par de veces y compruebo que el agua no tiene ni un sabor ni un olor particulares. Se dice que el agua de manantial tiene propiedades curativas, pero nunca me he parado a preguntarle a nadie qué clase de enfermedades puede sanar, así que no tengo ni idea, la verdad sea dicha. Como nunca he padecido ninguna enfermedad grave, jamás se me ha pasado por la cabeza especular acerca de los beneficios del agua. Lo único en que pienso cada vez que me meto en unos baños termales es en unos versos de Hakurakuten que rezan: «Las aguas de las fuentes termales lavan la piel».

Las palabras «baños termales» siempre me evocan este magnífico poema, y ese es el único requisito que han de cumplir unos baños termales para que sean de mi agrado. Si no me evocaran las palabras del poeta, los baños carecerían de valor para mí.

El agua me llega hasta el pecho. No sé de dónde brota, pero rebasa continuamente los bordes de la tina, de manera que el suelo está siempre encharcado. El calor que desprende el empedrado me calienta los pies y me provoca una sensación de sosiego y felicidad. La débil llovizna que hasta ahora ha ocultado la noche y que ha rociado gentilmente a la primavera empieza a caer con más fiereza. A mis oídos llega el plop, plop de los inmensos goterones que caen de los aleros. Un vapor denso se extiende desde el suelo hasta el techo de los baños, invadiendo cada rincón, como buscando la más leve grieta en las paredes para poder colarse por ella y escapar. La serena bruma suspendida en el ambiente se asemeja a una fría tarde otoñal entre cuya neblina se está cociendo la cena de esta noche. Y el humano de la cazuela desprende un humo azulado que se eleva expandiéndose hacia el cielo y deja atrás su forma temporal. Penas aparte, me pregunto si ahora mismo no seré yo un hombre de una época pasada, aquí sentado en estos baños cubiertos de niebla con la piel envuelta en la mansedumbre y exquisitez de estas aguas, en esta noche de primavera. El vapor está demasiado condensado y, si bien puedo ver, no distingo las cosas con claridad. Por más que retirara una, dos, o hasta tres capas de las que parece estar formado el vapor, la densidad es tal que esta seguiría engulléndome el rostro. No creo que nadie pudiera reconocerme. Todo yo me encuentro inmerso en arcoíris de vapor. Existe la expresión «subírsele a uno el alcohol a la cabeza», pero la de «subírsele a uno el vapor a la cabeza» es nueva. Si realmente fuera una expresión establecida, no se aplicaría a la niebla o a la calina, eso está claro. No, esta expresión solo cobra sentido en medio de esta neblina vaporosa, la que me rodea ahora, la que enmarca una escena que bien podría titularse Noche de primavera.

Apoyo la nuca contra el borde de la bañera y miro hacia el techo mientras mi cuerpo abandona toda resistencia y se queda laxo en el agua cristalina. Mi alma empieza a flotar lánguidamente, como una medusa. Desde aquí, el mundo me parece un lugar mucho más cómodo. Abro las puertas de los juicios de valor que bloqueaban mi mente y me separo de las cadenas que me atan a este mundo material. «Lo que tenga que ser, será», me digo sumergido en este agua, mientras yo mismo me convierto en agua. No hay nada que sufra menos que las cosas que fluyen. Dejar que el alma se vaya flotando en la corriente es una experiencia mucho más elevada que la de convertirse en un discípulo de Cristo. Visto así, un cuerpo ahogado sería algo bello. Creo que en alguna de sus poesías, Swinburne hace referencia a los sentimientos de una mujer que encuentra la muerte en la profundidad de las aguas. Por esta regla de tres, la Ofelia de Millais, que tan poco me gusta, podría considerarse una obra bella. Siempre había tenido la duda de por qué Millais había escogido un lugar tan displicente para emplazar a su Ofelia, pero es precisamente el lugar en el que se encuentra lo que convierte su pintura en una obra de arte. Su belleza radica en la condición ascética de la figura de Ofelia mecida por las aguas, libre de todo sufrimiento, sin importar si está flotando sobre las ondas o si se está hundiendo; o si flota y se hunde al mismo tiempo. A todo ello le sumamos la harmonía que yace en el color de las flores que ribetean las orillas del río, en los tonos del agua y del rostro de la mujer, en el de sus ropajes… y eso la reafirma en su condición de obra de arte. Sin embargo, se lee tantísima paz en su expresión que casi parece sacada de una leyenda o de una alegoría. Por supuesto, el pintor no iba a dibujarla con un rostro contorsionado por el dolor porque hubiera descuajaringado por completo el alma del cuadro, pero a un rostro carente de expresión, totalmente indiferente, no se le podría atribuir ningún tipo de humanidad, ¿cierto? En tal caso, ¿cuál sería la expresión facial perfecta? Puede que Ofelia le valiera a Millais la plenitud de su carrera como artista, pero dudo mucho que su alma y la mía coexistan en un mismo universo. Millais es Millais, y yo soy yo. Así que ahora soy yo el que siente la necesidad de dibujar un bello cuadro que represente a un ahogado. Pero no consigo perfilar el rostro adecuado.

Sumergido todavía en la bañera, trato de componer un tributo al ahogado de mi imaginación:

El agua moja
y la escarcha hiela.
Bajo la tierra reina la oscuridad.
Pero tanto si flota como si se hunde,
no hallará dolor en las aguas vernales.

Recito estos versos en voz baja, mi cuerpo relajado flotando apaciblemente, cuando de repente escucho, procedente de algún lugar, el sonido de un shamisen. Soy artista, pero me avergüenza confesar que no sé absolutamente nada sobre este instrumento. Nunca he sabido distinguir cuándo sube dos tonos o baja tres. Con todo, me siento feliz de estar aquí, en una tranquila noche de primavera engalanada de lluvia, mi alma sumergida en las aguas termales del balneario de un pequeño pueblo perdido entre montañas y escuchando el tañido de tres cuerdas en la distancia. No logro descifrar de qué pieza se trata o si hay alguien cantando, pero el hecho de no saberlo otorga cierto encanto al momento.

A juzgar por la dulzura de los tonos, me atrevería a decir que quizá se trate de una composición para un shamisen de estilo Kamigata, de cuello grueso.

Cuando era niño, delante de la puerta de mi casa había una licorería, Yorozuya, donde vivía una joven llamada Okura. Durante las adormecidas tardes de primavera, Okura salía siempre a tocar una canción con su shamisen. Y cuando ella empezaba a tocar, yo salía al jardín. En mi casa éramos los dueños de una pequeña plantación de té de unos treinta metros cuadrados, delante de la cual había plantados tres pinos que se alineaban al este de la habitación de invitados. El tronco de los gigantescos pinos tenía casi treinta centímetros de diámetro, pero lo curioso era que solo ofrecían una imagen elegante y bella en conjunto, no por separado. De pequeño adoraba aquellos pinos, me hacían sentir muy bien. Bajo los pinos y sobre una especie de losa de piedra roja que no recuerdo cómo se llamaba, había una lámpara negra de jardín. Era de metal y estaba un poco oxidada, pero cada vez que la miraba, me imaginaba a un abuelito testarudo, tieso, estático e inamovible.

Me encantaba quedarme mirando aquella lámpara. A su alrededor y entre el musgo asomaba una hierba de primavera de la que tampoco conocía el nombre y cuyas briznas mecía el caprichoso viento de este mundo transitorio. Parecían disfrutar de su soledad, embriagadas en su propio aroma y yo llegué a encontrar un pequeño asiento entre ellas, un agujero casi invisible en el que apenas si podía acuclillarme. Tenía la costumbre de pasarme las horas ahí sentado, bajo los pinos, sin moverme un milímetro, echando miradas furtivas de vez en cuando a la lámpara, aspirando la fragancia de la hierba mientras escuchaba el shamisen de Okura en la distancia. Esa era mi rutina.

Supongo que Okura se casaría ya hace tiempo y ahora atiende a los clientes tras el mostrador, con el rostro de una afable ama de casa. No sé si se llevará bien con su marido. No sé si a su tejado todavía acudirán las golondrinas a construir sus nidos con diligencia y con el pico embarrado. No me extraña que haya acabado asociando la visión de las golondrinas con el alcohol.

Me pregunto si los pinos seguirán formando un cuadro tan bello como entonces. En cualquier caso, seguro que la lámpara de metal ya se ha venido abajo. ¿Se acordará la hierba del niño que solía sentarse en cuclillas junto a ella? Qué iluso… ¿Cómo iba a reconocer ahora a alguien que la pasaba por alto sin abrir la boca ni una sola vez? Seguro que tampoco recuerda la voz de Okura interpretando la canción Ropa de viaje hecha de árbol con su shamisen.

El sonido de esas tres cuerdas me transporta al lugar donde vivía hace veinte años; al nostálgico pasado de cuando no era más que un niño que no sabía distinguir entre el bien y el mal. Y mientras me encuentro en este estado transitorio, oigo como se abre repentinamente la puerta del baño.

«Ha venido alguien», pienso mirando fijamente hacia la entrada mientras sigo flotando en la bañera. Me encuentro en la tina más alejada de la puerta de entrada, con la cabeza apoyada en el borde, de modo que puedo ver, en diagonal, los seis metros que me separan de la puerta de los baños. Pero no he logrado ver nada todavía. Durante un momento de expectación no oigo nada más que el sonido de las gotas de lluvia. El shamisen también ha dejado de sonar en algún momento.

Finalmente, aparece alguien en lo alto de la escalera. Pese a la amplitud de los baños, la única fuente de luz proviene de una pequeña lámpara que cuelga de un gancho en el techo, así que aunque el aire estuviera completamente despejado, resultaría muy difícil reconocer a alguien. Pero resulta que esta noche la densa lluvia retiene el vapor más de lo que cabría esperar dificultándole cualquier vía de escape y entre toda esta neblina no puedo saber de quién es la silueta que está ahí de pie. Mientras no descienda un escalón o dos y quede totalmente bañada por la escasa luz de la lámpara no sabré siquiera si se trata de un hombre o de una mujer. La oscura figura da un paso. A juzgar por el ruido, nadie está pisando piedra. De hecho, se podría pensar que ni siquiera se ha movido. Inaudito, ¡parece que camine sobre terciopelo! Sin embargo, ahora veo sus contornos con algo más de claridad. Como pintor que soy, tengo muy buen ojo para la anatomía humana y, en cuanto la silueta ha dado un paso más, he comprendido al instante que entre estas cuatro paredes hay ahora dos personas: un hombre y una mujer.

Antes de decidir si debería o no advertirla de mi presencia, la mujer se ha plantado ante mí en un suspiro. Las miles de partículas de luz que flotan en el aire confieren una suave tonalidad carmesí al vapor que se arremolina en forma de nubes alrededor de sus negros cabellos. La veo calma y serena, de pie frente a mí, y por mi mente cruzan arquetipos tales como moral, decoro y modales, pero en seguida pasan de largo. Lo único que resta en mi cabeza es la sola idea de que he hallado inspiración para mi próxima pintura.

No tengo ningún conocimiento sobre escultura griega, pero cada vez que veo un cuadro de esos pintores franceses de ahora, tan dados a pintar personajes desnudos, me doy cuenta de que actualmente hay una clara tendencia a representar la belleza de la carne abiertamente y hasta ahora no había podido por más que dolerme ante tantísima falta de decoro. Entonces me limitaba a calificar una obra así como «vulgar», sin darle más vueltas y sin justificar mi juicio. Siempre había pensado así… hasta hoy. Cubrir un cuerpo de ropajes es ocultar la belleza de la desnudez. Pero la belleza del cuerpo al desnudarse resulta vulgar. Los pintores de desnudos, no contentos con la vulgaridad de sus personajes, se empeñan en introducirlos en el mundo de los vestidos. Olvidan que el vestir forma ya parte de la naturaleza humana y tratan de otorgarle el máximo poderío a su creación. Llegan hasta límites insospechados para hacer saber al mundo que el personaje de su cuadro ¡está desnudo! y se esfuerzan en transmitir alto y claro ese mensaje. Cuando la técnica artística alcanza tales extremos, los espectadores asumen que el artista únicamente intenta captar su atención. Es habitual en el artista tratar de embellecer algo que ya es bello de por sí, pero, haciendo eso, se consigue el efecto contrario: desmerecer algo que es bello en esencia. Ya lo dice el refrán: «Quien mucho abarca, poco aprieta».

El autocontrol de un artista va acorde al estado de simplicidad y paz interior en el que se encuentre su espíritu y esta es una condición indispensable para la pintura, la poesía y la escritura en general. El arte, tal y como lo conocemos hoy en día, se aqueja de un mal en concreto: una tendencia insana de la sociedad a arrastrar a los guerreros del arte a ser meticulosos en extremo, y estrechos, muy estrechos de miras. Buena prueba de ello son los pintores que se dedican a representar personajes desnudos. En contraposición, están las geishas, que viven en las ciudades y negocian con el flirteo y las miradas. Cuando ofrece sus servicios, una geisha solo le procurará al cliente la expresión con la que sabe que logrará satisfacerlo. Ni más ni menos. Año tras año, el catálogo de las galerías se llena de cuadros de bellas mujeres desnudas que tratan de parecer geishas. Y las mujeres de esos cuadros no olvidan ni por un solo instante su desnudez. ¿Cómo podrían? ¡Si todo su cuerpo se retuerce en continuo reclamo!

Pese a todo, a la mujer que tengo ante mí no la enturbia el más mínimo vestigio de humanidad. Las personas normales estamos destinadas a caer en la vulgaridad cuando nos desvestimos. No obstante, ella parece una diosa recién invocada que emerge de entre las nubes y sobre la que toda vestimenta resultaría superflua, tan natural se ve su desnudez.

El vapor no deja de expandirse y espesarse, incansable, pese a que ya ha cubierto por completo la habitación. La luz de esta noche de primavera se fragmenta en haces translúcidos que crean un mundo repleto de densos arcoíris. Poco a poco, muy vagamente, veo emerger su marmórea palidez de entre las nubes, en contraste con su cabello, que se oscurece por momentos hasta alcanzar la más absoluta negrura. Santo Dios, ¡qué silueta tan soberbia!

Al alcanzar la nuca, cada una de las delicadas líneas que conforman el contorno de su cuello discurren paralelas, deslizándose suavemente por sus hombros para seguir camino por la curva de sus brazos y separarse definitiva e irremediablemente en la periferia de sus dedos. Las olas que habían retrocedido bajo la turgencia de sus pechos vuelven a cobrar vida dibujando la comedida curva de su abdomen. Entonces, una fuerza invisible parece tirar de ella hacia atrás y la mujer se inclina un poco hacia adelante para tratar de mantener el equilibrio. La fuerza invisible se ceba esta vez con sus rodillas y ella corrige su postura, de forma que la moción se traslada hasta sus talones, pero para cuando llega a su destino, la planicie de las plantas de sus pies ya han resuelto el conflicto y su cuerpo reposa ahora tranquilo. No hay en el mundo una harmonía de fuerzas tan sumamente intrincadas y, al mismo tiempo, tan inexorablemente unidas. Es totalmente imposible hallar sobre la faz de la tierra contornos más naturales, más suaves, más solubles y condescendientes que estos.

Además, su cuerpo carece de la desfachatez de la que pecan otros desnudos. Su inigualable belleza se insinúa subrepticiamente entre la bruma de una atmósfera que todo lo transforma en sutilezas. Desde el punto de vista artístico, la silueta de la joven no tiene ninguna tacha, pues la acompañan la atmósfera, la calidez y la tonalidad perfecta. Es como estar contemplando un cuadro en el que el artista ha querido sugerir a un mizuchi dibujado con pinceladas demasiado gruesas y nos insta a identificarlo. Pero es que resultaría ridículo dibujar al detalle todas y cada una de las treinta y seis escamas de una serpiente gigante. Siguiendo esa misma lógica, al cubrir el cuerpo flagrante y expuesto de una persona, le otorgamos una trascendencia especial. Cuando mis ojos se han posado sobre sus contornos, me ha dado la sensación de estar mirando a la mismísima Joga, el hada mística que habita en la Luna, rodeada de arcoíris de vapor. Ha descendido a la Tierra y se ha plantado frente a mí, pero percibo en ella una sombra de vacilación.

El blanco de su piel se intensifica poco a poco. Si da un paso más, ¡desastre! Joga entrará de pleno en este mundo corrupto y depravado. Mi mente no ha terminado de formular este pensamiento cuando su pelo azabache se agita, finos hilos de hierba mecidos por el viento. Da media vuelta y corta el aire, como corta las olas con su cola la legendaria tortuga Reiki. Rasga los remolinos de vapor a su paso y, a continuación, veo cómo su piel perlada se pierde escaleras arriba. A continuación, una aguda risa de mujer retumba en los pasillos: «¡Jo, jo, jo!». Poco después, se apaga. Los baños vuelven a sumirse en un profundo silencio. Trago una enorme bocanada de agua y la superficie se agita y se arremolina en pequeñas olas que rompen contra mi pecho. Yo permanezco en la bañera, inmóvil, escuchando el sonido del agua al desbordarse.

VIII

Estoy tomando el té. El propietario del albergue, el señor Shioda, nos ha invitado al abad del templo Kankaiji, Daitetsu, a un joven seglar de unos veinticuatro o veinticinco años y a mí.

Desde mi dormitorio a la habitación del anciano se llega atravesando el pasillo y girando una vez a la derecha y otra a la izquierda. Ahora mismo nos encontramos en una sala amplia, de seis tatamis, aunque la enorme mesa de palisandro que hay emplazada en el centro la hace parecer mucho más estrecha. En lugar de los cojines de rigor, en el suelo han extendido una alfombra con un bordado de flores a modo de asiento. Debe ser china. En el centro de la alfombra, enmarcada dentro de una figura hexagonal, han tejido el dibujo de una casa y un sauce de lo más extraños. El tejido que rodea el hexágono es de color añil metalizado y las esquinas están decoradas con motivos arabescos imbuidos en cuatro círculos de color marrón. Dudo mucho que en China se sienten sobre este tipo de alfombras… qué curioso que este hombre le dé este uso a una alfombra. Es parecido a lo que ocurre con las telas de calicó indias o los tapices persas. Su valor reside en su extravagancia, algo ridícula en ocasiones. En contraste, esta alfombra no es tan llamativa y es precisamente en esa falta de excesiva excentricidad donde reside su buen gusto. Mirando con atención, me doy cuenta de que no se trata únicamente de la alfombra. Todos los objetos de esta habitación parecen proceder de China y, como todas las creaciones chinas, embotan los sentidos. No puedo evitar pensar que la china es una raza paciente hasta la estupidez. En Japón las obras de arte son más creativas y parecen hechas con la destreza y el tiento casi milimétrico de un carterista. Por contra, en Occidente son enormes, excesivamente detalladas y, en consecuencia, demasiado humanas. Pensando en todo esto, tomo asiento al lado del hombre joven, que ocupa el centro de la alfombra.

El abad está sentado sobre una piel de tigre. La cola del tigre me roza el costado, y la cabeza está bajo las nalgas del anciano señor Shioda. A este parece que le hayan trasplantado todo el pelo de la cabeza a las mejillas y la barbilla, que tiene recubiertas de un amasijo de barba blanca. Coloca cuidadosamente las tazas de té sobre los platillos, y estos, en la mesa.

—Hacía mucho tiempo que no teníamos un huésped en este balneario y he querido aprovechar la ocasión para invitarle a usted también… —dice, dirigiéndose al abad.

—Le agradezco la invitación. En realidad, debería haber venido a visitarle mucho antes. Tenía pensado bajar a verle un día de estos —contesta el monje. Ronda los sesenta años, tiene el rostro redondo y las facciones de un daruma, y parece tratar al anciano propietario con mucha familiaridad.

—Este debe de ser el huésped en cuestión.

El señor Shioda asiente al tiempo que alza una pequeña tetera de barro rojiza y vierte unas gotas de color verde ambarino en cada una de las tazas. A mi nariz llega el delicioso aroma del té.

—Debe de sentirse usted muy solo en un pueblo como este.

—Aah, bueno… —balbuceo, sin dar una respuesta clara. Si dijera que me siento solo, mentiría. Y si lo niego tendré que justificar mi respuesta.

—Para nada, eminencia. Este buen hombre ha venido aquí a pintar, así que no le faltan quehaceres.

—¡Aaah, ya veo! Eso es magnífico. ¿Pinta usted al estilo tradicional de China, con tinta negra?

—No —consigo responder esta vez. No vale la pena explicarle que mi estilo es occidental, no creo que lo entienda. Por suerte, el señor Shioda acude en mi ayuda de nuevo.

—Pinta al estilo occidental, ¿no es así?

—Conque occidental, ¿eh? Entonces, seguramente es parecido a lo que hace Kyuichi. Vi sus obras por primera vez el otro día, y la verdad es que eran preciosas.

—Que va, no son nada del otro mundo —objeta el joven, hablando por primera vez.

—Vaya, así que le has enseñado tus dibujos al abad, ¿eh? —le pregunta el señor Shioda, a su vez. Por su actitud y la forma en que se ha dirigido a él, me atrevería a decir que son parientes.

—¿Qué dices? No es que se los enseñara… ¡El abad se acercó expresamente a ver mis bocetos! Un día, mientras dibujaba en la orilla del lago Espejado.

—Si tú lo dices… Bueno, caballeros, el té está servido —dice el anciano depositando una taza frente a cada uno. Estas son de un color bermellón tostado y resultan enormes para la poca cantidad de té que contienen. En las paredes del recipiente el ceramista trató de recrear la cara de un demonio con un par de finas pinceladas de amarillo.

—Es de Mokubei —aclara el anciano.

—Son muy bonitas —respondo cortésmente.

—Hay muchas falsificaciones de las obras de Mokubei, pero si le echan un vistazo a la base de la taza comprobarán que es auténtica. Ahí está su firma.

Levanto la taza y la observo con atención a la luz que entra por el shoji, en el que se refleja la sombra de una maceta de aspidistra. Ladeo un poco el cuello y compruebo que, efectivamente, está grabada la firma del ceramista, «Moku». En mi opinión, una simple firma no dirime el valor de una obra de arte, pero los coleccionistas le confieren un valor incalculable. En lugar de depositar la taza de nuevo sobre la mesa, me la llevo a los labios. La aspiración artística de alguien con mucho tiempo libre sería saborear este líquido caliente, dulce y consistente, e ir vertiéndolo poco a poco, gota a gota, en la punta de la lengua. Se suele dar por hecho que el té es para beberlo, pero no es así. Si dejáramos que unas gotas se deslizaran suavemente por la lengua, estas se acabarían disolviendo con total naturalidad y apenas si quedaría algo que tragar. Además, el flagrante aroma dulzón del té baja por el esófago y permea en las paredes del estómago. Comer implica masticar, una acción de lo más vulgar y, por otro lado, el agua no sabe a nada. En cambio, un té verde de alta calidad es mucho más consistente que un vaso de agua fresca, y uno no se ve obligado a hacer algo tan mundano como mover la mandíbula arriba y abajo. ¡Lo tiene todo! A aquellos que se quejan de no poder dormir les aconsejo que se consuelen pensando que es mejor no tener sueño que no tener té.

En un abrir y cerrar de ojos, el anciano ha sacado unos platitos de zafiro. No puedo por más que quitarme el sombrero ante el artesano que haya tallado, a partir de una enorme piedra, una pieza de líneas tan finas y elegantes con una habilidad y precisión tan milimétricas. Si me fijo más, veo la superficie del plato brillar con la luz de la primavera, como si esta se hubiera quedado allí suspendida para siempre, sin forma de escapar. El plato es perfecto así, sin nada sobre él que lo mancille.

—Mi querido huésped tuvo a bien elogiar mi porcelana de celadón en una ocasión, así que he querido mostrarle alguna más de mis posesiones.

—¿Porcelana de celadón...? ¡Ah, se refiere a ese recipiente para los dulces! A mí también me parece muy bonito —dice el abad, y a continuación añade dirigiéndose a mí—: A todo esto, ¿usted cree que podría elaborar una pintura de estilo occidental sobre un fusuma?

Si me lo piden, claro que podría, pero no estoy seguro de que, una vez acabada la pintura, esta fuera del agrado del abad. No tiene sentido que me deje la piel si después resulta que el estilo occidental no es lo que él buscaba.

—No creo que pudiera pintar sobre el fusuma —concluyo finalmente.

—No, ¿verdad? Lo suponía. Bueno, en realidad, si se pareciera a la pintura que vi hacer a Kyuichi el otro día quizá resultaría demasiado llamativa...

—Mis obras no valen la pena. No son más que garabatos... —reitera el joven con modestia y visiblemente azorado.

—¿Dónde está ese lago del que hablaba antes? —le pregunto, por pura curiosidad.

—Está en un valle detrás del templo Kankaiji, en un sitio bastante tranquilo y retirado. Es que, verá, aprendí a pintar al estilo occidental cuando iba al colegio, así que un día traté de hacer un par de esbozos...

—El templo Kankaiji...

—Yo vivo en ese templo —interviene el abad—. Es un lugar fantástico, se puede ver el mar desde allí... podría venir a visitarlo aprovechando su estancia en el pueblo. Desde aquí hay poco más de medio kilómetro. Desde el corredor se pueden ver los escalones de piedra que van hacia el templo.

—¿Entonces no le molestará que me pase un día?

—¡Por supuesto que no! Vaya cuando quiera, yo siempre estoy allí. La señorita de esta casa es bienvenida también. Por cierto —añade dirigiéndose al propietario—, hoy no he visto a Nami… ¿se encuentra bien?

—Puede que haya salido… Kyuichi, ¿no ha ido a tu casa?

—No, no la he visto.

—Habrá vuelto a salir a dar un paseo sola, ¡ja, ja, ja! Nami tiene unas piernas fuertes. Cuando fui a celebrar un oficio a Tonami, la vi en el puente Sugatami. Al principio me costó reconocerla, pero era ella, ¡vaya si lo era! Tenía las faldas del kimono arremangadas y llevaba sandalias de paja. En cuanto me vio, me preguntó tan fresca: «¿Adónde va, abad? ¿Qué hace rondando por aquí?». Me quedé de piedra, ¡ja, ja, ja! Yo le pregunté: «¿De dónde vienes tú, hija mía, con esas pintas?». «Vengo de recoger perejil. Tenga, le daré un poco», me dice. Y, de golpe y porrazo, me mete un manojo de perejil embarrado en la manga del kimono. ¡Ja, ja, ja, ja!

—Vaya, esta chica, discúlpela… —dice el anciano con una sonrisa incómoda. Pero entonces, se levanta y vuelve a llevar el tema a su terreno—: Tengo aquí algo que me gustaría que viera, eminencia.

A continuación, de la estantería de palisandro extrae ceremoniosamente lo que parece ser una vieja bolsita de tela de damasco, de aspecto pesado.

—¿Habían visto esto alguna vez?

—Por todos los santos, ¿qué es? —inquiere el abad.

—Un suzuri. Un tintero llano de piedra.

—Vaaaya… Y, ¿qué clase de suzuri es?

—Es uno de los tesoros más preciados de Sanyo.

—Pues no, no lo había visto nunca.

—La tapa de repuesto es del mismísimo Shunsui.

—Me encantaría verla. A ver, a ver.

El propietario desata con sumo cuidado el nudo de la boca de la bolsita por la que asoma la esquina de una piedra marrón rojiza.

—¡Es de un color precioso! ¿Es un tankei?

—Un tankei de nueve círculos.

—¿Nueve? —repite el abad, impresionado.

—Y esta es la tapa de repuesto de Shunsui —dice el señor Shioda, mostrando una fina tapa envuelta en satén. En ella hay inscrita un poema de cuatro líneas que el mismo Shunsui grabó. ¡Son de su puño y letra!

—¡Ya veo! Shunsui era muy hábil, nadie lo discute, aunque si me permites, Kyohei aún lo era más.

—¿Kyohei, eh? Puede ser…

—Sanyo era muy malo. Querérselas dar tanto de genio solo le hacía parecer más simplón. No tenía nada de interesante.

—¡Ja, ja, ja! Sabía que su eminencia odiaba a Sanyo, por eso he reemplazado el pergamino que colgaba de la pared.

—¿De verdad? —dice el abad, dándose la vuelta. El suelo de la alcoba brilla como la superficie de un espejo y, sobre él, reposa un antiguo jarrón de cobre que contiene algunas magnolias de medio metro de alto. Detrás cuelga un pergamino enorme, obra de Sorai, superpuesto sobre una tela antigua de seda estampada de poco lustre. La impecable caligrafía, que denota el talento de su creador, no se ha realizado sobre la habitual seda, propia de aquella época, sino sobre papel. Un papel que harmoniza a la perfección con el soporte de tela. No es que esta sea excepcional: está algo descolorida y los hilos dorados no relucen tanto como lo harían otrora. El paso del tiempo le ha robado parte de su majestuosidad, pero le ha conferido, a su vez, una austeridad arrebatadora. El blanco marfil de las dos pequeñas protuberancias que rematan el pergamino contrasta con el marrón terroso de la pared y, enfrente, los tallos de las magnolias se yerguen elegantes. La escena en sí desprende una sensación de melancolía que impregna cada rincón de la alcoba.

—¿Es obra de Sorai? —cuestiona el abad, aún mirando el rollo.

—Puede que Sorai tampoco sea de su agrado, pero supuse que lo preferiría a Sanyo.

—Desde luego está muchísimo mejor cualificado que Sanyo. Y no es para menos: en la era Kyoho sabían elaborar una caligrafía elegante, aunque no se les diera muy bien escribir.

—Creo que fue Sorai quien dijo: «Kotaku es un excelente calígrafo; mis obras, en cambio, son una burda imitación de las de los maestros chinos» —añade el anciano.

—No tengo ni idea. Lo único que sé es que mi caligrafía, en ningún caso, sería digna de tales elogios. ¡Ja, ja, ja, ja!

—Por cierto, ¿quién fue su maestro, eminencia?

—¿Yo? Verá usted, los monjes zen ni leemos ni hacemos prácticas de caligrafía.

—Ha debido usted aprender de alguien…

—Cuando era joven aprendí algo de las técnicas de Kosen. Pero solo eso. Pese a mi escasa formación, si alguien tiene a bien pedirme una caligrafía, accedo encantado.

¡Ja, ja, ja! Por cierto, déjenos echar un vistazo a esa tankei —reclama el abad.

Finalmente, el anciano retira por completo la bolsita de seda de damasco y los ojos de todos los presentes se van a posar sobre el suzuri. Tiene unos seis centímetros de grosor, casi el doble del de un tintero. El ancho y el largo, doce y dieciocho centímetros respectivamente, entran dentro de los estándares. La tapa es de corteza de pino lacada de escarlata. Todavía parece conservar la textura rugosa de la madera y en su superficie hay grabados dos caracteres que no consigo descifrar.

—Esta tapa… —comienza el anciano— Esta tapa no es una tapa corriente. Como pueden observar, está hecha de corteza de pino. ¿Y bien…?

El anciano me pregunta con la mirada. Sin embargo, como artista, no es que sienta especial admiración por una tapa de corteza de pino, y no sé expresar una fascinación que no siento. Por lo que finalmente comento:

—No creo que una tapa de pino sea nada del otro mundo. El anciano alza las manos, algo dolido.

—No sería nada del otro mundo si se tratara de una tapa de pino normal y corriente, pero resulta que esta no lo es. Es de la corteza del pino que crecía en el jardín de Sanyo mientras este estaba en Hiroshima. ¡La talló con sus propias manos!

¡Acabáramos! Entonces lo vulgar no es la tapa, sino el tallador.

—Habiéndola hecho él, podría haber salido del paso dándole un aspecto más desastrado. ¿Para qué molestarse en hacer que hasta las muescas brillen? Se vería igual de bien sin tanta parafernalia —digo.

—¡Ja, ja, ja! ¡No le falta razón! Sí, esta tapa no tiene pinta de baratija, precisamente

—reconoce el abad al instante.

Veo como el joven sentado a mi lado mira al señor Shioda con ojos compasivos mientras este, algo airado, retira la tapa y deja al descubierto el tintero.

Este suzuri tiene una característica peculiar que me atrae al instante: las incisiones de la superficie. En el centro han tallado una protuberancia redonda, del tamaño de un reloj de bolsillo, que sobresale hasta estar a la altura de los bordes y que representa la espalda de una araña. Los nueve círculos de que hablaban al principio son en realidad las ocho patas del insecto, que nacen en el centro y se doblan cada una en una dirección diferente. El noveno círculo es la propia espalda de la araña, una mancha amarilla semejante a una gota de zumo. La espalda y las patas son lo único que sobresale, porque el resto está ahondado nada menos que tres centímetros en la piedra. Supongo que el contenedor de la tinta no será esa enorme trinchera, porque ni vertiendo la décima parte de un litro de agua conseguiríamos llenarla. Para obtener la preciada tinta es necesario tener al lado un pequeño bol con agua del que se saca una cucharada; a continuación, se deja caer una gota sobre la espalda de la araña para después frotarla con el bloque de tinta, que acaba licuándose. Ese es el proceso. La pregunta es: ¿se puede hacer algo así con este suzuri? Después de todo, un tintero se convierte en un mero adorno si no cumple con su función. El anciano parece extasiado cuando vuelve a hablar:

—¡Es una delicia para la vista!

Y en eso no le falta razón. Cuanto más la miro, más me fascinan sus colores. Tengo la sensación de que si respiro sobre esa superficie apagada y fría, mi aliento se congelará al instante y adquirirá la forma de una masa de nubes compacta. Lo más sorprendente es el color de los círculos. O más bien, la parte en la que estos se unen con el resto de la piedra, zona en la que gradualmente van perdiendo su color para adquirir otra tonalidad, de un modo tan sutil que mis ojos apenas si pueden percibir el cambio. En estilo figurado, sería como mirar el difuminado color blanquecino de las judías que se ven dentro de un mushiyokan, un pastelito de judía dulce de color violeta. La presencia de solo uno o dos de estos círculos es ya todo un deleite para la vista. Apenas debe haber tinteros de nueve círculos en el mundo. Es más, estos están muy bien distribuidos, dispuestos a la misma distancia los unos de los otros, con tal simetría que uno podría creer que están hechos por el hombre, cuando en realidad es una bella creación de la naturaleza.

—Ya veo… es espléndida. No solo es un placer para la vista, también lo es al tacto

—digo entregándosela al joven.

—Kyuichi, ¿tú sabes de estas cosas? —inquiere el anciano con una risilla.

—No, no sé —reconoce Kyuichi, visiblemente amilanado. A continuación, posa el insondable suzuri frente a él y lo observa brevemente antes de recogerlo y volver a entregármelo, quizá consciente de que está perdiendo el tiempo. Yo vuelvo a observarlo concienzudamente dándole la vuelta entre mis dedos y, finalmente, se lo devuelvo al abad con una leve reverencia. Este lo examina en la palma de su mano y, no satisfecho con ello, empieza a frotar con decisión la espalda de la araña usando la manga de su kimono de algodón grisáceo hasta sacarle más lustre del que tenía.

—Señor Shioda, esta piedra es de una belleza exquisita. ¿La ha usado alguna vez?

—pregunta el abad.

—Pues no, raras veces me he visto en la necesidad de usarla, así que está como la compré.

—Suele pasar. Una pieza como esta debe de ser una auténtica rareza también en China, ¿verdad?

—¡Usted lo ha dicho!

—Me gustaría tener una… ¿te la podría pedir a ti, Kyuichi? ¿Qué me dices? ¿Me la comprarías?

—¡Je, je, je! Dudo mucho que pudiera encontrarle un suzuri en el poco tiempo que me queda, abad.

—Tienes razón, ahora no estás tú para pensar en estas cosas. ¿Cuándo partirás?

—Dentro de dos o tres días.

—Usted le acompañará hasta Yoshida, ¿me equivoco, señor Shioda?

—Bueno, soy viejo y no es que me meta mucho en su vida normalmente, así que… pero es posible que no nos volvamos a ver, así que he pensado en ir a despedirle hasta allí.

—No hace falta que me acompañe, tío.

Así que este chico es el sobrino del propietario. Ahora que me fijo, se parecen un poco.

—¡Vamos, déjele que vaya a despedirle! —exclama el abad— No tiene excusa, yendo como va a ir en una barcaza, ¿verdad, señor Shioda?

—El paso de montaña sería bastante duro, pero si es por el río, aunque demos más vuelta…

El joven no pone objeciones esta vez y permanece en silencio.

—¿Se dirige usted a China? —intervengo.

—Sí. —Una contestación de dos letras me parece insuficiente, pero realmente no hay nada más que quiera saber, así que me abstengo de seguir preguntando. Levanto la mirada hacia el shoji y percibo que la sombra de aspidistra ha cambiado de posición.

—¡Pero no te quedes callado, explícale! Es por la guerra… Se inscribió como soldado voluntario y ahora lo han llamado a filas —aclara el anciano, intercediendo por él. Ahora ya conozco el destino de este joven, que partirá en cuestión de días a un campo de batalla en

Manchuria. He cometido un error al pensar que lo único que preocupa a los habitantes de una villa como esta, de poesías y ensueño, es el cantar de las aves, el caer de los pétalos de las flores y el manar de una fuente termal. La realidad ha cruzado montañas y océanos y ha llegado hasta esta tierra huérfana donde viven los descendientes del clan Taira. Quizá llegue el día en que de las arterias de este chico mane sangre a borbotones; quizá llegue el día en que tiña con ella un páramo en Manchuria. Y ese chico está aquí sentado, al lado de un pintor que cree que el valor de la vida humana solo reside en aquello que podemos contemplar en los sueños. Está tan cerca de mí que si aguzo el oído puedo escuchar el latir de su corazón. Quizá su latido sea la marea que rompe contra las costas de ese campo de batalla, situado a miles kilómetros de aquí. Durante un instante fugaz, el Destino ha querido que nos reuniéramos bajo un mismo techo, pero este no tiene nada más que añadir.

IX

—¿Está estudiando? —pregunta la chica. He vuelto a mi habitación y estoy leyendo uno de los libros que he llevado atados al trípode durante el viaje.

—Pase, no me importa.

Salta a la vista que a ella tampoco, porque entra sin reservas. Por dentro, el cuello del kimono es de un color oscuro que resalta el brillo de su propio cuello, blanco y elegante. Cuando se sienta frente a mí, este contraste es lo primero que me llama la atención.

—¿Es un libro occidental? Seguro que es muy difícil de entender, ¿no?

—No tanto.

—¿De qué va?

—Pues la verdad es que no lo sé muy bien.

—¡Jo, jo, jo! Claro. Por eso está tan concentrado, ¿no?

—No estoy concentrado. Solo he abierto el libro sobre la mesa y me he puesto a indagar en él.

—¿Y eso es interesante?

—Lo es.

—¿Por qué?

—¿Que por qué? Las novelas es mejor leerlas así.

—Es usted muy, pero que muy raro, ¿eh?

—Sí, un poco.

—¿Qué pasa por leer una novela desde el principio?

—Si la lees desde el principio, has de leerla hasta al final.

—¡Pues claro! ¿Qué tiene de malo leer una novela hasta el final?

—Por tener, no tiene nada de malo, ¡solo faltaba! Yo también lo hago cuando me interesa el argumento.

—Es que no se puede leer otra cosa, ¿no? ¿Qué se puede leer en una novela que no sea la historia en sí?

No da para más, es una mujer, al fin y al cabo. Pero me entran ganas de ponerla a prueba.

—¿Le gustan las novelas?

—¿A mí? —pregunta, y acto seguido contesta a media voz—: Sí, bueno… No parece que le gusten mucho.

—¿Eso significa que no tiene claro si le gustan o no?

—Es que tanto si las leo como si no… —dice vagamente. No creo que haya leído nunca ninguna.

—En ese caso, ¿qué más da leer desde el principio, o desde el final, o desde cualquier otro punto? No parecen apasionarle, así que tampoco resultaría tan extraño,

¿no cree?

—Es que usted y yo somos diferentes.

—¿En qué? —inquiero mirándola fijamente a los ojos. Esta es la parte culminante de la prueba, pero me aguanta la mirada sin apartar las pupilas.

—¡Jo, jo, jo! ¿No lo sabe? —dice con una carcajada.

Abandono el ataque directo y, buscando una fisura en su retaguardia, le digo:

—Seguro que leía usted mucho cuando era joven.

—Disculpe, por si no se ha dado cuenta, ¡yo todavía soy joven! Lo que hay que oír…

Estrategia fallida. Está visto que no puedo descuidarme con ella.

—Si es capaz de decir eso ante un hombre, es que ya no es ninguna niña —objeto, tratando de arreglarlo.

—Lo mismo podría decirse de usted, ¿no le parece? A su edad y con tonterías de que si le gusta este o si le ha dejado este otro… ¡Como un adolescente! Por Dios, ¿le parece divertido?

—Mucho. No creo que cambie nunca.

—Válgame Dios… Y por eso se hizo pintor, ¿eh?

—Exactamente. Como soy pintor, no tengo la necesidad de leer una novela de principio a fin. Pero la lea desde donde la lea, siempre me resultará interesante. Hablar con usted también es muy interesante. Fíjese si lo es, que me encantaría charlar con usted cada día hasta que me marche. De hecho, no me importaría enamorarme de usted, siempre y cuando no la hiciera sentir incómoda. Eso aún lo haría todo más interesante. Por supuesto, no haría ninguna falta que nos casáramos. No la desposaría por más que bebiera los vientos por usted. Los que se enamoran y se casan son los mismos que creen que las novelas se han de leer de principio a fin.

—Así que la manera de enamorarse de un pintor no es tan emocional.

—La palabra «tan» sobra. La manera de enamorarse de un pintor no es emocional. Si leo una novela totalmente, enajenándome de toda emoción, el argumento deja de ser importante. Es como leer el omikuji que ha salido aleatoriamente del interior de un frasco, así, sin más; es igual de interesante que leer una página de cualquier novela al azar.

—Bueno, dicho así, sí que parece interesante, sí… ¡Entonces, cuénteme un poco de qué va el fragmento que acaba de leer! ¿Qué le ha parecido interesante?

—No puedo decirlo. Si se lo explico con mis palabras, pierde la gracia. Pasa lo mismo con los cuadros.

—¡Jo, jo, jo! De acuerdo, entonces léalo, por favor.

—¿En inglés?

—No, en japonés.

—Leer algo en inglés e ir traduciéndolo simultáneamente es agotador, ¿sabe?

—¿Qué problema hay, don Sin—sentimientos?

Esto puede ser divertido. Atendiendo a la petición de la mujer, comienzo a desgranar las palabras del texto y las interpreto en japonés. Si existe una manera no— emocional de leer, debe ser como esta, no cabe duda. La joven, que también ha dejado de lado toda emoción, me escucha con atención.

—«La mujer emanaba ternura. La irradiaban su voz, sus ojos, su piel. ¿Aceptó la ayuda de este hombre y dejó que la guiara hasta la popa de su barco porque realmente quería ver Venecia al anochecer? ¿O lo hizo para que una descarga eléctrica le recorriera las venas?». Puede que se me hayan escapado algunas cosillas, pero es una lectura «no— emocional», así que ya está bien así.

—Está perfecta así. Tampoco me importa que añada algo si lo ve conveniente.

—«La mujer estaba al lado del hombre, apoyada contra la barandilla. El espacio entre los dos era más estrecho que la anchura de la cinta vapuleada por el viento. Los dos se despiden de Venecia. El palacio de los duques parecía un segundo atardecer; el brillante color rojo se iba desvaneciendo».

—¿Qué quiere decir «duques»?

—No importa lo que sea… En fin, es el título que se les confería a los gobernantes de Venecia. No sé por cuantas generaciones ocuparían ese cargo, pero ese palacio todavía existe.

—¿Y quiénes son ese hombre y esa mujer?

—Yo tampoco lo sé, ¡y por eso es tan interesante! No importa qué relación hubieran tenido hasta ahora. Lo único que realmente importa es que están juntos, como usted y yo ahora mismo. El interés lo suscita esta única escena.

—Ah, entonces se refería a esto… Parece que están en un barco, ¿verdad?

—No importa si están en un barco o en una colina, porque tal cual está escrito es fascinante. No trate de encontrarle un porqué a todo, no es detective.

—¡Jo, jo, jo! ¡Está bien, no preguntaré más!

—La mayoría de las novelas las han inventado detectives. No tienen nada «no— emocional» y por eso no valen nada.

—Me encantaría escuchar cómo continúa su historia «no— emocional». Prosiga.

—«Venecia continuó hundiéndose, hundiéndose, hasta convertirse en una simple línea delgada y borrosa. La línea se rompió. Se rompió y se transformó en puntos. Por allá y por acullá, se alzaron pilares redondeados que se recortaron contra el cielo de ópalo. Al final, la torre más alta también se acabó hundiendo. "Se ha hundido", dijo la mujer. El corazón de la mujer era libre como el viento ahora que dejaba Venecia atrás. Sin embargo, sentía dolor al pensar que tendría que regresar a la ciudad que acaba de esconderse y que la tenía atada. El hombre y la mujer fijaron la vista en la oscura bahía. Cada vez se veían más estrellas. El mar en calma estaba recubierto de espuma. El hombre le toma la mano a la mujer. La siente como si asiera la cuerda vibrante de un arco».

—Yo diría que esta parte es bastante «emocional», ¿no?

—Para nada, podría escucharlo sin implicarse emocionalmente, si quisiera. Pero si no le gusta, puedo abreviar un poco.

—¡Ah, no! Por mí, está bien.

—Por mí, sí que está bien. Bueno… prosigo, ¿eh? Mmm… Vaya, se ha vuelto algo difícil de leer. ¿Cómo podría traducir esto?… No, es… es complicado leer lo siguiente.

—Si le parece difícil, resúmalo un poco.

—Sí, no me complicaré mucho… «"Sólo una noche", dice la mujer. "¿Una?", pregunta el hombre. "No será una sola. Habrá más", dice».

—¿Quién dice eso último, el hombre o la mujer?

—¡El hombre, claro! La mujer no quiere volver a Venecia. Y el hombre trata de consolarla. «El hombre yacía acostado en cubierta a medianoche, con la cabeza apoyada sobre la driza, recordando ese momento. El momento en que cogió la mano de la chica firmemente, un momento parecido a la caída de una gota de sangre cálida; un momento que lo zarandeó como si de una enorme ola se tratara. Mientras contemplaba el oscuro cielo tomó la decisión de sacar de las profundidades del abismo a la mujer a la que habían obligado a aceptar un matrimonio forzado. Resuelto, cerró los ojos».

—¿Y la mujer?

—«La mujer andaba perdida, y lo peor es que no tenía ni idea de dónde se había perdido. Como si alguien se la hubiera llevado al cielo y la hubieran abandonado a su suerte. Innumerables misterios…». Lo siguiente es bastante difícil de leer. No puedo interpretarlo… debería haber un verbo para que tuviera sentido…

—¿Por qué necesita un verbo? Ya está bien así.

—¿Eh?

Se oye el bramido de un trueno y oigo agitarse los árboles de la montaña entera. Nos miramos el uno al otro instintivamente y, en ese preciso instante, el florero de las camelias que hay encima de la mesa empieza a temblar.

—¡Un terremoto! —exclama la mujer con un alarido mudo. Se alza sobre sus rodillas y se acerca al escritorio, recostándose contra mí, de forma que nuestros cuerpos se mueven a la par con las sacudidas. Un faisán sale volando de un matorral con un sonoro batir de alas.

—¿Eso era un faisán? —digo mirando la ventana.

—¿Dónde? —pregunta ella, apretando su cuerpo contra el mío. Mi rostro y el de la mujer están tan cerca que casi pueden tocarse. El aire que espira por la nariz me roza el bigote.

De repente, la mujer se levanta y vuelve al lugar donde estaba. A continuación exclama, resuelta:

—¡Nada de emociones!

—Por supuesto —respondo al instante.

La roca del jardín está llena de un agua trémula, que sigue temblando, sorprendida, pese a que las sacudidas ya han cesado. Las reverberaciones se reflejan en la superficie del agua formando una capa curva e irregular de pequeñas olas que van y vienen. Se podría describir como «harmonía en movimiento». La imagen de un cerezo se refleja en el agua y, como esta, se expande y se contrae, se retuerce y se contornea, pero por más que cambie, se ve claramente que se trata de un cerezo. Es fascinante.

—¡Qué maravilla! Tan bello, tan cambiante… ¿Por qué no podremos movernos nosotros así? —pienso en voz alta.

—Si las personas nos moviéramos así, nos podríamos mover de cualquier forma,

¿no cree?

—Nadie puede moverse así sin desprenderse de toda emoción.

—¡Jo, jo, jo, jo, jo! ¡Y dale! Mire que le gusta la «no—emocionalidad».

—¡Ni que usted la odiara! Lo de pasearse con ese kimono… —empiezo a decir.

—Quiero mi premio —me interrumpe ella, con el tono de una niña consentida.

—¿Cómo dice?

—Dijo que quería verme vestida de novia, ¿acaso no he cumplido su deseo?

—¿Yo?

—Parece que cierto maestro pintor se lo pidió como favor a la anciana de la casa de té cuando cruzaba la montaña.

Me he quedado sin habla, pero la mujer prosigue sin titubear.

—Santo Dios, ¿para qué me esforzaré yo en tratar de complacer a una persona tan olvidadiza? —dice en un tono de mofa. Otra flecha que me impacta de lleno, y ya van dos. Mi posición en esta lidia es cada vez más precaria. No la veo venir, se anticipa a mis movimientos, y cada vez me es más difícil encontrar un hueco en su defensa.

—En ese caso, lo de ayer en los baños, ¿también fue pura amabilidad? —aventuro, tratando de salvar las distancias.

Ella permanece callada.

—Le pido disculpas. Trataré de darle algo como muestra de agradecimiento — digo. Me he adelantado, dispuesto a afianzar mi posición. Pero mi avanzadilla no parece afectarle. En lugar de eso, se queda mirando inocentemente la caligrafía de Daitetsu que cuelga de la pared. Finalmente, se dispone a hablar:

—«La sombra de un bambú no levanta polvo» —recita con voz pausada. Acto seguido se vuelve hacia mí y me pregunta con un tono de voz estudiado, como si se acordara de repente—: ¿Qué decía?

Lo ha hecho a propósito. Pero no caeré en su treta. Ya verá. Procederé con la harmonía en movimiento que se proyecta en el agua.

—Hace poco conocí al abad.

—¿Al del templo Kankaiji? Está gordo, ¿verdad?

—Me pidió que adornara un fusuma con una pintura de estilo occidental. A estos monjes budistas no hay quien los entienda.

—Por eso ha engordado tanto.

—Y conocí a otra persona más, un chico joven…

—A Kyuichi, supongo.

—¡Eso es, Kyuichi!

—¡Vaya, ya conoce a mucha gente!

—Que va, solo a ese tal Kyuichi. Pero no sé más que su nombre. No es un chico muy hablador…

—No habla por no pecar. Todavía es un niño…

—Mira quién fue a hablar. ¿No tienen la misma edad, más o menos?

—¡Jo, jo, jo, jo, jo! ¿Usted cree? Es mi primo. Pronto partirá al frente y por eso ha venido a despedirse.

—¿Se aloja aquí?

—No, en casa de mi hermano mayor.

—Entonces, ha venido expresamente a tomar el té, ¿no?

—Le gustan más los baños que el té. Me gustaría que padre le dejara tranquilo, pero insiste en invitarlo una y otra vez. Con tanto formalismo, sentado en esa postura, seguro que se le dormirían las piernas, ¡menuda faena! Yo, en su lugar, me hubiera ido a media reunión…

—¿Dónde estaba? El abad preguntó por usted. Dijo que quizá estaba dando un paseo.

—Sí, fui a dar una vuelta por el lago Espejado.

—A mí también me gustaría ir a ese lago…

—Vaya a verlo.

—¿Es un buen lugar para pintar?

—Es un buen lugar para ahogarse.

—Por el momento no tengo intención de tirarme.

—Puede que yo lo haga pronto.

No es una broma apropiada para una mujer y, alarmado, la miro, pero ella se limita a devolverme una mirada llena de determinación.

—Dibújeme flotando sobre su superficie... cuando no me quede ni rastro de sufrimiento en el rostro... cuando haya pasado al otro mundo y flote libre de toda preocupación... dibújeme entonces. Haga una preciosa obra de arte.

—¿Eh?

—¡Ajá! Le he dejado pasmado, ¿verdad? ¡Se ha quedado pasmado, se ha quedado pasmado!

La mujer se alza con delicadeza sobre sus talones. Da tres pasos hacia la puerta y, cuando está a punto de salir, vuelve el rostro y me sonríe. Me ha dejado completamente desorientado.

X

He venido hasta el lago Espejado. El camino que desciende hasta él está situado tras el templo Kankaiji, en un valle que hay pasado un tramo de cedros. La carretera no asciende por la montaña, sino que se bifurca en dos y rodea los contornos del lago. En la orilla crece en cantidad el bambú enano y en algunas zonas los tallos están tan apretujados los unos contra los otros que es imposible pasar sin rozarlos. Puedo ver el lago entre los árboles, pero para hacerme una idea de dónde empieza y dónde termina he de rodearlo y, al hacerlo, me doy cuenta de que es muy pequeño. ¡No debe de medir más de trescientos cincuenta metros! No obstante, la superficie es tremendamente irregular: las rocas sobresalen por encima del agua y un suave oleaje ondula la superficie. A causa de estas irregularidades resulta muy difícil esclarecer la forma del lago y la altura a la que está situado.

La extensión de agua está rodeada de cientos de árboles de toda clase. Entre ellos, los hay que aún no han mostrado los primeros brotes de la primavera. Por contra, en aquellas zonas en las que el ramaje no es muy tupido, los brillantes rayos de sol se cuelan iluminando la hierba que crece a la sombra de las copas. Y, entre la maleza, alcanzo a ver las vagas siluetas de infinidad de violetas silvestres.

Las violetas de este país parecen estar sumidas en un profundo sueño. Pero no son «maravillas del cielo», tal como las describió un poeta occidental. Al discurrir de este pensamiento, detengo mis pasos. Podría permanecer de pie de esta guisa hasta hartarme. ¡Qué placer! Si hiciera algo así en Tokio, me arrollaría un tren en menos que canta un gallo. Y si no me apartara un tren, lo haría un policía. Aah, la ciudad...

el lugar donde a los ciudadanos más pacíficos se los confunde con mendigos y los detectives perciben un salario desorbitado, pese a no ser más que ladronzuelos.

Me siento delicadamente sobre el mullido cojín de hierba que hay a mis pies. Podría pasarme aquí cinco o seis días sin moverme y nadie pondría ninguna objeción. Ahí reside precisamente la magia de la Naturaleza. Llegado el momento de la verdad, la Naturaleza no muestra piedad ni arrepentimiento; no hay absolutamente nada frívolo en su conducta: trata a todos los humanos por igual. Se tiende a mirar con suma reverencia a familias como los Iwasaki o los Mitsui, pero la Naturaleza puede dar la espalda con total indiferencia a emperadores y soberanos, de esta y de todas las eras.

Las virtudes de la Naturaleza trascienden las cimas más altas de este mundo desprovisto de color y establecen una igualdad perfecta e infinita. Así, es preferible vivir solo cultivando algunas plantas en un huertecito a mezclarse con el vulgo y acabar desarrollando la misantropía de Timón de Atenas. Se escucha cada cosa… conceptos tan cacareados como la «justicia» o el «altruismo»… Bien, si tan importantes son para la sociedad, ¿por qué no nos dedicamos a asesinar a cientos de malhechores al día y usamos sus cadáveres como fertilizante para las flores?

Me he ido por las ramas. ¡No he venido hasta este lago para sumirme en cavilaciones propias de un estudiante de primaria! Me saco el tabaco de la manga y trato de prender una cerilla. No veo la llama, no sé si se habrá encendido. Me llevo la cerilla a la punta del cigarro, aspiro y exhalo humo por la nariz. Pues parece que sí que estaba encendida, no me había dado cuenta. Tiro la cerilla y entre las cortas briznas de hierba asoma una delgada serpentina de humo que no tarda en desvanecerse por completo. Todavía sentado, me desplazo un poco en dirección a la orilla. Me deslizo en mi cojín de hierba hasta el borde del lago y, justo cuando estoy a punto de meter los pies en el agua, que me figuro está templada, me detengo y la miro con detenimiento.

Hasta donde alcanzo a ver, el lago no parece demasiado profundo. Las algas, finas y larguiruchas, permanecen inmóviles en el fondo, aparentemente muertas. Eso es, muertas. No encuentro otra palabra para describirlas. La hierba alta de las colinas se agita con el viento y las algas marinas están acostumbradas a peinarse con la caricia del oleaje. No obstante, me figuro que las algas de este lago podrían permanecer cien años esperando una moción que nunca llega. Se encuentran en una posición de movimiento contenido, preparadas para agitarse a la mínima oportunidad. Esperarán día y noche, día y noche. El anhelo de toda una vida en la punta de sus tallos. Y, hasta que llegue ese momento, seguirán aferrándose a la vida, renuncian a morir.

Me pongo en pie y cojo dos piedras de entre la hierba del tamaño de mi mano, dispuesto a hacer algo al respecto. En un acto piadoso, lanzo una de las piedras al agua y esta borbotea formando dos grandes burbujas que desaparecen al instante.

«Desaparecen al instante, desaparecen al instante», repite mi alma. Entorno los ojos y veo cómo tres de los tallos, semejantes a largos cabellos, tiemblan ligeramente. Apenas los he visto cuando el agua se enturbia y las algas quedan ocultas. Alabado sea Buda.

Resuelto, lanzo la segunda piedra al centro del lago con todas mis fuerzas. Se escucha un leve chapoteo que apenas si ha perturbado la superficie del lago. Ya no siento la necesidad de arrojar nada, así que dejo el estuche de los colores y el sombrero donde están y me dirijo hacia la derecha. Camino unos cuatro metros cuesta arriba. Me golpeo la cabeza contra una rama de árbol bastante robusta y, al ver lo que hay en la orilla opuesta, me entra un frío repentino. Un enorme arbusto de camelias.

Las hojas de las camelias son de un verde tan oscuro que ni vistas a la luz del mediodía, bañadas en rayos de sol, consiguen despedir un ápice de vivacidad. Estas camelias, en concreto, crecen entre las fisuras de una roca, de modo que si no fuera por las flores, cualquiera lo pasaría por alto. ¡Qué de flores! Hay tantas que faltaría día para contarlas todas, aunque me han entrado unas ganas irresistibles de hacerlo al verlas tan esplendorosas. No obstante, por más esplendor que irradien, no transmiten ni una pizca de alegría. Al principio me han llamado muchísimo la atención, me ha parecido que brillaban con el fulgor de una llama, pero al rato me he sentido terriblemente mal. No hay flor más falaz que esta. Siempre asocio a las camelias silvestres con la imagen de una bella hechicera en cuyos ojos el individuo queda irremediablemente atrapado. Esboza una dulce sonrisa mientras le inyecta su veneno en las venas, sin darle tiempo a reaccionar. Para cuando el infeliz descubre el engaño, ya es demasiado tarde. Ahora, mirando las camelias al otro lado de la orilla, pienso que sería mejor si no las hubiera visto. Además, esa tonalidad roja tan llamativa entraña un no sé qué de oscuridad indescriptible. Una flor de peral, empapada y abatida bajo una cortina de lluvia, da lástima y la maravillosa imagen de un frío manzano a la luz de la luna suscita ternura. Pero nada es comparable a la profunda oscuridad que duerme en las camelias. Estas flores saben a oscuridad, a veneno; son realmente terroríficas. Ocultan la penumbra de su interior bajo un vistoso traje de gala, y no adoptan esa forma para seducir o atraer a los humanos, ni mucho menos. Florecer y caer, florecer y caer, tales son los instantes que conforman el ciclo vital de las camelias que ven pasar los siglos desde su tranquila morada a la sombra de las montañas. ¡Mira una y podría ser lo último que hicieras en esta vida! Posar los ojos sobre ellas es caer preso de un embrujo del que es imposible escapar. No, está claro, estas flores no son de un simple color rojo. Es el rojo de la sangre de un prisionero masacrado, un rojo peregrino que se refleja en nuestros ojos al bajar la vista hacia el cadáver; un rojo que incomoda e inquieta.

Mientras las miro, una de ellas cae al agua, convirtiéndose así en el único vestigio de movimiento en este inerte día de primavera. Un instante después, cae una segunda. Estas flores no pierden un solo pétalo, conservan su forma original al desprenderse de la rama. La separación es tan limpia que uno podría verla como algo puro, pero por alguna razón, a mis ojos, una caída tan impecable destila maldad. Cae una tercera. A este paso, el lago se tornará rojo. Y, efectivamente, es como si el agua que rodea a las camelias se hubiera teñido de un tenue color carmín. Ha caído otra. Flotan con tal quietud sobre la superficie que uno podría pensar que han caído sobre tierra. Cae otra más. ¿Se hundirán en algún momento? Es posible que, con el paso de los años, pierdan su color, se deterioren y se conviertan en el lodo que se deposita en el fondo del lago. Quizá dentro de varios miles de años, y sin que nadie se percate, este lago ancestral volverá a estar al nivel del terreno que lo circunda a causa de las camelias.

Una enorme camelia cae como lo haría un alma que se libera finalmente de su cuerpo mortal y tiñe el lago de rojo. A continuación cae otra, y otra, y otra más. Caen por siempre.

«¿Qué pasaría si dibujara el hermoso cuerpo de una mujer flotando sobre estas aguas?», me pregunto, reflexionando vagamente mientras vuelvo al lugar de antes y me fumo otro cigarro. A mi mente acuden reptando sibilinamente en forma de recuerdos las palabras burlonas de Nami y noto cómo mi corazón se agita como un madero a merced del oleaje. Ese será el rostro de mi cuadro. La representaré flotando en el lago bajo ese arbusto de camelias mientras las flores caen sobre ella. Quiero transmitir una sensación de eternidad: eternidad en su cuerpo flotante y eternidad en la caída de las camelias. ¿Podré dibujar algo así? Según el Laocoonte… pero, ¡qué demonios! ¡qué más da el Laocoonte!

¡Qué más da si me ciño o no a la teoría! Lo que realmente cuenta son los sentimientos. Pero es tan difícil extraer la eternidad que trasciende a los humanos… El rostro de la mujer es el primer obstáculo. Aunque le tome prestadas las facciones, la expresión no acaba de convencerme. Dibujarla con una mueca de dolor solo conseguiría arruinar la pintura, y si le confiero una expresión demasiado plácida, el resultado no será mucho mejor. Vamos a ver, ¿y si escojo otro rostro? Me dispongo a enumerar a las candidatas con los dedos, pero no se me ocurre ninguna. No, tiene que ser Nami. Pero le falta algo. Estoy seguro de que le falta algo, pero no sé el qué, estoy completamente perdido y eso me impide imaginarla como yo querría y recrear su rostro a mi antojo. ¿Y si le añado un pellizco de celos a la mezcla? No, en los celos hay demasiada angustia. ¿Y odio?… Demasiado violento. ¿Ira? No, podría descuajaringar toda la harmonía. ¿Rencor? Bueno, en poesía, a veces se habla del «rencor de la primavera», pero fuera de connotaciones poéticas, el rencor en sí es un concepto bastante vulgar. Tras mucho discurrir ante un amplio abanico de sentimientos, finalmente doy con la emoción perfecta: la pena. ¡Había olvidado añadirla a la lista! La tristeza. Los dioses la desconocen, pero es la emoción que más nos acerca a ellos. No hay un solo gesto en el rostro de Nami que denote tristeza. Esa es su lacra, ¡eso es lo que le falta! En el momento en que un impulso la inste a curvar las cejas en un gesto de tristeza, en ese preciso instante, yo habré consumado mi obra. Sin embargo… ignoro cuándo podré ser testigo de este fenómeno. La cara de esa mujer parece estar permanentemente adornada con una sonrisa jactanciosa; le gusta reírse de la gente y solo le preocupa ganar. No, no es suficiente para mi cuadro.

A mis espaldas oigo el crujido de unos pasos que rompen mi esquema mental cuando solo me quedaba un tercio para completarlo. Me giro y veo a un hombre que camina entre las cañas de bambú enano en dirección al templo. Lleva puesto un kimono de mangas estrechas y carga un fardo de leña a la espalda. Debe venir de la montaña vecina.

—Se ha quedado buen día, ¿eh? —me saluda, quitándose el pañuelo de la cabeza. Al inclinarse, el filo del hacha que lleva colgando de la cintura centellea. El hombre, de complexión robusta, debe rondar los cuarenta. Tengo la sensación de haberlo visto antes en algún otro lugar y así debe de ser porque me trata como si fuera un viejo conocido—: ¿Ha venido a pintar aquí también? —dice, echándole un vistazo a mi caja de pinturas, que está abierta en el suelo.

—Pues sí, he venido con la intención de retratar el lago, pero es un sitio un poco triste. No hay ni un alma.

—No, ¿verdad? Bueno, es que estamos en el corazón de la montaña… Por cierto, me figuro que las pasaría moradas para cruzar el paso aquel día.

—¿Eh? ¡Ah! ¡Usted es el arriero del otro día!

—El mismo. Me gano la vida cortando leña por la zona y llevándola hasta el pueblo

—explica Genbei liberándose de la carga y sentándose encima. A continuación, extrae una vieja petaca para el tabaco de papel o de piel, no estoy seguro. Le acerco una cerilla.

—Debe de ser muy duro cruzar ese paso día sí y día también —le digo.

—¡Qué va! Uno se acostumbra… y tampoco crea usted que lo cruzo cada día. No, quizá una vez cada tres o puede que cada cuatro días.

—Tendrá que perdonarme, pero ni cruzándolo una vez cada cuatro días podría aguantar yo la marcha.

—¡Ja, ja, ja, ja! Bueno, la verdad es que intento dejar descansar al caballo el mayor tiempo posible, me da pena.

—Vaya, ¡qué considerado! Entiendo que es el caballo, entonces, el que lo pasa peor, ja, ja.

—Hombre, yo no diría tanto…

—A todo esto, este lago… es realmente antiguo, ¿verdad? ¿Sabe de qué época es?

—Ha estado aquí desde hace mucho tiempo.

—¿Desde hace mucho tiempo? ¿Cuánto, exactamente?

—Desde hace mucho, muchísimo tiempo.

—Desde hace mucho, muchísimo tiempo, ¿eh? Ya veo.

—Fíjese si hace tiempo que ya estaba aquí en la época en que la hija de los Shioda se arrojó a él.

—¿Se refiere a la familia que regenta el balneario?

—Sí.

—¿Que la chica se tiró al lago?… Pero si ella está bien.

—No, no me refiero a la de ahora. Sino a la de hace años.

—La de hace años… ¿Cuántos, exactamente?

—Hace muchos, muchos años.

—¿Y por qué razón se arrojó esa mujer al lago?

—Pues verá, señor, se dice que era una mujer muy bella, como la actual señorita del balneario, vaya…

—Ajá.

—Entonces, un día llegó a la aldea uno de esos bonzos mendicantes…

—¿Se refiere a un komuso?

—Sí, de esos que van tocando la flauta pidiendo limosna. Pues bien, se quedó a pasar algunas noches en casa del señor Shioda, que en aquella época era el alcalde de Nakoi, y su hija se quedó prendada del bonzo… No sé si fue el destino o qué, pero la chica clamaba entre lágrimas que debía casarse con él sí o sí.

—¿Lloraba? Mmm…

—Por su parte, el alcalde no quería ni oír hablar del tema. «¡No te casarás con un bonzo!», le gritó a su hija. ¡Y, hala! De patitas en la calle.

—¿El bonzo?

—Sí, el señor Shioda lo echó de allí. Fue entonces cuando la joven lo siguió hasta este lago… Se tiró desde allí. ¿Ve ese pino que hay en la otra orilla?… ¡Se armó la de Dios es Cristo! Poco después corrió el rumor de que llevaba un espejo cuando se tiró al lago. Y de ahí le viene el nombre de lago Espejado.

—Vaya… así que la historia era cierta.

—Un asunto turbio donde los haya.

—¿A cuántas generaciones se remonta este suceso?

—Es algo que pasó hace mucho, muchísimo tiempo. Y a todo esto… le agradecería que esta conversación quedara entre usted y yo, señor.

—¿Y eso?

—Muchos miembros de esa familia están locos, desde hace generaciones.

—¿Cómo dice?

—Fruto de una maldición, seguro. Y últimamente la señorita del balneario actúa de un modo extraño, todo el mundo lo comenta.

—¡Ja, ja, ja! ¡Eso no puede ser!

—¿Usted cree? Pues su madre tampoco estaba muy cuerda que digamos.

—¿Estaba?

—Falleció el año pasado.

—Ya… —No tengo nada más que decir, así que permanezco callado mirando atentamente la delgada columna de humo que sale de mi cigarrillo. Genbei se vuelve a cargar el fardo a la espalda y se aleja.

Desde que llegué a esta aldea tengo la cabeza hecha un hervidero de ideas y no dejo de oír extrañas historias, una detrás de otra… a este paso no seré capaz de dibujar un solo cuadro. Y, al fin y al cabo, ese es el motivo por el que estoy aquí.

Bueno, ya que he traído todo el material necesario, por lo menos haré unos bosquejos antes de irme. Por suerte, creo que el paisaje de la orilla opuesta me servirá. Allá voy.

Me fijo en una enorme roca negruzca y áspera que emerge desde las profundidades del lago apuntando al cielo con sus más de tres metros de altura. A la derecha de la roca, el agua se oscurece al hacer esquina con la orilla del lago, atestada del bambú enano que nace en abundancia en los acantilados y llega hasta el borde del agua. Por encima de la roca hay un pino gigantesco, de unos tres brazos de envergadura, con el tronco recubierto de hiedra fresca y tan torcido que más de la mitad sobresale por encima de la superficie del agua. Puede que la mujer del espejo saltara al lago desde esa roca.

Asiento el caballete y enumero los elementos que quiero que aparezcan en mi cuadro: el pino, el bambú, la roca y el agua. Aunque, en cuanto al agua, no sé cuánta representar exactamente. Si la altura de la roca es de tres metros, la sombra también tendrá que medir tres metros. Por lo que respecta al bambú, se refleja tan vívidamente en el lago que es como si el pequeño cañaveral no detuviera su avance al llegar al borde y siguiera brotando en el agua. El pino parece erigirse hasta el mismo cielo y, en consecuencia, su sombra también es extremadamente larga y delgada. Es inútil: tratar de ponerle una medida a lo que abarcan mis ojos no me va a servir de nada. Quizá sería mejor dejar de lado los elementos en sí y centrarme en la sombra que proyectan.

¿Y si dibujara únicamente el agua y lo que se refleja en ella? Todos se quedarían atónitos, aunque, a decir verdad, pintar un cuadro sólo para sorprender al que lo vea, me parece algo aburrido. Deberían sorprenderse por comprender que tienen un bello cuadro ante sus ojos, no por nada más. Miro fijamente a la superficie del agua mientras trato de ingeniármelas de algún modo.

Los reflejos se verían raros, no creo que pudiera pintar nada sólo con lo que veo en el reflejo. ¡Podría comparar los elementos reales con sus respectivas proyecciones! Clavo la vista en el agua y lenta, muy lentamente, la levanto y la focalizo en los elementos que hay sobre la superficie. Primero, miro la punta de la sombra que forma la enorme roca y la sigo con la vista hasta el punto donde el agua converge con la roca. A continuación, sigo subiendo y mis ojos, poco a poco, salen del agua. Escruto con avidez cada hendedura, cada muesca en la roca y la examino minuciosamente antes de seguir con la ascensión. Cuando mis ojos alcanzan por fin la cima, lo que veo me deja paralizado. Siento lo que debe sentir un sapo al cruzar la mirada con una serpiente que está a punto de devorarlo. El pincel se me escurre de entre los dedos.

Dando la espalda al sol del ocaso que se cuela entre las verdes ramas, fundida en los colores del atardecer y el negro azulado de la roca, se perfila el rostro de una mujer. Es el rostro de la mujer que me maravilló bajo las flores; la que confundí con una visión; la que me obnubiló vestida con un kimono de novia; la que me dejó sin palabras en los baños… es ella.

No puedo apartar la vista de la blancura de su cara. Ella tampoco mueve ni un músculo, se limita a permanecer totalmente inmóvil encima de la roca. ¡Qué instante tan maravilloso!

Antes de darme cuenta, se ha ido. Se da la vuelta ágilmente y desaparece dando un brinco hacia el otro lado. Antes de perderla de vista por completo, alcanzo a ver el destello rojizo de una camelia en el obi de su kimono. El atardecer acaricia las copas de los árboles, difumina el tronco del pino y oscurece el bambú.

Ya ha vuelto a maravillarme.

XI

He salido a dar un paseo por la villa, que ahora mismo se halla envuelta en niebla. Mientras subo por los peldaños de piedra que se dirigen al templo Kankaiji compongo un poema:

Alzo la vista al cielo
y cuento estrellas de primavera:
una, dos, tres…

No voy a ver al abad. De hecho, no tengo nada de qué hablar con él. He salido del hostal y mis pies me han llevado al pie de esta escalera. Al principio, me he quedado un momento de pie pasando la mano por el pequeño pilar de piedra que hay a la entrada de todos los templos budistas en el que se lee la inscripción «prohibida la entrada al templo de alcohol y vegetales picantes». Pero finalmente me he animado a subir.

El escritor Laurence Sterne afirma que escribió su novela Tristram Shandy acorde a los designios de Dios. La primera frase la redactó él mismo, pero del resto se encargó Dios, que ocupó la mente del escritor hasta que este puso punto y final a la novela.

¡Sterne no sabía realmente qué escribir! La letra era suya, pero las palabras eran de Dios y, por lo tanto, él se desentendía del resultado. A mí me ocurre exactamente lo mismo. Estoy paseando, pero no soy el responsable de mis pasos. La diferencia es que, en mi caso, Dios tampoco lo es. Sterne se las ingenia para cargar a Dios con sus responsabilidades, pero yo, no: las tiro en la primera zanja que veo.

Tampoco es que me esté dejando la piel en la subida y, de hecho, si realmente me costara, ya habría dado media vuelta. Al poner el pie sobre el primer escalón me he sentido bien y por eso he subido al segundo, y ha sido entonces cuando me han entrado ganas de componer un poema. Sin mediar palabra, miro mi sombra obstruida y fragmentada en el tercer peldaño. ¡Qué visión más curiosa! Avanzo un escalón más. A continuación, levanto la vista al casi dormido cielo desde las profundidades del cual parpadean las estrellas. Su sola visión bien vale un poema, pienso. Y así voy subiendo poco a poco hasta que, finalmente, alcanzo la cima.

Llegado a este punto, me asalta un recuerdo. Hace mucho tiempo fui a Kamakura a visitar los templos de por allí y, sí, estoy seguro de que fue en un templo dependiente del Engakuji donde subí por unas escaleras iguales a estas, y no había llegado hasta arriba cuando de las enormes puertas salió un monje vestido de ocre con la cabeza completamente rasurada. Yo subía y él bajaba, y justo al cruzarnos, me preguntó en tono cortante: «¿A dónde va?». Me detuve en seco y le respondí que solo quería ver el cementerio, a lo que el monje replicó por encima del hombro con un «no hay nada que ver», mientras seguía bajando los peldaños a paso ligero. Aquella franqueza tan brusca me dejó algo anonadado, por lo que me paré a observarlo descender, la planicie yerma de su coronilla elevándose y reculando al ritmo de sus pasos, hasta que se internó entre unos cedros que lo ocultaron. No miró hacia atrás ni una sola vez.

«¡Hay que ver cómo las gastan estos monjes!», pensé al tiempo que cruzaba las enormes puertas del templo. Celebré que no se viera un alma ni en las dependencias del templo ni en la nave principal. De alguna manera, me alivió pensar que en este mundo había personas tan honestas como ese monje, sin pelos en la lengua, capaces de tratar a otros con una rudeza, a mi modo de ver, maravillosa. Y no lo digo porque comprenda los principios de la doctrina zen, porque ni siquiera sé lo que significa la palabra «zen» en sí. Es solo que ese monje me cautivó.

El mundo está a rebosar de individuos sumamente cargantes, detestables, quejicosos y sinvergüenzas. Los hay que ignoran que están por estar y que su única función es la de ocupar espacio en el mundo. Y no uno pequeño, precisamente. Estos tipos acaparan grandes y preciosas porciones de tierra que se convierten en su mayor orgullo y durante los siguientes cinco o, incluso, diez años se dedican a contratar a un detective para que este lleve la cuenta de cuántos pedos te tiras. Y así es como creen que funciona el mundo. Después, este tipejo parodia entre canturreos la cantidad de pedos que te has tirado a lo largo de los años: «¡Te has tirado tantos pedos, te has tirado tantos pedos!». Si se presentara con la cantinela frente a ti, aún, pero resulta que siempre lo dirá a tus espaldas. Si le reprochas su actitud, solo conseguirás que se anime y, si le exhortas a callar, el escarnio todavía será mayor. Tratar de contentarle dándole la razón tampoco sirve de nada porque su meta en la vida seguirá siendo la de promulgar cuántos pedos te tiras. Cada cual es libre de escoger la meta que quiera, eso lo concedo. Sin embargo, un elemento como el que acabo de ejemplificar debería cerrar el pico y plantearse una meta más constructiva. No es educado vivir importunando al resto. Si, con todo, uno insiste en cumplir su cometido molestando a los demás, un segundo replicará que si esas tenemos, él se dedicará a tirarse pedos hasta hartarse. Y así es como Japón se iría al traste.

Se podría decir, pues, que salir a pasear una noche de primavera por ninguna razón en particular es algo muy noble. Si encuentro algo interesante, bienvenido sea, la existencia de ese algo se convertirá en mi ambición, pero la carencia y consecuente búsqueda de ese algo también puede convertirse en mi meta. Del mismo modo, si se me ocurre un poema, ese poema será mi ambición. Pero la falta de ocurrencias desencadenaría una ambición totalmente válida. Y, además, no molestaría a nadie. Esa es la ambición genuina por antonomasia. La de contar pedos se considera un ataque personal en toda regla y la de peerse es, por contra, una ambición de auto—defensa. Pues, en mi caso, la ambición de subir estas escaleras responde a una conducta que me dicta el propio corazón, en el sentido más zen de la expresión.

«Alzo la vista al cielo; y cuento estrellas de primavera; una, dos, tres…». Cuando llego a la cima, ante mí se extiende, como el enorme obi de un kimono, el luminoso mar de primavera. Cruzo las puertas del templo. Ya no siento la necesidad de finalizar el poema que he empezado. Mi ambición ahora, mi meta, es dejarlo.

El lado derecho del camino de piedra que pasa por las dependencias del templo está ribeteado de arbustos de azaleas; me imagino que al otro lado debe de estar el cementerio. A la izquierda se alza el edificio principal, una construcción imponente que brilla en lo alto con una luz vaga, difusa, como si miles de lunas se hubieran quedado atrapadas en ese mar de tejas. De algún lugar me llega el incesante arrullo de las palomas. Parece que han anidado bajo el enorme tejado. Quizá son imaginaciones mías, pero diría que las motas blancas que hay en el suelo, bajo los alerones del tejado, son sus excrementos.

Bajo el tejado hay algo más que me llama la atención. Unas siluetas extrañas, que no parecen ni árboles ni ninguna otra clase de planta, dispuestas en fila. A primera vista parecen salidas de una pintura de Iwasa Matabei, aquella en la que representaba a unos demonios alineados rezando a Buda. Solo que las que tengo delante han abandonado toda actitud de rezo y, por su posición, parece que estén danzando. La línea de estatuillas se extiende de punta a punta del edificio principal, bailando ceremoniosamente, igual que sus sombras. Abandonarían sus quehaceres monacales, (¡fuera campanas y tañidos, fuera registros de donativos!) y, nada más verse tentados por esta magnífica luz de luna, decidieron venir bailando hasta este templo de montaña.

Me aproximo un poco más y me doy cuenta de que las siluetas son cactus. Cactus enormes, de unos dos metros de altura. Los brazos del cactus parecen pepinos verdes del tamaño de calabazas que hayan sido aplastados hasta tomar la forma de enormes cucharones. El tallo parece estar orientado hacia la tierra mientras las ramificaciones apuntan altivas hacia el cielo. ¿Cuánto pueden llegar a crecer? Quizás acaben perforando los alerones del tejado hasta sobrepasarlo. Seguro que cada brazo de un cactus nace en un parpadeo, tan súbitamente que uno no sabe de dónde ha salido ese nuevo cucharón. No creo que los cucharones alumbren a pequeñas cucharitas que, con el paso de los meses y los años, vayan creciendo hasta alcanzar la madurez. No, deben nacer con ese tamaño, seguro. ¡Es extraordinario! ¿Cómo es posible que exista una planta tan sumamente extraña? ¡Y tan despreocupada! En El ciprés, un monje le pregunta a Joshu: «¿Qué es Buda?»; a lo que Joshu replica: «El pequeño roble ante el jardín». Si me lo preguntaran a mí, contestaría sin pensármelo dos veces que Buda es un cactus a la luz de la luna.

De joven leí las crónicas de viaje de Chao Buzhi y aún puedo recitar de memoria algún pasaje:

Era septiembre. El cielo inalcanzable, el rocío límpido y fresco, las montañas desiertas y una luna radiante. Levanto la vista al cielo y todas las estrellas relucen tan intensamente que parece que floten a pocos centímetros por encima de nuestras cabezas. Tras la ventana, docenas de cañas de bambú chocan las unas contra las otras, agitadas por el viento. Su ferviente murmullo parece no tener fin. Tras el cañaveral de bambú se extiende un pequeño bosque de ciruelos y palmeras dispuestos sin orden ni concierto, creando una imagen semejante a la cabellera crespa y enmarañada de un demonio. Cruzo la mirada con mis compañeros de viaje, cuyo espíritu, detecto, está tan agitado como el mío. Partimos al alba, sin haber pegado ojo en toda la noche.

Vuelvo a recitar el pasaje para mis adentros y, sin pretenderlo, se me escapa la risa. Si adapto el tiempo y las circunstancias del relato a las mías propias, se podría decir que estos cactus también han agitado mi espíritu. De hecho, nada más verlos me he pegado tal susto que me han entrado ganas de salir corriendo montaña abajo. Toco una de las espinas y siento un dolor agudo en el dedo.

Recorro el camino de piedra hasta el final y, esta vez, me dirijo hacia la izquierda, donde están el resto de dependencias del templo, frente a las cuales hay plantada una imponente magnolia. El tronco se puede abarcar con los brazos y es tan alta que sobresale por encima del tejado. Alzo la mirada y observo el entramado de ramas que hay sobre mi cabeza. Encima de esas ramas hay todavía más ramas y, reposando sobre las más altas, está la luna. Es curioso, el cielo no debería poder verse entre un ramaje tan tupido. Y menos si el árbol está en flor. Pero entre cada una de las ramas de la magnolia hay un pequeño espacio, de modo que el cielo se entrevé perfectamente bajo su copa. Y las flores son claramente discernibles. Incluso desde esta distancia puedo distinguirlas con claridad. No sabría decir cuántas hay, ni si han florecido o no, pero sé que ahí hay una y, al lado, otra, y que entre ellas asoma nítidamente el pálido azul del cielo. Las flores no son ni mucho menos de un blanco puro y, en realidad, tanto mejor, porque si no, serían demasiado gélidas. Las flores de un blanco inmaculado tratan de poseer al mortal que las contempla. Pero las de esta magnolia han rehuido el blanco perla y se han acogido a un humilde y pálido tono marfil que exhiben graciosamente. Permanezco en pie mirando el cielo infinito cuajado de magnolias y, por un momento, me quedo sin aliento. En mis pupilas no se reflejan las hojas, únicamente las flores. Entonces, a mi labios asoma un haiku:

Alzo la vista, el cielo está sembrado de mil magnolias.

En algún lugar, las palomas gorjean al unísono.

Entro en las dependencias del templo que, para mi sorpresa, están abiertas. Cualquiera diría que en este país no hay ladrones. Tampoco me asalta el ladrido de ningún perro guardián.

—¿Hola? —llamo. Me contesta el profundo silencio de un bosque.

—¿Hay alguien? —Solo escucho el arrullo de las palomas.

—¡Holaaaaaa! —grito.

—¡Voooooooooooy! —oigo como alguien contesta desde dentro. Es la primera vez que recibo una respuesta así. Finalmente, resuenan unos pasos que se acercan por el pasillo y alguien enciende una lámpara de papel tras el biombo. Ante mí aparece el joven monje que conocí en la barbería, Ryonen.

—¿Está el abad?

—Sí. Sí que está. ¿Qué asuntos le traen, señor?

—¿Sería tan amable de decirle que el pintor del balneario ha venido?

—¿El pintor? ¡Oh, entre, por favor!

—¿Eh? ¿No pasará nada si entro directamente?

—No se preocupe.

Me descalzo y cuando me dispongo a entrar…

—No tiene usted muchos modales, por lo que veo.

—¿Por qué lo dice?

—Por favor, coloque las sandalias como es debido. Mire eso —dice apuntando con la lámpara de papel a la parte central de un pilar negro donde, a un metro y medio del suelo, han colgado un pergamino de caligrafía cuarteado. Hay algo escrito en él.

—¿Lo ve? Lea. Pone «preste atención a sus pies».

—Disculpe —digo mientras coloco las sandalias correctamente.

Avanzamos por el pasillo, doblamos una esquina y llegamos a la cámara del abad, situada al lado del edificio principal. Ryonen abre ceremoniosamente la puerta corredera y cruza el umbral haciendo una reverencia al anunciarme:

—Disculpe, su graciosa eminencia. Ha venido el pintor del balneario Shioda —lo dice con tanta pompa que resulta gracioso.

—¡Oh! ¡Que pase!

Paso por delante de Ryonen. La habitación es sumamente pequeña. En el centro hay un hogar con algunas brasas encendidas y, encima, una pequeña tetera de metal. El abad está sentado al otro lado, leyendo.

—Adelante, siéntese —me invita quitándose las gafas y dejando el libro a un lado.

—¡Ryonen! ¡Ryoooneeeen!

—¿Síííííí?

—Trae un cojín.

—¡Síííííííí! —contesta enérgicamente Ryonen desde lejos.

—¡Qué bien que haya venido! Imagino que debe aburrirse en este pueblo.

—He venido dando un paseo, la luna está preciosa esta noche.

—La luna está preciosa, es verdad —asiente, abriendo la puerta que da al jardín en el que hay un par de losas de piedra y un pino. Y eso es todo, porque este se acaba abruptamente en un empinado precipicio de modo que lo que se ve inmediatamente detrás de él es el mar expandiéndose, bañado en luz de luna. Es tan bello que siento como se me engrandece el espíritu. Aquí y allá titilan las luces de los pesqueros. Parece que ansían pasar a formar parte del distante cielo y convertirse también ellos en estrellas.

—Es un paisaje maravilloso, eminencia. Qué lástima que las puertas no puedan quedarse abiertas por la noche…

—Sí, aunque lo contemplo cada día.

—Es imposible cansarse de un paisaje así. Yo me quedaría velándolo toda la noche.

—¡Ja, ja, ja, ja! Usted es pintor, al fin y al cabo. Somos algo diferentes en ese aspecto.

—Usted también es capaz de apreciar la belleza de este paisaje. ¿No lo convierte eso en un artista?

—Bueno, visto así… de hecho, yo me defiendo con las ilustraciones de darumas. El pergamino que cuelga de esa pared, por ejemplo, lo dibujó uno de mis predecesores. Creo que está bastante logrado.

Efectivamente, en la pequeña habitación hay colgada una pintura donde se ha representado a un daruma. No se la puede tachar de vulgar, eso lo concedo, pero las aptitudes del artista que lo hizo son nefastas. El autor no parece haber tratado siquiera de ocultar sus numerosos desatinos y, además, ha usado una técnica muy simple. El predecesor en cuestión debió de ser una persona tan conformista como su pintura.

—Es muy sencilla.

—No nos hace falta más en este templo. Es suficiente con que las obras reflejen el espíritu del autor.

—Es mejor así. Hay pintores muy hábiles que solo saben crear vulgaridades.

—¡Ja, ja, ja, ja! ¡Me lo tomaré como un cumplido! Pero, dígame, ¿uno puede doctorarse en pintura en estos tiempos?

—No, no hay doctores en pintura.

—¿Ah, no? Pues hace poco conocí a un doctor.

—¿De verdad?

—Supongo que tener un doctorado dice mucho de una persona.

—Sí, desde luego.

—¡Qué raro que no haya doctores en pintura, pues! ¿Por qué será?

—Por esa regla de tres, también debería haber doctores entre los abades, ¿no cree?

—¡Ja, ja, ja! Sí, supongo que tiene razón… ¡Aah! ¿Cómo se llamaba aquel hombre, el que conocí el otro día?… Debo de tener su tarjeta de visita por algún lado…

—¿Dónde lo conoció? ¿En Tokio?

—No, no, fue aquí. Hace veinte años que no voy a Tokio. He oído hablar de esos «trenes». Se puede ir montado en eso, ¿no? La verdad es que me gustaría subir algún día.

—Son aburridos. Y muy ruidosos.

—Puede ser. Sí, es posible que no me gusten mucho, muy complicados quizá… Dicen que la cabra siempre tira al monte y yo estoy hecho al campo, al fin y al cabo.

—Los trenes no son complicados. Son muy tediosos.

—Puede ser.

La tetera empieza a despedir un chorrillo de vapor. El abad extrae del aparador unas tazas y vierte el té en ellas.

—¿Le apetece un poco de té? No está tan bueno como el del señor Shioda…

—Seguro que me gustará.

—Deambula usted mucho de aquí para allá. ¿Es la pintura el propósito de tanto vagar?

—Sí. Solo llevo conmigo mis útiles de pintura, aunque, en realidad, si no pinto nada, tampoco me importa.

—Ah, así que también lo hace por diversión.

—Sí, se podría decir que sí. Odio que lleven la cuenta de mis pedos.

Parecen desconcertarle mis palabras. Al fin y al cabo, es normal que un monje budista no comprenda esta jerga.

—Disculpe, ¿la cuenta de sus pedos?

—A cualquiera que viva en Tokio demasiado tiempo empiezan a contarle los pedos que se tira.

—¿Y eso por qué?

—¡Y ojalá solo los contaran! Pero no contentos con eso, analizan cada una de sus flatulencias y le miden a uno el ano para ver si lo tiene triangular o cuadrado.

—Aah… ¿Por temas de higiene?

—No, no es por higiene. Cosas de detectives.

—¿Detectives? ¡Oooh! Se refiere usted a la policía. Dígame, ¿cree usted que son realmente necesarios? ¿O podríamos prescindir de ellos?

—Mmm… Bueno, ciertamente, los pintores no necesitamos a los policías.

—Yo tampoco. Y nunca he tenido problemas con ninguno.

—Me lo imagino.

—Yo, en su lugar, no me preocuparía lo más mínimo si la policía fuera contando mis pedos. Si no he hecho nada malo, no pueden tomar ninguna represalia contra mí. Así que todo en orden, ¿no?

—Sería horrible tener que depender de mis pedos para evitarme problemas con ellos…

—Siendo yo joven, el anterior abad me dijo una vez que las personas solo podemos aspirar a acumular conocimientos cuando perdemos la vergüenza y somos capaces de volcarnos en aquello que hacemos con la valentía del que extrae sus vísceras en mitad de una calle concurrida. Le aconsejo que siga esa línea de aprendizaje. Así no tendrá usted que viajar tanto.

—Si fuera un pintor de pies a cabeza, podría hacerlo cuando quisiera.

—Entonces conviértase en un pintor de pies a cabeza.

—No lo conseguiré con alguien a mi espalda llevando la cuenta de mis pedos.

—¡Ja, ja, ja, ja, ja! ¡Eso ya se verá! Cambiando de tema: está usted alojándose en el balneario donde vive la señorita Nami, ¿cierto? Digamos que desde que volvió de aquel matrimonio fallido empezó a preocuparse por varias cosas y, finalmente, decidió venir al templo en busca de ayuda espiritual. Estuvo viniendo aquí durante una temporada y ¡mírela ahora!, fresca como una rosa.

—Vaya… Bueno, ya me imaginaba que no es una mujer normal y corriente.

—No, es avispada y muy aguda… Yo tenía un joven discípulo llamado Teian que se enfrentó a un serio dilema al conocerla; finalmente, le sacó una importante enseñanza al destino y… en fin, a día de hoy sigue guardando esa experiencia como una valiosa lección.

La sombra del pino comienza a formarse en la hierba del jardín. El mar empieza a arder con los brillantes colores de un cielo a cuyo llamado no acaba de responder del todo. Las luces de los pesqueros siguen parpadeando.

—Fíjese en la sombra del pino.

—Es preciosa, ¿verdad?

—Me pregunto si realmente será solo bella…

—Sí.

—No es solo bella… no se mueve por más que sople el viento.

Apuro la taza de té, en la que solo queda un poso amargo, dejo la taza boca abajo en la bandeja y me levanto.

—Le acompañaremos a la salida. ¡Ryooooneeen! ¡Nuestro invitado ya se va!

Salgo de las dependencias del templo acompañado de Ryonen y el abad, y vuelvo a oír el arrullo de las palomas.

—No hay criaturas más adorables —dice el abad—. Solo tengo que dar una palmada para que vengan volando hasta aquí, ¡se lo mostraré!

La luz de la luna brilla aún más. La magnolia ofrenda al firmamento las nubes de flores que penden de sus ramas, en un silencio tan profundo como el cielo. Y, entonces, el abad da una palmada que resuena en el corazón de la noche unos instantes antes de morir en el viento. No desciende ni una sola paloma.

—Vaya, pues no vienen… y eso que siempre lo hacen.

Ryonen me mira con una media sonrisa dibujada en la cara. Me da la sensación de que el abad está convencido de que las palomas ven en la oscuridad. Alma de cántaro…

Al llegar a la puerta principal, nos despedimos. Me doy la vuelta y veo alejarse por el camino de piedra la sombra de dos cabezas rapadas, una más grande y otra más pequeña, que se alejan acompasadamente hasta que entran en las dependencias del templo y se pierden de vista.

XII

Óscar Wilde afirmaba que la visión de Cristo era puramente artística. Yo no sé mucho de Cristos, pero creo que se podría decir lo mismo del abad del templo Kankaiji. No es que tenga un gusto artístico exquisito. A la vista está que poco gusto tiene un hombre que cuelga en su pared la pintura de un daruma a la que yo no me atrevería a cualificar de arte. Por si fuera poco, ¡está convencido de que hay doctorados en pintura y cree que las palomas ven en la oscuridad! No obstante, posee las cualidades de un verdadero artista. Su alma es un pozo sin fondo en el que cabe de todo. Va a donde quiere, crea a voluntad y en su corazón no resta el más mínimo despojo de suciedad. Si tuviera un poco de gusto, sería capaz de adaptarse a cualquier situación, incluso a las más rutinarias, y vivirlas y experimentarlas como lo haría un auténtico artista. En cuanto a mí, mientras sigan llevando la cuenta de los pedos que me tiro, nunca podré convertirme en un pintor como Dios manda. Porque el simple hecho de encarar el caballete y alzar la paleta no me convierte en artista. Por eso he venido a este pueblo perdido entre montañas cuyo nombre desconozco, me he rodeado de este precioso paisaje de primavera y, por primera vez en mi vida, he hallado al artista genuino que mora en mi interior. Cruzada la frontera, todo lo que es bello en este mundo pasa a ser enteramente mío. Todavía no he pintado nada, es cierto, pero soy, en toda regla, un pintor de primera categoría. No tengo la técnica de Miguel Ángel y carezco del talento de Rafael. No obstante, en lo que se refiere a espíritu artístico, no soy menos que ninguno de los pintores de la Antigüedad. Camino exactamente a su misma altura. Desde que llegué a este lugar no he dibujado absolutamente nada. Cualquiera diría que he acarreado mis útiles de pintura en vano y que, por lo tanto, no estoy en posición de reafirmarme en mi condición de artista. Pero no me importan las burlas. Soy un artista genuino. Un pintor espléndido. Esa convicción es indispensable para crear una obra de arte excepcional, si bien no todos los artistas que la sostienen crean obras brillantes.

He terminado de almorzar y ahora me estoy fumando un cigarro. El sol se yergue alto por encima de la neblina. Abro la puerta corredera y contemplo las montañas del fondo, pobladas de árboles de un verde intenso, que brillan como nunca.

Siempre he creído que no hay un tema de investigación más fascinante en todo el cosmos que el concerniente a la relación entre el ambiente, la forma y el color. ¿Para reconstruir el ambiente has de centrarte primero en el color o en las formas? ¿O es a partir del ambiente cuando se pueden evocar el color y las formas? Una obra puede resultar de múltiples maneras dependiendo del punto de vista desde el que decidas enfocarla y, como es natural, cada artista la adaptará a sus propios gustos. Ahora bien, también es lógico que una obra esté sujeta a restricciones de tiempo y lugar. Hay artistas que no gustan de utilizar colores vivos en sus cuadros y, en realidad, aunque les gustara utilizarlos, no serían capaces de otorgar a su obra la atmósfera adecuada. Es el caso de muchos pintores ingleses, tan dados a los cuadros de tonos lúgubres. A excepción de Frederick Goodall. Su uso de los colores es totalmente diferente porque, pese a ser británico, nunca pintó un solo paisaje de su tierra. Él escogió como motivo para sus cuadros paisajes de lugares cuyo atractivo sobrepasa por mucho los de Gran Bretaña, como Egipto o Persia. Cualquiera que contemple una de sus obras por primera vez se quedará boquiabierto y dudará de su autenticidad ante la aparente imposibilidad de que un inglés pueda pintar un cuadro de colores tan vivos.

Sobre gustos no hay nada escrito, eso lo sabe todo el mundo. Pero si uno pretende representar un paisaje japonés, ha de saber interpretar correctamente el ambiente y los colores inherentes a él. Los colores de un cuadro francés pueden ser arrebatadores, pero plasmar con esos mismos tonos un paisaje japonés y afirmar que, efectivamente, es japonés es inconcebible. Hay que entrar en contacto directo con la naturaleza de este país y estudiar sus formas (la apariencia de la niebla y la forma de las nubes, de los días y de las noches) y, en el momento en que pienses «¡Ah! ¡Ese es el color que busco!», sacar el caballete y empezar a dibujar. Has de ser rápido porque los colores cambian en un suspiro y es muy difícil volver a encontrar un color en concreto una vez lo has perdido de vista. La montaña que estoy observando ahora exhibe unos colores realmente preciosos y muy poco comunes en estos lares. Sería una lástima desperdiciar tanta belleza… voy a intentar dibujarla.

Salgo al balcón y veo a Nami de pie frente a la puerta de su habitación en el edificio de enfrente, en la segunda planta. La veo de perfil, con la barbilla enterrada en el cuello del kimono. Hago ademán de saludarla, pero ella, en ese preciso momento, alza el brazo derecho, o quizá es el viento el que lo ha movido. El izquierdo permanece inerte. Entonces, capto el destello de una luz que parpadea, dos, no, tres veces en su pecho. Acto seguido se oye un chasquido y el fulgor desaparece. La mujer sostiene en su mano derecha la vaina blanca de un puñal y, en un instante, se oculta detrás de la puerta. Al cabo de un rato, salgo del balneario con la sensación de haber asistido a la sesión matinal de una obra de teatro kabuki.

Nada más salir y doblar a la izquierda enfilo el camino que conduce hacia las montañas en el que los ruiseñores trinan por doquier. A mano izquierda, en la cuesta que desciende hasta el valle y en las dos pequeñas colinas que hay a mi derecha, hay todo un plantel de mandarinos. Hace años, no sabría decir exactamente cuántos, vine a estas mismas tierras y hacía un frío horrible. Corría el mes de diciembre y era la primera vez que veía un paisaje repleto de mandarinas. En aquel entonces le pregunté a uno de los recolectores que había subido a un árbol si podía coger una. El hombre me contestó con un enérgico «¡Claro! ¡Todas las que quiera, sírvase!» y, acto seguido, rompió a cantar una extraña cantinela. «Esto en Tokio no pasaría», pensé, «allí hacen negocio hasta con la piel de las mandarinas». La noche del mismo día escuché el bramido de un disparo en la distancia y, cuando le pregunté al hombre, me contestó que alguien debía de estar cazando patos. Por aquella época yo no tenía ni la más remota idea de la existencia de Nami.

Esa mujer sería un figurante espléndido en una obra de kabuki. Por norma general, los actores representan su papel solo en el escenario, pero Nami también interpreta un papel en su vida diaria, aunque ella misma no es consciente. Actúa de forma natural, espontánea y, al mismo tiempo, lleva una existencia de lo más trascendental. Gracias a ella estoy a punto de culminar mi pintura.

Si no la viera diariamente representando un papel, me obcecaría preguntándome el porqué de sus acciones y no aguantaría más de un día a su lado. Si estudiara su comportamiento desde el punto de vista de un simple novelista, es decir, sirviéndome de la lógica y las emociones humanas, Nami sería un sujeto de estudio excitante en demasía y, en consecuencia, me hartaría en un santiamén. Si entre nosotros, criaturas ambas de este mundo físico, se estableciera un vínculo emocional, yo sufriría de un modo indecible. El objetivo de mi viaje es el de separarme de los placeres mundanos y alcanzar la sublimidad como artista y, para ello, he de tratar todo lo que veo como elementos de un cuadro y mirar a las personas como se observa una obra de teatro no, o como si fueran los personajes de una poesía. Vista a través de esos filtros, me atrevo a constatar que nunca, en toda mi vida, he observado conducta más fascinante que la de Nami. Y el hecho de que no se dé cuenta del papel que interpreta embellece su actuación aún más si cabe.

No me gustaría que se me malinterpretara. No estoy diciendo que su forma de ser no tenga cabida en la sociedad o que sea inaceptable. No es fácil hacer el bien, como tampoco es fácil preservar nuestros principios y, desde luego, es muy difícil mantenerse íntegro en todo momento. Dar la vida por aquello que uno cree justo es algo muy valioso y quienes están dispuestos a asumir el riesgo, indefectiblemente, sufren. Los que osan atravesar tales sufrimientos lo hacen porque saben que, en algún lugar, se esconde una dicha que solo encontrarán al vencer al dolor. Pintura, poesía, teatro… no son más que sinónimos de la «felicidad» que hay confinada en la miseria. Una vez se llega a esta conclusión, el iluminado se convertirá en un héroe de hazañas colmadas de elegancia, será capaz de vencer a las tentaciones y se verá con fuerzas para satisfacer la mayor de las aspiraciones de su alma. El que ignora el dolor físico, el que no es materialista y el que emprende un camino con valentía y fuerza de espíritu por el bien de la humanidad es admirable.

Si tuviera que definir el arte desde la tribuna de la emocionalidad, diría que es lo que yace acechante en el corazón de los ávidos de conocimiento; la cristalización de una sola idea gracias a la que esquivamos la maldad y, al mismo tiempo, la alejamos; gracias al arte los fuertes se derrumban y los débiles se salvan. Es un cristal que devuelve el resplandor que recibe de los rayos del sol.

Los hay que se burlan de los teatreros. Se ríen de lo que para ellos supone un sacrificio innecesario para lograr alcanzar las más bellas aspiraciones del alma y, en vez de esperar una oportunidad que les permita exhibir la belleza de su auténtica personalidad, prefieren reírse del que expone la suya abiertamente. Las burlas del que conoce los recovecos más inhóspitos del alma y lleva una existencia ascética están justificadas. Pero es imperdonable que un don nadie ignorante ridiculice a un alma pura. Hace tiempo hubo un chico llamado Fujimura que saltó desde un peñasco que había en lo alto de una catarata de unos ciento cincuenta metros de altura y murió en los rápidos que había al pie. Ese chico dio su vida en pos de lo que él consideraba más valioso: la belleza. Se trata, pues, de una muerte heroica, por más que el motivo que le llevó a ella no sea fácil de comprender. ¿Qué derecho tienen a reírse aquellos que no son capaces de arrojarse a los brazos de la muerte por una causa tan noble? Los hay que nunca serían capaces de comprender las razones del joven Fujimura y, desde luego, muy pocos harían lo que hizo él, por más motivos que tuvieran para ello. En mi opinión, nadie tiene derecho a infravalorar ni menospreciar su hazaña.

Yo soy un artista y, como tal, un experto del ascetismo. Incluso cuando me sumerjo de lleno en este mundo rutinario, estoy muy por encima de mis prosaicos vecinos y mi elevada posición en el estrato social me impele a enseñar a los demás. Mi conducta y mis actos alcanzan un grado de trascendentalismo del que carecen los que no se acogen a la poesía, a la pintura o al teatro. En cambio, las personas normales consideran que la belleza está en la justicia, la moral y la honestidad, valores todos sujetos a los patrones que establece la sociedad.

Afortunadamente, desde que inicié mi viaje no he sentido la menor necesidad de regresar al mundo de las emociones humanas del que me he desprendido temporalmente. Si retornara ahora, mi travesía no tendría ningún sentido. He de tamizar la tierra arenosa que hay bajo mis pies, y localizar y observar con atención las pepitas de oro que hay escondidas entre los granos de arena. No me interesa interpretar mi papel como miembro de la sociedad. Ahora no soy más que un pintor que se ha desentendido de todo egoísmo, del agua, de las montañas, de las personas… y vuelca los cinco sentidos en un lienzo en blanco. Y poder observar la conducta de Nami… no habría podido pedir un regalo mejor.

Sigo subiendo unos trescientos metros y diviso una casa de paredes blancas. Vaya, una casa entre los mandarinos… El camino se bifurca en dos. Giro a la izquierda y paso por delante de la casa. Entonces miro un momento hacia atrás y veo subir por la colina a una chica con un kimono de faldas rojas. Bajo el kimono le asoman unas piernas bronceadas y si sigo bajando la vista veo que va calzada con unas sandalias de paja que caminan en mi dirección. En la cabeza le han caído algunos pétalos de cerezo. A su espalda brilla el mar.

Finalmente llega a la llana cima. Al norte se suceden una hilera de montañas barnizadas de verde y coronadas de primavera. Puede que sean las mismas que he visto esta mañana desde el balneario. Al sur se divisan unos cincuenta metros de campo quemado y, más allá, se recorta una de las caras de un abrupto precipicio al pie del cual está el pequeño terreno poblado de mandarinos por el que he venido. Justo al otro lado está el pueblo y, detrás, se expande el mar azul.

Desde aquí veo tantos caminos que se conectan y se separan, que se separan y se vuelven a conectar, que he dejado de saber cuál es el camino principal. En realidad, puede que haya muchas sendas y también puede que no haya ninguna, ¿quién sabe? Entre la hierba asoman pequeñas porciones de tierra negra y rojiza que no sé a qué camino pertenecen.

Voy deambulando de aquí para allá entre la hierba en busca de un lugar donde sentarme. Cuando he visto el paisaje desde el balneario me ha parecido propicio plasmarlo en un cuadro, pero ahora, contra todo pronóstico, ya no veo equilibrio en él. Los colores tampoco son los mismos. De repente no me tienta dibujarlo, así que me sentaré en cualquier sitio. El sol de la primavera ha permeado en la hierba hasta alcanzar la raíz y cuando me siento, tengo la sensación de estar aplastando una calima invisible.

A mis pies resplandece el océano. No hay ni una sola nube en el cielo y los rayos del sol de primavera no encuentran trabas en su camino hacia el mar. Caen sobre la superficie, cuan larga es, y la iluminan. Se ve tan cálido… como si la claridad del astro rey permeara bajo las mismas olas y caldeara las aguas. Ahora mismo, el mar es una sola pincelada de azul marino uniforme con pequeños destellos plateados que se mueven gentilmente sobre la superficie. El sol de primavera ilimitado ilumina un mar también infinito sobre la superficie del cual solo hay un barco blanco que, visto desde aquí, no es mayor que la uña de mi meñique. Además, el barco flota totalmente inmóvil. Debe de parecerse a aquellos barcos de la Antigüedad que zarpaban de Corea y llegaban a nuestras costas portando tributos. Fuera del barco, el mundo pertenece enteramente al brillante mar y al sol que lo ilumina.

Me recuesto sobre la hierba. El sombrero se me resbala de la frente y se queda apoyado contra la hierba formando un halo sobre mi cabeza. A mi alrededor hay esparcidos varios membrillos en flor de aproximadamente medio metro de altura. La flor del membrillo es fascinante. Las ramas son muy rígidas y no se doblegan, pero tampoco se puede decir que sean completamente rectas. El ramaje de este arbusto lo constituyen pequeñas ramitas que se acoplan entre ellas formando ángulos en los puntos de unión. De estas ramas, pobladas de hojas tiernas, penden unas flores rojas y blancas que, a decir verdad, no llaman demasiado la atención. Hay inocentes que creen que, en un futuro, renacerán en la forma de estas flores. Personalmente, me gustaría pensar que algo así es posible, pero me da la sensación de que las flores del membrillo se burlan de esa convicción.

De pequeño corté la rama de un membrillo repleta de hojas y flores todavía frescas y fabriqué con ellas un atractivo colgador de pinceles. Recuerdo que colgué en él un pincel de cerdas finas y blancas, lo coloqué en mi escritorio y me quedé observándolo. El contraste del pincel con las flores y las hojas de la rama de membrillo era precioso. Ese día me fui a dormir con la imagen de mi colgador ocupando cada rincón de mi mente. Al despertarme, salté de la cama como una exhalación y me situé frente al escritorio para admirar de nuevo mi obra, pero las hojas pendían con laxitud y las flores se habían marchitado. Solo el blanco del pincel seguía brillando con la misma intensidad. No alcanzaba a comprender cómo era posible que algo tan bello hubiera podido marchitarse en cuestión de una noche. Ese momento de mi vida no parece formar parte de este mundo.

Abro los ojos en el presente y las flores del membrillo que veo ante mí parecen ser la reminiscencia de un viejo amigo. Con la vista clavada en ellas, siento que mi mente se empieza a perder en la lejanía y me invade un repentino bienestar. ¡Vuelvo a sentirme inspirado!

Tendido en la hierba, compongo un poema. Anoto la primera línea en el cuaderno de bocetos y, al cabo de un rato, ya lo he terminado. Lo releo desde el principio.

Cruzo las puertas, mi mente embotada de pensamientos; de primavera. Siento la caricia de la brisa entre mis ropajes.

Fragrante hierba brota en los surcos de un camino que se adentra en la neblinosa distancia.

Detengo mis pasos y contemplo el fulgor de la vida que me rodea. Oigo el piar de los ruiseñores.

Veo el caer de las flores del cerezo.

«Hay un páramo al final del camino», escribo a las puertas de un antiguo templo.

La soledad del caminante se extiende por el cielo infinito. Una ave rezagada vuela hacia el norte.

¿Cuánta belleza puede atesorar un solo corazón? Éxtasis que entela las congojas de este mundo.

A mi espalda, más de treinta primaveras y, ante mí, el reflejo de un anciano, pero la primavera me acoge en su seno;

y yo seguiré cambiando a la estela de su paso, al son de su creación. Que solo moren en mí la paz y el aroma de las flores.

Ah, eso es, ¡ya está!, ¡lo he conseguido! He conseguido describir los sentimientos que me embargan mientras estoy aquí tumbado, contemplando los membrillos. En mi poema no he hecho referencia ni a los membrillos ni al mar, pero he sabido transmitir las sensaciones que han despertado en mí y con eso basta. Satisfecho, dejo escapar un suspiro de gozo y, en ese momento, oigo como alguien se aclara la garganta a mis espaldas con un sonoro «ejem». ¡Qué susto!

Me doy la vuelta y miro en la dirección de la que ha provenido el ruido. De entre los árboles que pueblan la planicie de la loma, emerge la figura de un hombre.

Lleva un sombrero de fieltro marrón con el ala frontal ligeramente inclinada hacia adelante. No alcanzo a distinguir la forma de sus ojos, pero percibo como mueve las pupilas en todas direcciones. Va ataviado con un kimono de rayas de color añil, remangado en la zona de los muslos de manera que lleva las piernas al aire, y va calzado con unas sandalias de madera. Por su poco acierto en el vestir y el aspecto desastrado de su barba diría que se trata de un vagabundo o de un monje ambulante. Para mi sorpresa, en vez de bajar por la colina, se vuelve sobre sus pasos y se va por donde ha venido. Cuando me creo que lo he perdido de vista, vuelve a desandar lo andado. ¿Estará paseando? No parece que viva por los alrededores… Durante el tiempo que me paso observándolo, hay momentos en los que se queda de pie, o inclina la cabeza, o empieza a mirar en derredor. Parece estar sumido en profundas cavilaciones. Quizá esté esperando a alguien, no sé.

No puedo apartar la vista de ese hombre de aspecto amenazador. No es que me dé miedo; tampoco es que me hayan entrado ganas de dibujarlo. Es, simplemente, que no puedo dejar de mirarlo. Sigo con la vista su vaivén de derecha a izquierda y de izquierda a derecha y, de pronto, se detiene. Alguien más ha entrado en la escena.

Ambos parecen reconocerse y, lentamente, se aproximan el uno al otro. Mi campo de visión se va estrechando a medida que los veo avanzar, hasta que se detienen en el centro con las montañas a la espalda y el mar ante sus ojos.

Uno de ellos es el hombre errante que he estado observando pero ¿y el otro?

Pues… el otro es una mujer: Nami.

Al verla, me asalta el recuerdo de esta mañana, cuando la he visto con la daga en la mano. ¿Es posible que todavía la lleve escondida entre los pliegues del kimono? Pese a que he alejado de mí toda emoción, siento un ligero escalofrío.

Se quedan unos instantes el uno frente al otro, sin mediar palabra, absolutamente inmóviles. Quizá estén moviendo los labios, pero no oigo nada. Al cabo de un rato, el hombre inclina la cabeza y ella se da la vuelta y mira hacia las montañas. No puedo ver su expresión.

En la montaña pían los ruiseñores y me da la sensación de que ella se detiene a escucharlos. Lentamente, el hombre alza el rostro y gira sobre sus talones. Qué raro… Entonces, la mujer se da la vuelta hacia el mar de una revolada y extrae del obi la daga de esta mañana. El hombre empieza a alejarse con la cabeza alta y aire triunfal, y ella da dos pasos hacia él. Va calzada con unas sandalias de paja. Acto seguido, quizá porque ella le ha llamado, el hombre se detiene. Se da la vuelta y, en ese preciso instante, ella se lleva la mano derecha al obi. ¡Santo Dios!

Creía que iba a sacar la daga, pero en lugar de eso, extrae una bolsita, quizá un monedero. Lo extiende hacia él, sujetándolo con su blanca mano. Del monedero cuelga un largo cordel que comienza a mecer la brisa.

Nami tiene una pierna más adelantada que la otra, está levemente inclinada hacia delante, y el blanco de su muñeca contrasta con el violeta del monedero. Es material suficiente para una pintura, desde luego.

Un toque de violeta y, a pocos pasos de Nami, un hombre volviéndose hacia ella. La composición es espléndida. «Neutralidad» es la palabra perfecta para describir este momento. Ella parece querer atraerlo hacia sí, sin éxito, porque una fuerza impele al hombre a retroceder. Y todo esto, sin que ninguno de los dos mueva un solo músculo en la realidad. El destino de ambos encuentra un final repentino en ese monederito violeta.

Si los representara en una pintura, la elegante harmonía de estas dos figuras se intensificaría con el claro contraste de sus rostros y sus ropajes.

Un hombre bajo y corpulento, barbudo y atezado; y una mujer de facciones bien definidas, delgada, de cuello de cisne, hombros redondeados y figura delicada. Un hombre errante que vuelve sobre sus pasos y una mujer que se ve radiante por más ordinario que sea su atuendo e inclinada hacia él en un gesto contenido. Un hombre con un sombrero marrón desgastado y un kimono de color añil remangado a la altura de los muslos. Una mujer cuyos cabellos peina la ardiente brisa de primavera y con ese maravilloso obi de satén negro. Es una imagen fascinante.

El hombre extiende una mano para coger la cartera y, en ese preciso instante, ese brillante equilibrio que había entre los dos se desmorona. Nami ya no lo atrae y él ya no se siente atraído. Como pintor, nunca me había dado cuenta de lo increíblemente influyente que puede resultar el estado mental de uno a la hora de pintar un cuadro.

Hombre y mujer se separan. No veo nada más trascendental en ellos, así que, artísticamente, la escena ha perdido su consistencia. Antes de adentrarse entre los árboles, el hombre mira hacia atrás una última vez, pero ella no. En lugar de eso, se dirige pausadamente hacia donde me encuentro hasta que, finalmente, se detiene frente al arbusto que me oculta.

—Señor, ¡oiga, usted! —repite.

No lo entiendo, ¿cómo me ha visto?

—¿Sí? ¿Qué ocurre? —digo, asomando el rostro entre el arbusto. El sombrero reposa en la hierba.

—¿Qué hace ahí?

—Estaba tumbado escribiendo una poesía.

—¡Mentiroso! ¿Ha visto lo que ha pasado ahora?

—¿Lo de ahora? Ah, bueno. Sí. Algo he visto.

—¡Jo, jo, jo, jo, jo! Algo, dice. Seguro que lo ha visto todo.

—De acuerdo, sí, se podría decir que he visto mucho.

—¡Lo sabía! En fin, no importa. Salga de detrás de ese arbusto, vamos. ¡Vamos! Obedezco dócilmente.

—Entonces, ¿qué? ¿Le quedan asuntos que tratar con el membrillo?

—No, estaba a punto de volver a casa.

—Pues volvamos juntos.

—Claro.

La vuelvo a obedecer a pies juntillas. Me calo el sombrero, recojo mis aparejos de pintura y me alejo de los membrillos para emprender el camino de vuelta con Nami.

—¿Ha dibujado algo?

—No, al final no.

—No ha pintado nada desde que está aquí, ¿verdad?

—No.

—Pues menudo fracaso, ¿no le parece? Venir expresamente aquí para pintar, y acabar sin pintar nada…

—¿Fracaso? En absoluto.

—¿Ah, no? ¿Y eso?

—Puedo lograr el éxito más absoluto pinte o no pinte. No hay fracaso en ello.

—¡Tiene unas salidas! ¡Jo, jo, jo, jo! ¡Es usted el colmo de la despreocupación!

—¿Qué sentido tiene venir aquí si no soy capaz de despreocuparme de todo?

—¡Aquí y en cualquier lado! La pregunta correcta es: ¿qué sentido tiene vivir si uno no es capaz de desentenderse de todo? Míreme a mí, por ejemplo, aunque usted me haya estado espiando, no me avergüenzo lo más mínimo.

—Claro, ¿por qué debería?

—Estamos de acuerdo, ¿no? Bien. ¿Quién se imagina que es ese hombre?

—Mmm… Uno acaudalado no, desde luego.

—¡Jo, jo, jo, jo! ¿Acaso es usted adivino? ¡Ha dado en el clavo! De hecho, es tan pobre que no puede seguir viviendo en Japón y ha venido a pedirme algo de dinero.

—Vaya… ¿Desde dónde ha venido?

—De las tierras circundantes al castillo.

—Eso está muy lejos. ¿Y a dónde se dirige?

—A Manchuria.

—¿A Manchuria? ¿Para hacer qué?

—¿Para hacer qué? Pues, ¡a saber! Puede que a hacer fortuna. O puede que a morir.

Alzo la mirada y escruto su rostro. En sus labios, ahora sellados, se desvanece lentamente el fantasma de una sonrisa. No logro desentrañarle el significado a su expresión.

—Es mi marido.

Me acaba de asestar una estocada brutal, rápida e ineludible, como el bramido de un trueno. ¡No he podido esquivarla! Y es natural, puesto que no tenía intención de preguntarle quién era ese hombre y, desde luego, no esperaba que ella me lo dijera.

—¿Qué? ¿Sorprendido?

—Sí, un poco.

—En realidad, ahora mismo no es mi marido porque nos divorciamos.

—Ya veo… ¿Y?

—Y ya está.

—Oh. En esa zona llena de mandarinos hay una casita encantadora de paredes blancas. Está en un entorno precioso, ¿quién vive en ella?

—Mi hermano. Pasaremos un momento.

—¿Tiene algún asunto que atender ahí?

—He de pedirle un favor.

—Vayamos, pues.

Alcanzamos el camino que desciende colina abajo hacia el pueblo y, en vez de bajar por ahí, torcemos a la derecha y subimos unos cien metros más hasta llegar a las puertas de la casa y, en lugar de esperar, Nami entra con paso firme en el jardín sin pensárselo dos veces. Yo hago tres cuartos de lo mismo. En la zona sur del jardín se alzan unas tres o cuatro palmeras y, tras una pared de tierra, está el pequeño huerto de mandarinos.

Sin más preámbulos, Nami se sienta en el borde de la baranda y dice:

—¡Mire qué vista! Es un paisaje precioso.

—Sí que lo es.

No noto la presencia de nadie tras las puertas de esta casa. Y Nami tampoco hace ademán de llamar a nadie. Tan solo permanece ahí sentada, absorta en la contemplación de los mandarinos. Qué raro… ¿A qué habrá venido, realmente?

No parece que la conversación vaya a continuar, así que nos limitamos a contemplar el pequeño plantel en silencio. El sol del mediodía inunda con sus rayos este lado de la montaña y la luz se refleja hasta en el reverso de las hojas del mandarino, que brillan intensamente. De repente, procedente del corral de detrás de la casa, se oye el potente quiquiriquí de un gallo.

—¡Santo Dios, ya es mediodía! ¡Casi olvido lo que había venido a hacer! ¡Kyuichi!

¡Kyuichi! —exclama Nami y, a continuación, abre con gran estrépito la hasta ahora firmemente cerrada puerta corredera tras la que hay una habitación prácticamente vacía de unos diez tatamis con algunos pergaminos colgantes de la escuela Kano colgando de la pared— ¡Kyuichi!

Finalmente, alguien que parece estar en el corral le responde. El sonido de los pasos se detiene ante la puerta corredera de la habitación contigua, y no ha terminado de abrirla del todo cuando veo rodar por el tatami la daga enfundada en su vaina blanca.

—Es un regalo de despedida de tu tío —dice Nami tras arrojarla al suelo.

No la he visto sacar la daga del obi. Esta da dos o tres vueltas sobre el tatami hasta llegar a los pies de Kyuichi. En su corto viaje, la daga se ha salido un poco de su funda dejando al descubierto unos tres centímetros de frío acero.

XIII

El bote nos lleva río abajo en dirección a la estación de Yoshida, donde despediremos a Kyuichi. Viajamos Kyuichi, el anciano señor Shioda, Nami, el hermano de Nami, Genbei, que se ha hecho cargo del equipaje, y yo, que voy en calidad de invitado, por supuesto.

Aunque no fuera en calidad de invitado, les acompañaría igualmente. Tampoco me importaría haber venido sin ninguna etiqueta en especial. Al fin y al cabo, en la «no— emocionalidad», no hay cabida para tales minucias.

La superficie del bote es completamente plana, parece una balsa rodeada de un bordo. El anciano señor Shioda está sentado en el centro; Nami y yo, en la popa; y Kyuichi y el hermano de Nami, en la proa. Genbei se sienta un poco más apartado, junto al equipaje.

—Entonces, ¿qué, Kyuichi? ¿Te gusta la guerra? —pregunta Nami.

—No te sabría decir, todavía no la he visto. Puede que haya cosas dolorosas, pero quizá también haya buenos momentos —responde un ignorante Kyuichi.

—Qué más da lo que duela, lucharás por tu patria —añade el anciano.

—¿No tienes ganas de entrar en combate, ahora que tienes una daga? —insiste Nami, formulando otra de sus extrañas preguntas.

Kyuichi asiente levemente con la cabeza.

—Puede ser…

El anciano se ríe, atusándose la barba, y el hermano mayor finge indiferencia, pero Nami se planta ante Kyuichi, inclina su blanco rostro hacia él y le espeta:

—¿Piensas participar en una guerra con esa flema que me gastas? Kyuichi y el hermano de Nami intercambian una mirada.

—Serías un excelente soldado, Nami —le dice su hermano, dirigiéndose a ella por primera vez. Por su tono de voz, no parece que lo diga en broma.

—¿Quién, yo? ¿Yo, un soldado? Si pudiera, ya me hubiera convertido en uno hace tiempo. Y ahora estaría muerta. Kyuichi, tú también deberías morir allí, ¿eh? Sería una vergüenza que volvieras con vida.

—No digas esas salvajadas… —la reprende el anciano— no le hagas caso. Yo estaré esperando tu regreso triunfal. Morir por tu patria no es la única gloria que puedes aportarnos. Yo todavía viviré como mínimo un par de años más, así que aún podremos volver a vernos.

La voz del anciano se quiebra en las últimas palabras y rompe a llorar, aunque su hombría le hace contenerse mínimamente. Kyuichi se limita a mirar hacia la orilla sin pronunciarse.

En la ribera hay un enorme sauce bajo el cual hay un pescador con una red, de pie en una pequeña barcaza atada al tronco del árbol. Nuestro bote pasa frente al suyo, surcando mansamente las aguas, y entonces el hombre alza la mirada de repente y la cruza con la de Kyuichi, pero no detecto ninguna energía entre ellos. El uno solo piensa en peces, y la cabeza del otro no está para carpas, precisamente. Poco a poco, vamos dejando atrás al pescador.

Me viene a la mente el puente de Nihonbashi, en pleno corazón de Tokio, siendo cruzado por cientos y cientos de personas a cada minuto. Si uno se quedara cerca del puente e interrogara a todo el que pasa sobre sus conflictos internos, este mundo transitorio sería un auténtico caos y la vida, un continuo camino cuesta arriba. La figura de un agente dirigiendo el tráfico en un lugar así cobra sentido simplemente porque en Nihonbashi nadie se conoce, porque continuamente nos cruzamos con desconocidos. Lo que quiero decir con este ejemplo es que es una suerte que el pescador no conociera a Kyuichi, ya que así no ha tenido que preguntarse el porqué de un rostro al borde del llanto. El joven mira hacia atrás y contempla una boya en silencio. Seguramente desearía poder quedarse mirándola hasta que la guerra Ruso— japonesa finalizara.

El río es estrecho, no muy profundo y de discurrir tranquilo. El bote se deja llevar por la corriente, sin detenerse. ¿Hacia dónde? Pues hacia donde termina la primavera, allá donde se eleva el tumulto de las multitudes que gustan de apelotonarse las unas contra las otras. Este chico, cuya frente está ya marcada con el olor de la sangre, nos ha arrastrado irremediablemente hacia él. Su sino lo encamina hacia una tierra lejana, muy al norte, inhóspita y sórdida. Mientras el hilo del destino nos una a él y hasta que se rompa, estamos obligados a permanecer a su lado y acompañarlo durante días, meses o años a donde quiera que vaya. Llegará un momento en que el hilo que nos une se escindirá con un sonoro pufy, entonces, lo quiera o no, su destino le llevará a él solo de la mano. Por más que nos lo ruegue o forcejee, por más que trate de resistirse, los que quedemos atrás nos tendremos que quedar atrás.

Es una delicia navegar en un bote que se desliza con tanta parsimonia. A un lado y a otro, en las orillas, crece cola de caballo en abundancia. Sobre los terraplenes se yerguen una gran cantidad de sauces y, entre ellos, se ve esporádicamente un tejado de paja o la ventana ennegrecida de alguna casita. A veces sale algún que otro pato de entre la maleza que se mete en el río con un graznido.

Entre dos sauces veo lo que parece ser un melocotonero en todo su esplendor. Al mismo tiempo, oigo el chasquido intermitente de la madera de un telar y, entre cataclac y cataclac, la voz de una mujer que canta reverbera sobre la superficie del agua. No reconozco la canción.

—Maestro, ¿me haría un retrato? —me pide Nami. Su hermano y Kyuichi no cesan de hablar de cosas del ejército y el anciano ha empezado a dar cabezadas.

—Vamos allá, pues —accedo, sacando mi cuaderno de bocetos. Y escribo:

¿No lleva un nombre, esa tela sedosa

que mece el viento?

Se lo enseño y se ríe.

—¿Cómo va a retratarme bien con palabras? Así nunca podrá reflejar mi auténtica naturaleza.

—Me gustaría hacerlo, me gustaría retratarla. Pero no puedo dibujar su rostro tal y como está ahora.

—¡Vaya!, ¡Qué galán! Entonces, dígame, ¿qué debería hacer con mi cara para conseguir que me dibuje?

—Podría retratarla ahora mismo, pero le falta algo. Y sería una lástima dibujarla con esa carencia.

—¿Que me falta algo, dice? Pues lo siento, pero es la cara con la que he nacido.

—La cara con la que nacemos la podemos cambiar de infinidad de formas.

—¿A nuestro antojo?

—Sí.

—Que sea una mujer no significa que pueda tratarme como si fuera estúpida.

—Es precisamente su condición de mujer la que la hace decir tonterías como esa.

—A ver, enséñeme las caras que puede poner usted.

—Ya cambia suficiente a lo largo del día.

La mujer calla y se da la vuelta. En algún punto, el cauce del río se ha nivelado con las orillas. El paisaje ahora lo componen campos de arroz cubiertos de algarroba. Aquí y allá destacan las gotas rojas que conforman las flores del paisaje, sumergidas en un mar de niebla que las difumina, de manera que parece que el color se haya amortiguado con alguna de las últimas lluvias. Sobre la vasta extensión de campo abierto veo un cielo partido por la mitad por un monte alto y escarpado de cuyo abdomen parecen surgir las endebles nubes de la primavera. La mujer saca la mano por el borde del bote y señala con un blanco dedo esa montaña de ensueño.

—Esa es la montaña que usted cruzó para venir aquí.

—¿La roca Tengu está por allí?

—Sí, tras esa zona de verde oscuro hay una mancha violeta, ¿la ve? Es esa.

—¿Aquella sombra de allí?

—¿Sombra? Es una cima pelada.

—¿Qué dice? Ese espacio está hueco. Si fuera una loma pelada habría más marrón.

—¿Ah, sí? Bueno, pues, estará detrás.

—En ese caso, los Siete Desvíos están un poco más hacia la izquierda, ¿no?

—¡Uy, los Siete Desvíos están mucho más lejos! Desde donde usted dice se llega a ellos pasada otra montaña.

—Aaah… ya veo. Entonces, deje que adivine… están por allí, por donde flotan esas nubes tan delgadas.

—Respuesta correcta. Por allí están.

En ese momento, el codo del anciano se resbala del borde del bote sobre el que estaba apoyado y se despierta sobresaltado.

—¿No hemos llegado todavía? —dice desperezándose.

Lo ha hecho sacando pecho, llevándose el codo derecho hacia atrás y extendiendo el brazo izquierdo hacia adelante, como si estuviera tensando un arco invisible. Nami se ríe.

—Un hábito mío… —se excusa el anciano.

—¿Le gusta el tiro con arco? —pregunto también entre risas.

—Cuando era joven usaba uno de muy buena calidad. Y todavía tengo fuerzas para tensarlo. ¡Nadie lo diría!, ¿eh? —dice el hombre, dándose unos golpecitos en el hombro izquierdo. En la proa siguen hablando acaloradamente de asuntos militares.

Finalmente, entramos en una ciudad. Veo una pequeña taberna, frente a cuya puerta hay un cartel que anuncia la venta de refrigerios. Veo una cortinilla a la vieja usanza. Veo una maderería. Oigo incluso el ruido de los rickshaws. Vuelan las golondrinas emitiendo un continuo pío—pío. Graznan los patos, cua—cua. En comitiva, abandonamos el bote y nos dirigimos hacia la estación.

Aquí estamos. De vuelta en el mundo real, esto es, el mundo en el que se ven trenes. Trenes: no hay nada que represente con más fidelidad a la civilización del siglo

XX. Una máquina que discurre entre rugidos transportando a cientos de personas embutidas en un mismo lugar. Sin piedad. Y todos los humanos que se apiñan dentro viajan a la misma velocidad, se detienen en la misma estación, se impregnan de los mismos vapores. Se dice que a un tren se sube. Yo digo que a un tren nos cargan. Se dice que en tren se va. Yo digo que nos trasladan. Un tren es el máximo exponente del desprecio por el yo. La civilización actual incentiva al ser humano a actuar como individuo único y después hace lo imposible por pisotear y destruir su creación; pone a disposición de cada uno de nosotros unos cuantos metros de terreno y nos ofrece la libertad de dormir y despertarnos en él a placer. Y esto lo hace la misma civilización que rodea nuestros escasos metros de terreno de vías de acero y nos desafía a poner un solo pie fuera. Los humanos, entonces, gozan de la libertad que les proporciona su pequeño terreno pero, como es natural, desean poder disfrutar de la misma libertad tras la barrera. Los desesperados ciudadanos, pues, se pasan los días y las noches mordiendo entre rugidos las vías de acero. A través de la libertad que nos otorga la civilización, las personas se convierten en tigres a los que después mantiene encerrados en una jaula para preservar la paz y el orden en el mundo. Pero esta paz no es real. Es la paz del tigre que yace tirado en el suelo de una jaula mirando a un hatajo de curiosos. Si se soltara uno solo de los barrotes de esa jaula… el mundo se vendría abajo. Si algo así ocurriera, estallaría una segunda Revolución Francesa. De hecho, la revolución del individuo ya se está fraguando actualmente, día tras noche. El gran dramaturgo noruego Henrik Ibsen ejemplificó con todo lujo de detalle las condiciones que debían darse para iniciar una revolución. Al ver la fiereza de un tren que no hace distinciones, para el que todas las personas no son más que bultos y cargamento, no puedo evitar pensar que ahí dentro, enlatados, hay individuos con una personalidad propia y a esta máquina de acero no le importa un pimiento… cautela, cautela. Hay que ir con muchísima cautela. La civilización actual apesta a peligros como este. Un tren que circula a ciegas en la más absoluta oscuridad es solo un ejemplo.

Nos sentamos en una casita de té que hay frente a la estación y contemplo ensimismado un mochi de artemisia mientras reflexiono sobre la teoría de los trenes. No hay razón para tomar nota de ella en mi cuaderno, y tampoco creo que sea necesario compartirla con nadie, así que callo y me limito a comerme elmochi, dando sorbos al té de vez en cuando.

En el banco de enfrente hay dos hombres sentados. Llevan sendas sandalias de paja, pero uno lleva una sábana roja sobre los hombros y el otro lleva unos pantalones de trabajo ceñidos de color verde grisáceo con parches en la zona de las rodillas, sobre las que apoya las manos.

—No va bien la cosa, ¿eh?

—Nada bien…

—Tendríamos que tener dos estómagos, como las vacas.

—¡Así podríamos arrancarnos uno de cuajo si nos doliera y aún nos quedaría el otro!

Parece que estos campesinos tienen problemas de estómago. No saben a qué huelen los campos de Manchuria. Ignoran el daño que esta civilización es capaz de hacerles. No comprenden el significado de la palabra «revolución», dudo hasta de que la hayan escuchado alguna vez. Por otra parte, es fascinante que, sabedores de su destino, pues seguro que se dirigen a Manchuria, se dediquen a hablar de la posibilidad de tener dos estómagos. Saco mi cuaderno de bocetos y hago unos bosquejos de ambos.

Suena una campana, ¡tolón—tolón! Kyuichi ya tiene su billete.

—¡Venga, andando! —dice Nami, poniéndose en pie.

—Vamos allá —añade el anciano, levantándose también. Pasamos en fila a través de las puertas de embarque y salimos al andén. La campana tañe ahora con más insistencia.

La serpiente de la civilización se aproxima reptando entre rugidos por los raíles, que brillan con una luz blanquecina. Su boca exhala negras bocanadas de humo.

—Aquí nos despedimos —dice el anciano.

—Cuídese —responde Kyuichi, con una inclinación.

—¡A morir se ha dicho! Estaremos esperando —reitera Nami.

—¿Ha llegado el equipaje? —pregunta su hermano.

La serpiente se detiene frente a nosotros y las puertas se abren. Los pasajeros entran y salen. Kyuichi sube al tren. El anciano, su hijo, Nami y yo nos quedamos fuera. Cuando las ruedas den una sola vuelta, Kyuichi dejará de ser un habitante de nuestro mundo y pasará a formar parte de otro mucho, mucho más lejano. Un mundo en el que los hombres trabajan junto al hedor de la pólvora y caen por miles sobre charcos escarlatas, mientras ensordecedores bramidos retumban sobre sus cabezas. Kyuichi, que pronto arribará a ese lugar, nos mira a todos desde su compartimento, en silencio. El sino que nos ha sacado de las montañas y nos ha hecho acompañarlo hasta esta estación se cortará aquí. Ahora mismo se está escindiendo. Ahora, que solo las puertas y las ventanas permanecen abiertas; ahora, que solo podemos mirarnos mutuamente; ahora, que apenas dos metros separan al que se va de los que se

quedan; es ahora cuando se está escindiendo.

El conductor se acerca corriendo, cerrando las puertas con estrépito y, a medida que las cierra, se acrecienta la distancia de los que se van. Finalmente, la puerta del compartimento de Kyuichi también está cerrada. Ahora coexisten dos mundos. El anciano se acerca sin pensar a la ventana y el joven se asoma.

—¡Cuidado! ¡Ya se va! —se oye gritar a alguien. El tren, impasible, se pone en marcha. Chacacha—chacacha. Las ventanas se suceden delante de nosotros. El rostro de Kyuichi se empequeñece cada vez más. Entonces, al pasar el último coche de tercera clase, aparece un rostro más. Un rostro que asoma bajo un sombrero de fieltro marrón, un conocido vagabundo de barba poblada que mira con un deje de arrepentimiento frugal en sus ojos. Su mirada se cruza con la de Nami. El tren sigue avanzando y, en un segundo, la cara del hombre desaparece. Nami permanece atónita viendo alejarse el tren. E imbuido en el rostro arrobado de la joven, descubro una expresión que no le había visto nunca hasta ahora: ¡tristeza! Apoyo una mano en su hombro y le digo en voz baja:

—¡Esto, esto es lo que faltaba! ¡Ahora ya podré crear mi cuadro!

En este preciso momento he conseguido la imagen que necesitaba para culminar mi obra.

INDIGNO DE SER HUMANO por OSAMU DAZAI

Vi tres fotografías de aquel hombre. La primera podría decirse que era de su infancia, tendría unos diez años. Estaba rodeado de un gran número de mujeres — imagino que serían sus hermanas y primas—, de pie, a la orilla de un estanque de jardín, vestido con un hakama[1] de rayas ralas. Tenía la cabeza inclinada hacia la izquierda unos treinta grados y mostraba una desagradable sonrisa. ¿Desagradable? Tal vez las personas poco sensibles a los asuntos de belleza comentarían con indiferencia: «¡Qué niño tan gracioso!».

Aunque, de hecho, era suficientemente «gracioso» como para que este vago cumplido dirigido al rostro del niño no pareciera fuera de lugar, alguien con sólo un poco de sentido estético exclamaría: «¡Qué niño tan horrible!» a la primera mirada y quizá apartaría de un manotazo la fotografía con repugnancia, como quien ahuyenta una oruga.

Desde luego, cuanto más se mirase el rostro sonriente del niño, más producía una indescriptible impresión siniestra. En realidad, no era un rostro sonriente. El niño no sonreía en absoluto. Una prueba era que tenía los puños apretados. Nadie puede sonreír con los puños cerrados con fuerza. Era un mono. El rostro sonriente de un mono, todo arrugado. Era un rostro tan raro que daban ganas de exclamar: «¡Qué chiquillo tan arrugado!»; tan repugnante que revolvía el estómago. Jamás he visto a un niño con una expresión tan extraña.

El rostro en la segunda fotografía era tan diferente que causaba sorpresa. Era de la época de estudiante. No se podía apreciar si de secundaria o ya estaba en la universidad, pero era un muchacho extraordinariamente apuesto. Mas, de nuevo, acontecía algo extraño: no daba la impresión de tratarse de un ser vivo. Iba vestido con un uniforme, de cuyo bolsillo delantero asomaba un pañuelo blanco, y estaba sentado en un sillón de mimbre con las piernas cruzadas. También sonreía, pero esta vez no era el rostro arrugado de un mono sino que mostraba una sonrisa inteligente. Sin embargo, era distinta a la sonrisa de un ser humano. ¿Cómo decirlo? Le faltaba el peso de la sangre, la aspereza de la vida. No producía el efecto de tener sustancia; no tenía ni el peso de un pájaro, apenas el de una pluma. Era una simple hoja de papel blanco con una sonrisa por completo artificial. Utilizar los adjetivos pedante, frívolo, falso, sería poco. Y, por supuesto, tampoco servía el término dandismo. No obstante, mirándolo bien, este guapo estudiante producía

---

[1] Especie de falda pantalón larga utilizada con el kimono en ocasiones formales.

una sensación horripilante, de mal agüero. Nunca he visto a un muchacho tan bien parecido con un aspecto tan peculiar.

La última fotografía era la más horrible de todas. No se podía adivinar su edad, aunque parecía tener algunas canas. Estaba en una habitación muy deteriorada; se veía con claridad que la pared se estaba desmoronando en tres lugares. Esta vez no sonreía, ni tampoco tenía expresión alguna. Sentado en una esquina, se calentaba las manos en un pequeño brasero. La fotografía producía la impresión lúgubre de que estaba muriendo. Era espeluznante. Y no sólo esto. El tamaño del rostro en la imagen me permitió observar sus facciones con detalle; la frente era normal y sus arrugas también, así como las cejas, los ojos, la nariz y la barbilla. Aaah…, no era sólo que el rostro no tuviera expresión; tampoco producía ningún tipo de impresión. No poseía características propias. Al cerrar los ojos después de ver la fotografía, el rostro desaparecía de mi memoria. Podía recordar la pared y el pequeño brasero; pero la impresión del rostro se había borrado y no había manera de recordarla. Nunca podría pintarse un retrato de él. Tampoco hacerse una caricatura. Ni siquiera existiría la satisfacción de, al abrir los ojos, poder exclamar: «¡Ah, era así el rostro!». Para expresarlo de la forma más extrema, al abrir los ojos y observarlo de nuevo, tampoco conseguía reconocerlo. Me resultaba fastidioso, irritante hasta el punto de hacerme apartar la mirada.

Incluso una máscara de muerte sería más expresiva y causaría más impresión. Me pregunté si el colocar la cabeza de un caballo de carga sobre un cuerpo humano produciría una sensación tal. En fin, mirarlo me provocaba un escalofrío de repugnancia. Nunca hasta entonces había visto un rostro humano tan extraño.

Primer cuaderno de notas

Mi vida ha estado llena de vergüenza. La verdad es que no tengo la más remota idea de lo que es vivir como un ser humano. Como nací en provincias, en Tohoku, la primera vez que vi un tren ya era bastante mayor. Me dediqué a subir y bajar, una y otra vez, el puente elevado de la estación, sin que se me ocurriera que lo habían construido para cruzar las vías; me parecía que su función era dotar a la estación de un lugar de diversión de tipo occidental. Eso pensé durante mucho tiempo. Me lo pasaba estupendamente subiendo y bajando el puente, que era para mí una diversión de lo más elegante y el mejor servicio que ofrecía la compañía de ferrocarriles. Cuando me enteré de que no era más que un medio para que los viajeros cruzaran al otro lado, mi interés se desvaneció.

También, cuando de pequeño había visto ilustraciones del metro, pensaba que era un juego la mar de entretenido y no me cabía en la cabeza que sólo sirviera para transportar personas.

Yo era un niño enfermizo, que con frecuencia debía guardar cama. Cuando me tocaba estar acostado, solía pensar en lo aburridos que eran los estampados de las fundas de los edredones y las almohadas. Hasta los veinte años no supe que estas fundas tenían sólo un uso práctico y me desmoralizó lo sombría que era el alma humana.

Nunca pasé hambre. No quiero decir con esto que me criara en una familia próspera; no tengo una intención tan estúpida. Me refiero a que nunca conocí la sensación de hambre. Parece una expresión un poco rara, pero aunque tuviera hambre no me daba cuenta. Cuando volvía del colegio, la gente de casa daba por supuesto que tendría mucho apetito. Ya de más mayor, en la escuela secundaria, recuerdo que me ofrecían jalea de soja, bizcocho o pan, organizando un revuelo. Dejándome llevar por mi tendencia a complacer, balbuceaba que tenía hambre y me tragaba diez dulces de jalea de soja, preguntándome sin entender cómo sería la sensación de tener hambre.

Por supuesto, como bastante; pero no recuerdo haberlo hecho nunca por hambre. Me gusta comer cosas especiales y lujosas. Cuando estoy invitado, me lo como casi todo, aunque me cueste un esfuerzo. En realidad, de pequeño los momentos más duros del día eran las comidas.

En mi casa, en provincias, toda la familia —éramos unos diez— comía junta, con nuestras mesillas individuales alineadas en dos hileras paralelas frente a frente. Como yo era el último hermano, me tocaba el asiento de menor rango.

En la semipenumbra de la sala y en silencio total, almorzaban y hacían las demás comidas unas diez personas. Esto siempre me produjo una sensación de frío. Debido a que éramos una familia tradicional de campo, los platos de acompañamiento siempre eran de lo más austero, y no cabía esperar nada especial ni lujoso.

Con el paso del tiempo, creció mi horror por las horas de las comidas. Sentado en el peor lugar de esa habitación oscura y temblando de frío, empujaba boca adentro un pequeño bocado tras otro mientras me preguntaba por qué las personas tenían que comer tres veces al día.

Todos comían con la mayor seriedad. Llegué a pensar que era una especie de ceremonia familiar, celebrada tres veces al día: a la hora determinada, nos reuníamos todos en la habitación mal iluminada ante las mesillas alineadas en orden y, con o sin ganas de comer, masticábamos los alimentos en silencio, quizá para apaciguar a los espíritus que pululaban por allí.

Suele decirse que si no se come, se muere; pero a mis oídos esto suena como una intimidación maligna. Esta superstición —hasta ahora no he dejado de pensar que de eso se trate— siempre me produce inquietud y temor. Si las personas no comen, mueren; y por lo tanto están obligadas a trabajar para comer. Para mí, no había nada que sonase más difícil de entender y más amenazador que esas palabras.

Podría decirse que todavía no he comprendido lo que mantiene vivo al ser humano. Por lo que parece, mi concepto de la felicidad está en completo desacuerdo con el del resto de las personas, y la intranquilidad que genera me hace dar vueltas y gemir por las noches en mi cama. Incluso ha llegado a afectarme la razón. Me pregunto si soy feliz. Desde pequeño me han dicho muchas veces que soy afortunado; pero mis recuerdos son de haber vivido en el infierno. Esos que me tildaron de dichoso, al contrario, parecen haber sido incomparablemente más felices, que yo.

He pasado por tantos infortunios que uno solo de ellos podría terminar más que de sobra con la vida de cualquiera. Hasta eso he llegado a pensar. La verdad es que no puedo comprender ni imaginar la índole o grado del sufrimiento de los demás. Quizá los sufrimientos de tipo práctico, que puedan mitigarse con una comida, tienen solución y por eso mismo sean los menos dolorosos. O puede tratarse de un infierno eterno en llamas que supere mi larga lista de sufrimientos; pero esto los hace todavía más incomprensibles para mí.

Mas, si pueden seguir viviendo sin matar o volverse locos, interesados por los partidos políticos y sin perder la esperanza, ¿se puede llamar a esto sufrimiento? Con su egoísmo, convencidos de que así deben ser las cosas, sin haber dudado jamás de sí mismos. Si este es el caso, el sufrimiento es muy llevadero. Quizá así sea el ser humano, y esto es lo máximo que podamos esperar de él. No lo sé…

Después de dormir profundamente, supongo que se levantarán refrescados. ¿Qué sueños tendrán? ¿Qué pensarán cuando caminan por la calle? ¿En dinero? ¡No puede ser sólo esto! Creo recordar haber oído la teoría de que el ser humano vive para comer, pero nunca he escuchado a nadie decir que viviera para ganar dinero. Desde luego que no. Pero en ciertas circunstancias… No, tampoco lo entiendo. Cuanto más pienso, menos entiendo. Me persigue la inquietud y el miedo de sentirme diferente a todos. Casi no puedo conversar con los que me rodean. No sé qué decir, ni cómo decirlo.

Así es cómo se me ocurrieron las bufonadas. Era mi última posibilidad de ganarme el afecto de las personas. Pese a que temía tanto a la gente, al parecer era incapaz de renunciar a ella. Y esas bufonadas fueron la única línea que me unía a los demás. Mientras que en la superficie mostraba siempre un rostro sonriente, por dentro mantenía una lucha desesperada, que no daba fruto más que en el uno por mil, para ofrecer ese agasajo.

Desde pequeño, ni siquiera tenía la menor idea de los sufrimientos de mi propia familia o de lo que pensaba. Sólo estaba bien al corriente de mis propios miedos y malestares. En algún momento, me convertí en un niño que nunca podía decir la verdad. En las fotos familiares, todos ponían unas caras de lo más serias. Es extraño, tan sólo yo aparecía sonriente. Era una más de mis habituales bufonadas infantiles.

Nunca respondí a ninguna reprimenda de mi familia. Estaba convencido de que era la voz de los dioses que me llegaba desde tiempos ancestrales. Al escucharla, sentía que iba a perder la razón; y, por supuesto, no estaba en condiciones de contestar, ni mucho menos. Esas voces me parecían «la verdad», procedente de muchos siglos atrás.

Y como yo no tenía la menor idea de cómo actuar respecto a esa verdad, comencé a pensar que no me era posible vivir con otros seres humanos. Por eso, no podía discutir ni defenderme. Cuando alguien decía algo desagradable de mí, me parecía que estaba cometiendo un craso error. Sin embargo, siempre recibía esos ataques en silencio; aunque, por dentro, me sentía enloquecer de pánico. Desde luego, a nadie le gusta que le critiquen o se enojen con él.

Por lo general, las personas no muestran lo terribles que son. Pero son como una vaca pastando tranquila que, de repente, levanta la cola y descarga un latigazo sobre el tábano. Basta que se dé la ocasión para que muestren su horrenda naturaleza. Recuerdo que se me llegaba a erizar el cabello de terror al pensar en que este carácter innato es una condición esencial para que el ser humano sobreviva. Al pensarlo, perdía cualquier esperanza sobre la humanidad.

Siempre me había dado miedo la gente y, debido a mi falta de confianza en mi habilidad de hablar o actuar como un ser humano, mantuve mis agonías solitarias encerradas en el pecho y mi melancolía e inquietud ocultas tras un ingenuo optimismo. Y con el tiempo me fui perfeccionando en mi papel de extraño bufón.

No me importaba cómo; lo importante era conseguir que se rieran. De esta forma, quizá a los humanos no les importara que me mantuviera fuera de su vida diaria. Lo que debía evitar a toda costa era convertirme en un fastidio para ellos. Debía ser como la nada, el viento, el cielo. En mi desesperación, no sólo me dedicaba a hacer reír a mi familia sino también a los sirvientes, que temía aún más porque me resultaban incomprensibles.

Cierta vez, en pleno verano, me paseé por los pasillos supuestamente ataviado con un suéter rojo bajo mi ligero kimono y todos se murieron de risa.

—Yochan, te sienta fatal —dijo entre carcajadas mi hermano mayor, que casi nunca se reía, en un repelente tono cariñoso.

Incluso yo no soy tan insensible al frío y al calor como para ponerme un suéter en los días más calurosos. Me había puesto unas polainas de mi hermana menor, de modo que asomasen por las mangas del kimono y pareciera que llevara un suéter.

Mi padre solía viajar a Tokio por negocios con tal frecuencia que hasta tenía una residencia en Sakuragicho, en el barrio de Ueno. Solía pasar más de medio mes en esa casa y cuando regresaba traía un montón de regalos para la familia y los parientes. Era algo que le encantaba hacer.

Cierta noche, antes de partir a Tokio, nos reunió a todos los niños en la sala de visitas y, entre sonrisas, nos preguntó a cada uno qué queríamos que nos trajera, anotándose la respuesta en la agenda. No era habitual que fuese tan afectuoso con nosotros.

—¿Y tú Yozo? —preguntó.

Yo me quedé balbuceando y no pude responder.

Como me preguntó de repente qué quería, lo primero que se me ocurrió es que no quería nada. Me pasó por la cabeza que tanto daba; de todas maneras, nada me causaría alegría. Pero, al mismo tiempo, no era capaz de rechazar algo que me ofrecieran por más contrario que fuese a mis propios gustos. Cuando algo no me gustaba, no podía decirlo a las claras; y cuando algo me gustaba, lo aceptaba con timidez, como si fuera un ladrón, con expresión de disgusto, presa de un terror indescriptible. En suma, que no podía elegir entre dos alternativas. Esta fue una de mis características que, más adelante, se convirtió en la principal causa de mi vida vergonzosa.

Mientras estaba allí, callado y vacilante, mi padre pareció un poco disgustado.

—Podría ser un libro, ¿no? O si no una máscara de león, de las que se usan para las danzas de Año Nuevo. En las tiendas de Asakusa venden unas para niño a precios razonables. ¿No quieres una?

Me preguntó si quería algo, mas no supe qué decir. Ni me salió ninguna respuesta graciosa. El bufón había fracasado.

—Estaría bien un libro, ¿no? —intervino mi hermano con la expresión seria.

—¿Ah, sí? —dijo mi padre con la ilusión totalmente desvanecida del rostro y cerró bruscamente la agenda sin tomarse la molestia de anotar nada.

Vaya desastre. Había causado que mi padre se enojara y seguro que debía temer su venganza. Tenía que hacer algo antes de que fuese demasiado tarde. Esa noche, temblando bajo el edredón, me devané los sesos para encontrar una solución. Al final, me levanté, entré en la sala de visitas, abrí el cajón del escritorio donde mi padre guardaba la agenda, la abrí y pasé las páginas hasta encontrar donde tenía anotados los pedidos de regalos. Lamí la punta de un lápiz, anote «máscara de león» y volví a la cama.

De hecho, no deseaba en absoluto la máscara para la danza del león; incluso hubiera preferido un libro. Pero me había dado cuenta de que mi padre quería comprarme una máscara de león y, como quería que recuperase su buen humor, me había aventurado en plena noche a entrar subrepticiamente en la sala de visitas.

Esta medida de emergencia resultó recompensada por el éxito, tal como esperaba.

Cuando mi padre volvió de Tokio, oí desde la habitación de los niños su vozarrón mientras se lo contaba a mi madre: «Estaba en una de las tiendas de juguetes de Asakusa y abrí la agenda; alguien había escrito "máscara de león". Y no era mi letra. Me quedé de lo más extrañado, aunque enseguida caí en la cuenta. Era una travesura de Yozo. Al volver, le pregunté y se quedó callado, riéndose nervioso. Seguro que se moría de ganas de tenerla. ¡Vaya chiquillo más raro! Simula que no le interesa nada para después ir a escribir con toda claridad lo que quiere. Si deseaba tanto la máscara, ¿por qué no me lo dijo desde el principio? ¡Me puse a reír en medio de la tienda! Anda, dile que venga».

Cierta vez reuní a los sirvientes en la habitación occidental y pedí a uno de los criados que aporreara como le viniera en gana las teclas del piano —pese a que vivíamos en provincias, nuestra casa tenía las comodidades propias de la ciudad— y, al ritmo de esa música, ejecuté una especie de danza india que hizo revolcarse de risa a todos. Uno de mis hermanos tomó una foto de mi representación. Cuando la vimos, resultó que entre los dos pañuelos de hacer fardos de algodón blanco, que me había colocado a modo de taparrabos, asomaba mi pequeño pene, lo que de nuevo fue causa de gran regocijo. Podría decirse que esto fue un éxito muy por encima de mis expectativas.

Por aquel entonces, estaba suscrito a una decena de revistas infantiles mensuales y, además, solía encargar de Tokio toda clase de libros. Me convertí en un entusiasta del doctor Mencharakuchara y del doctor Nanjamonja y conocí historias espeluznantes, aventuras, cuentos cómicos y cancioncillas de Edo, que representaba con la mayor seriedad, causando que todos en casa se murieran de risa.

Pero ¿y la escuela? Parecía que me estaba ganando el respeto de todos. Aunque el hecho de que me respetaran me causaba un cierto pánico. Mi idea de alguien respetado consistía en una persona que había logrado engañar casi a la perfección a los demás pero que, al ser visto por un ser omnisciente e omnipotente, era humillado en una vergüenza peor que la muerte. Incluso si engañase a los seres humanos para que me respetaran, alguno de ellos se daría cuenta; y cuando les contara a los demás el engaño, entonces la ira de los humanos daría lugar a alguna horrible venganza. Sólo de pensarlo se me ponían los pelos de punta.

Esta fama en la escuela secundaria obedeció más que a ser hijo de una familia acomodada a que, supuestamente, tuviera talento. De pequeño era enfermizo, de manera que con frecuencia perdía un mes o dos de clases, o incluso un curso entero por estar en cama. Sin embargo, cuando estaba convaleciente e iba a la escuela en un rikisha[6] para hacer los exámenes de fin de año, siempre sacaba las mejores notas.

Cuando me sentía bien, no estudiaba en absoluto. Me pasaba las clases dibujando historietas, que en los descansos explicaba a los compañeros para hacerles reír. En las composiciones sólo escribía tonterías, por lo que los maestros me llamaban la atención, aunque no conseguían enmendarme. La razón es que yo sabía que, en secreto, se lo pasaban de lo lindo leyendo esas historias absurdas. Cierta vez escribí que mi madre me llevó a Tokio en tren y, por equivocación, oriné en una de las escupideras del pasillo; no es que no supiera para qué servían las escupideras, lo que ocurrió es que me hice el inocente. Sabía que el maestro lo iba a encontrar divertidísimo, por lo que le seguí sigilosamente en su camino a la sala de profesores. Vi que sacaba mi composición entre las de varias clases y se la leía por el pasillo sin poder contener la risa. Al llegar a la sala de profesores y terminar la lectura, estalló en tremendas carcajadas, poniéndose colorado como un tomate, y se la pasó a los demás maestros. Me sentía satisfecho a más no poder. ¡Qué travieso!

Había conseguido que me tomaran por un niño travieso. Había evitado con éxito que me respetaran. Siempre sacaba sobresaliente en todo, excepto en conducta, donde no lograba más que un aprobado, lo que, a su vez, causaba gran regocijo a mi familia. Sin embargo, mi verdadero carácter era completamente opuesto al de un niño travieso. Por aquel entonces, los criados ya me habían enseñado algo lamentable; me habían hecho perder la castidad. Incluso ahora pienso que hacerle eso a un niño es el más perverso y cruel de todos los delitos. Pero no se lo conté a nadie. Sonreí débilmente, pensando que esto me permitía conocer un nuevo aspecto del ser humano. Si hubiera tenido la costumbre de contar las cosas tal como eran, quizá me hubiese atrevido a acusarles ante mis padres; pero lo cierto es que no los comprendía. No podía esperar que nadie me ayudara. Si se lo hubiera contado a mi padre, a mi madre, a la policía, a las autoridades o a cualquiera que tuviese poder en el mundo, tal vez me hubieran abrumado con excusas bien vistas por la sociedad. Está claro que existe el favoritismo, y estoy seguro de que acusar a los criados hubiera sido en vano.

Por eso, mantuve oculta la verdad y continué haciendo el bufón.

«¿Eh, no tienes fe en el ser humano? Por cierto, ¿cuándo te hiciste cristiano?», quizá alguien me pregunte burlándose. Pero no creo que la desconfianza en el ser humano tenga que surgir por motivos religiosos. ¿No es cierto que estas personas, incluidas las que se burlan de mí, viven tan tranquilas en la mutua desconfianza, sin que la existencia de Dios se les pase por la cabeza?

Esto ocurrió cuando era pequeño. Un político muy conocido del partido al que pertenecía mi padre vino a nuestro barrio para pronunciar un discurso. Los sirvientes me acompañaron al teatro donde iba a celebrarse la reunión. La sala estaba abarrotada, y la mayoría de los presentes, conocidos de mi padre, aplaudieron con entusiasmo. Cuando terminó el discurso, los asistentes salieron en grupos de tres o cinco a la calle nevada ya oscura echando pestes. Algunas voces eran de amigos particularmente cercanos a mi padre. Comentaban que mi padre había sido de lo más torpe al presentar al político y que no hubo modo de comprender el discurso de este. Sin embargo, una vez en la sala de visitas de nuestra casa, dijeron con genuina alegría en el rostro que el discurso había sido un auténtico éxito. Cuando mi madre preguntó a los sirvientes qué tal había sido ese discurso, repusieron con la mayor frescura que había sido muy interesante; mientras que, en realidad, en el camino de vuelta no habían parado de refunfuñar, diciendo que lo más aburrido en el mundo era un discurso político.

Pero esto no es más que un pequeño ejemplo. Las personas se engañan unas a otras del modo más natural y, sorprendentemente, sin resultar lastimadas. Parecen no darse ni cuenta de la superchería. Creo que su vida está llena de ejemplos nítidos, puros y claros de desconfianza. No obstante, a nadie parece preocuparle este intercambio de falsedades. Yo mismo engaño a los demás desde la mañana a la noche con mis bufonerías. No tengo el menor interés en eso que los libros de texto llaman moral. Me cuesta entender que el ser humano viva o quiera vivir con pureza, claridad y felicidad en medio de toda esta mentira mutua. Nunca me han explicado la razón de esta habilidad. Si lo hicieran, quizás me librarían del terror que siento por ellos o de mis representaciones desesperadas. O quizá también de mi enfrentamiento con ellos y del infierno que experimentaba todas las noches. En suma, no había evitado contar sobre el odioso delito de los criados debido a la desconfianza en el ser humano ni, por supuesto, al cristianismo. Creo que fue porque ellos cerraron con firmeza la cascara de la confianza a ese pequeño Yozo. Hasta mis propios padres se comportaron de una forma incomprensible para mí.

Años después, muchas mujeres fueron capaces de detectar el olor de la soledad que nunca había mostrado a nadie, y me da la impresión de que esta fue la causa de que abusaran de mí. De hecho, las mujeres me consideraron un hombre capaz de guardar un secreto de amor.

Segundo cuaderno de notas

A la orilla del mar, tan cerca que podría parecer que allí mismo rompían las olas, crecía una hilera de más de veinte enormes cerezos silvestres de tronco negruzco. Cada abril, cuando comenzaba el curso, los cerezos abrían sus espléndidas flores, junto con las hojas nuevas de color verde pardo y apariencia húmeda, que se recortaban contra el azul del mar. Después caían los pétalos como una tormenta de nieve, se esparcían sobre el agua, se quedaban flotando como pálidas incrustaciones de nácar y volvían a la arena. Esa playa era la zona de recreo de la escuela secundaria donde estudiaba, en la región de Tohoku. Pese a que no había preparado como era debido el examen de ingreso, logré que me aceptaran. La gorra y los botones del uniforme lucían como emblema una flor de cerezo estilizada.

Cerca de la escuela se encontraba la casa de unos parientes lejanos. Esta fue una de las razones por las que mi padre había elegido esta escuela de los cerezos junto al mar. Yo quedé a cargo de esta familia, cuya casa estaba tan próxima que, incluso saliendo después de oír la campana matinal, podía llegar a tiempo a clase. Era un estudiante bastante perezoso; sin embargo, mi bufonería hizo que cayera bien a mis compañeros.

Por primera vez, vivía en un lugar distinto a mi vieja casa natal, y se me hacía mucho más agradable. Quizá en parte se debiera a que había perfeccionado mi bufonería y ya no me costaba prácticamente esfuerzo alguno; pero también influía el cambio de hacerlo ante parientes o extraños, en el propio lugar o en otro distinto. La diferencia de representar en ambos lugares sería significativa hasta para un genio o el propio Jesucristo. Para un actor, el escenario más duro es el teatro de su propia ciudad. Imagino que, incluso para alguien con talento, es imposible hacer una buena actuación ante todos los parientes reunidos en una sala. Pero yo lo conseguí y, además, con notable éxito. Con tal experiencia, era imposible fallar en un lugar ajeno. Quizá, en el fondo de mi corazón, se había incrementado el miedo ante el ser humano, pero era capaz de representar el papel elegido con creciente soltura. En el aula, podía hacer que todos se rieran en cualquier momento y, aunque el maestro se quejaba de que sólo sería posible dar una buena clase si yo no estuviera, lo cierto es que tenía que colocarse la mano ante la boca para ocultar que se le escapaba la risa.

Hasta podía hacer estallar en carcajadas al instructor de prácticas militares, que tenía una estentórea voz de bárbaro.

Cuando ya empezaba a relajarme, convencido de haber logrado la identidad deseada, recibí una puñalada por la espalda. Como suele acontecer, el agresor era el más debilucho de la clase, de rostro pálido e hinchado, y vestido con ropas tan holgadas como un antiguo cortesano, prueba irrefutable de que las había heredado de su padre o de algún hermano. Para redondear, era un desastre en todos los estudios y tan torpe en ejercicios militares o gimnasia que todos lo tenían casi por un perfecto idiota. Hasta yo no me di cuenta de la necesidad de estar alerta contra él.

Cierto día, a la hora de gimnasia, ese muchacho —creo recordar que se llamaba Takeichi—, ese tal Takeichi, estaba observando cómo hacíamos ejercicios en las barras. Con la expresión de tratar de hacerlo lo mejor posible, me lancé a la barra con un grito. Pero pasé de largo y caí sentado en la arena con un sonoro golpetazo. Era un fallo premeditado, pero todos se murieron de risa y yo me levanté con una sonrisa compungida, sacudiéndome la arena de los pantalones. Fue entonces cuando Takeichi se me acercó por la espalda y me dijo en voz muy baja: «Lo has hecho a propósito».

Me quedé temblando. Si alguien hubiera podido darse cuenta de que fallé a propósito, nunca se me hubiera ocurrido que fuera Takeichi, precisamente. Durante unos momentos, me pareció que el mundo había quedado envuelto en las llamas del infierno y tuve que hacer un gran esfuerzo para no dar un grito enloquecido.

Pasé los días siguientes sumido en la inquietud y el miedo. En la superficie continuaba, como siempre, haciendo reír con mi infeliz bufonería; pero, de repente, se me escapaban unos suspiros sofocados. Hiciera lo que hiciese, Takeichi descubría mis intenciones; seguro que pronto me pondría en evidencia ante toda la escuela. Sólo de pensarlo, se me cubría la frente de sudor y me ponía a echar miradas a mi alrededor con la extraña expresión de un loco. No me hubiera separado de Takeichi desde la mañana hasta la noche, para asegurarme de que no divulgara mi secreto. Pensé en consagrarle mi tiempo, a fin de convencerle de que mi bufonería no era forzada sino genuina; si fueran las cosas bien, me convertiría en su mejor amigo; pero, si fuera imposible, no me quedaría más remedio que rezar para que muriera. Por supuesto, no deseaba matarle. En toda mi vida, muchas veces he deseado ser asesinado, aunque ni una sola he pensado en quitar la vida a nadie. Será porque, al contrario, deseo hacer felices a las demás personas.

Para ganarme a Takeichi, opté por la amable sonrisa cristiana, con el cuello inclinado treinta grados a la izquierda, y por rodearle levemente los escuálidos hombros hablándole con fingida dulzura cuando le invitaba a mi casa. Pero él se quedaba siempre callado, con una expresión indefinida. Cierto día, creo recordar que fue a principios de verano, comenzó a llover a cántaros después de que se terminaran las clases. Los compañeros parecían no saber cómo arreglárselas para volver a casa. Como la mía estaba muy cerca, me dispuse a llegar en una corrida. Entonces, junto a la estantería del calzado, vi a Takeichi que estaba de pie con aspecto decaído y le propuse que me acompañara a casa, que le prestaría un paraguas. Como vacilaba, le tomé de la mano y salimos corriendo bajo la lluvia. Al llegar, le pedí a mi tía que secase nuestras chaquetas y así logré llevármelo a mi habitación, en la primera planta. En esa casa vivían mi tía, que había pasado de los cincuenta, una prima de unos treinta años, con gafas, alta y de aspecto enfermizo —se había casado, pero regresó a su hogar materno— y otra que había terminado la escuela secundaria poco tiempo atrás. No se parecía en nada a su hermana, ya que era bajita y con un rostro redondo. En la planta baja de la casa había una pequeña papelería, que también vendía algunos artículos de deporte. Sin embargo, la fuente principal de ingresos de la familia eran

las rentas de seis viviendas que había dejado mi fallecido tío.

—Me duelen los oídos —dijo Takeichi, de pie en mi habitación.

—¿Será porque te entró agua con la lluvia?

Cuando eché una mirada, ambas orejas mostraban síntomas de una espantosa otorrea. Tenían tanto pus que parecía estar a punto de desbordarse por los lóbulos.

—¡Qué barbaridad! ¡Con razón te duele! —exclamé, exagerando a propósito, y añadí con palabras bondadosas como las de una mujer—: Perdona que te haya arrastrado a venir bajo esa lluvia.

Bajé para buscar algodón y alcohol. Entonces acomodé la cabeza de Takeichi sobre mis rodillas y le desinfecté los oídos con esmero. Ni él se dio cuenta de que todo era un montaje hipócrita.

—Seguro que muchas mujeres se enamorarán de ti —dijo con la cabeza en mi regazo.

Fue un cumplido vacío, pero resultó una profecía diabólica, como nunca hubiera podido imaginar ese Takeichi. Que se enamoraran de mí o que yo me enamorara de ellas… Qué impresión tan vulgar y burlesca me producían estas palabras; mas, al mismo tiempo, cuánta complacencia. Por más solemne que fuera el momento, al aparecer alguna de esas palabras, se desmoronaban los templos de la melancolía y quedaba un sentimiento de vacío. Aunque, curiosamente, si se reemplazara la expresión «el problema de que se enamorasen de uno» por la más literaria de «la inquietud de ser amado», los templos de la melancolía se podrían mantener a salvo.

Takeichi me obsequió con el estúpido elogio de que «muchas mujeres se enamorarían de mí» porque tuve la amabilidad de limpiar el pus de sus oídos. En ese momento, me ruboricé y me limité a sonreír en silencio, aunque ya tenía una leve idea de que podría tener razón. Pero usar esa expresión causaba un efecto simplón de galancillo de teatro, muy distinto de mis premoniciones.

A mí siempre me costó mucho menos entender a los hombres que a esa clase de ser humano llamado mujer. En mi casa, las mujeres siempre fueron más numerosas que los hombres; lo mismo ocurría entre mis parientes cercanos, y también fue una mujer la sirvienta del delito. Cuando era pequeño solía jugar sólo con niñas, pero no creo exagerar si digo que me relacionaba con ellas con la cautela de quien anda sobre una fina capa de hielo. No podía entenderlas. Andaba totalmente a oscuras en lo que a ellas se refería y, a veces, como si hubiera pisado la cola de un tigre, terminaba con penosas heridas. Al contrario de lo que sucede con las causadas por el látigo de un hombre, esas heridas eran profundas y dolorosas, como si de una hemorragia interna se tratase, y resultaban muy difíciles de curar.

Las mujeres me atraían hacia ellas, sólo para dejarme tirado después. Cuando había gente delante me trataban con desprecio y frialdad, sólo para abrazarme con pasión al quedarnos solos. También me di cuenta de que las mujeres duermen con tanta profundidad como si estuvieran muertas; me pregunto si no viven para dormir. Estas y otras observaciones las hice siendo un niño, llegando a la conclusión de que parecen una raza totalmente distinta de los hombres. Y lo más raro es que estos seres incomprensibles, con los que hay que andarse con tiento, siempre me han protegido.

No he dicho «enamorarse de mí» o «amarme». Esto no se correspondería con la realidad. Quizá sea más exacto decir que «me han protegido».

Además, me siento más cómodo haciendo las bufonerías ante mujeres. Los hombres no van a reír mucho tiempo de mis representaciones. Sé que, si con el entusiasmo del momento se me va la mano, la cosa terminará mal; por eso, pongo extremo cuidado con parar en el punto justo. Pero las mujeres no conocen la moderación. Por más que prolongue mi bufonería, me piden más y más hasta dejarme agotado. Hay que ver cómo se ríen. Está claro que las mujeres saben disfrutar de los placeres más que los hombres.

Las hermanas de la casa donde vivía cuando estudiaba secundaria solían visitarme a mi habitación en sus ratos libres. Cada vez que llamaban me daban un sobresalto considerable.

—¿Estás estudiando?

—No, qué va —decía con una sonrisa, cerrando el libro—. ¿Sabéis qué? Hoy en la escuela, el maestro de geografía, apodado Kombo…

Y me lanzaba a contar historias divertidas, sin relación alguna con lo que tenía en la mente.

Cierta noche, ambas vinieron a mi habitación y, después de hacerme representar mis bufonerías un buen rato, la menor me dijo:

—Yochan, pruébate las gafas.

—¿Para qué?

—Tanto da, pruébatelas. Anda, toma las gafas de Anesa.

Solían hablar con brusquedad, como si dieran una orden. El bufón se puso dócilmente las gafas. Enseguida, las dos se comenzaron a morir de risa.

—¡Pero si es igualito a Harold Lloyd! ¡Idéntico!

En esa época, este actor extranjero tenía mucho éxito en Japón.

—Señoras y caballeros —comencé, levantándome y alzando una mano para saludar—, quisiera agradecer a mis admiradores japoneses…

Las hermanas se desternillaban. A partir de ese día, siempre que llegaba una película de Harold Lloyd al cine local la iba a ver y estudiaba en secreto sus expresiones.

Una tarde de otoño, cuando estaba leyendo en la cama, Anesa entró veloz como un pájaro a mi habitación y se dejó caer llorando sobre el edredón.

—Me vas a ayudar, ¿verdad, Yochan? ¿A que sí? Nos marcharemos juntos de esta casa, ¿vale? Ayúdame, ayúdame, por favor —dijo con desespero, poniéndose a llorar de nuevo.

No era la primera vez que una mujer se mostraba así conmigo. Por eso, no me asusté ante las palabras exaltadas de Anesa; más bien me aburrió su vacuidad y falta de sustancia. Me levanté, tomé un caqui de encima del escritorio, lo pelé y le di un pedazo.

—¿No tienes algún libro interesante para prestarme? —dijo, comiéndose el caqui entre sollozos.

Saqué de mi estantería Soy un gato, de Natsume Soseki.

—Gracias por el caqui —dijo, sonriendo un poco avergonzada, y salió de la habitación.

No ha sido sólo con Anesa. Comprender los sentimientos de cualquier mujer es más complicado y desagradable que estudiar las emociones de una lombriz. Según mi experiencia, que viene de cuando era niño, cuando una mujer se pone a llorar de repente, lo mejor es ofrecerle algún dulce y enseguida mejora su humor.

Su hermana menor, Secchan, solía traer a sus amigas a mi habitación y, como era mi costumbre, me ocupaba de divertirlas a todas por igual. Cuando se marchaban, Secchan las criticaba sin falta diciendo que no eran buenas muchachas y que tuviera cuidado. Si era así, ¿por qué se molestaba en invitarlas? En todo caso, a causa de ella mis visitantes eran casi siempre mujeres.

Sin embargo, esto no significa que se hubiera comenzado a cumplir el elogio de Takeichi de que las mujeres se enamorarían de mí. Ni mucho menos. Yo no era más que el Harold Lloyd de Tohoku. Las palabras ignorantes de Takeichi, esa profecía horrible, todavía tardarían bastantes años en cumplirse, tomando vida de una forma desafortunada.

Takeichi me hizo otro regalo valioso.

—Mira, ¡el retrato de un fantasma! —exclamó un día, mostrándome una lámina de colores al entrar en mi habitación.

«¿Qué es esto?», pensé. En ese momento me estaba mostrando el camino de escape, como supe muchos años después. Yo conocía la imagen. No se trataba más que del conocido autorretrato de Van Gogh. Cuando era pequeño, la escuela impresionista francesa estaba muy de moda en Japón. Nuestro aprendizaje de arte occidental solía comenzar por esos trabajos. Incluso una escuela secundaria de provincias tenía reproducciones de cuadros de Van Gogh, Gauguin, Cézanne y Renoir, entre otros. Yo había visto muchas de estas pinturas. Conocía bastantes obras de Van Gogh y recuerdo haber encontrado interesante el uso tan vivo de los colores; pero nunca se me pasó por la cabeza que fueran pinturas de fantasmas.

—¿Qué te parecen estas? ¿También son fantasmas? —dije, mostrándole un libro de láminas de Modigliani, con mujeres desnudas de piel bronceada, que acababa de sacar de mi estantería.

Takeichi abrió los ojos admirado.

—¡Anda! Parecen los caballos del infierno.

—Ya. O sea que fantasmas…

—Me gustaría dibujar a fantasmas como estos.

Las personas que temen a otros seres humanos desean ver espectros de apariencia todavía más horrible; las que son nerviosas y se asustan con facilidad, rezan para que la tormenta sea lo más violenta posible; y ciertos pintores, que han sufrido a causa de unos fantasmas llamados seres humanos, acaban creyendo en cosas fantásticas y viendo espectros en pleno día, en medio de la naturaleza. Pero ellos no se dedican a engañar con bufonerías, se esfuerzan en pintar exactamente lo que vieron. Tal como dijo Takeichi, pintaron «cuadros de fantasmas», ni más ni menos. Entonces supe que esos fantasmas serían mis amigos de ahora en adelante. Me excité tanto que apenas pude contener las lágrimas.

—Yo también voy a pintar. Pintaré cuadros de fantasmas, de caballos del infierno

—dije a Takeichi, bajando mucho la voz sin saber por qué.

Desde la escuela primaria, me gustó tanto pintar como mirar cuadros. Pero las pinturas nunca obtuvieron un reconocimiento similar al de mis historietas. Lo cierto es que no tenía la menor confianza en las opiniones de los seres humanos y, en lo que a mí respecta, las historietas eran una de mis bufonadas para saludar al público. Tanto en la escuela primaria como en la secundaria, los dibujos encantaban a mis maestros, pero a mí no me interesaban en absoluto.

Sólo me esforcé con las pinturas —los dibujos eran otra cosa— e intenté crear mi propio estilo, por infantil que fuera. Los libros de la escuela con dibujos para copiar eran de lo más aburrido; las pinturas de los maestros, desastrosas; y yo me vi obligado a buscar como pude una forma de expresión.

Cuando comencé la escuela secundaria, ya tenía los útiles necesarios para pintar al óleo. Intenté copiar las obras impresionistas, pero el resultado fueron pinturas tan muertas como figuras recortables, y me di cuenta de que seguir por este camino sería un error. Vaya tontería y falta de criterio el intentar mostrar un objeto hermoso con esa belleza. Los maestros eran capaces de plasmar la belleza en objetos de lo más trivial e incluso encontraban interesante describir algo tan feo que causara náuseas por el puro placer de expresarse, sin preocuparse de la opinión ajena. Después de que Takeichi me iniciara de un modo tan primitivo en el secreto de la pintura, me dediqué a pintar autorretratos, cuidando de que no los vieran mis visitantes femeninas.

Mis cuadros eran tan lúgubres que casi me dejaban helado a mí mismo. En ellos estaba plasmada mi verdadera naturaleza, que mantenía escondida en lo más profundo de mi corazón. En la superficie me reía alegremente y hacía reír a los demás; pero, en realidad, era así de sombrío. Como no había nada que hacer, en secreto afirmaba esta naturaleza. Sin embargo, aparte de Takeichi, no se los mostré a nadie. Si alguien descubriese mi lobreguez tras la máscara de bufón, seguro que comenzaría una estrecha vigilancia. Por otra parte, existía el peligro de que no reconocieran mi verdadera naturaleza y lo tomaran como una bufonada más, lo que causaría grandes risotadas. Esto sería lo más horrible que pudiera suceder. Y así, cada vez que terminaba un cuadro, me apresuraba a esconderlo en el fondo del armario.

Desde luego, en la clase de dibujo nunca mostré mi «estilo espectral» y continué pintando como hasta ahora las cosas bonitas como tales con la pertinente mediocridad.

Sólo podía mostrar a Takeichi, y lo hacía como lo más natural, mi carácter sensible. Cuando vio mis primeros autorretratos, me elogió muchísimo. Al mostrarle dos o tres de mis cuadros de fantasmas, hizo su segunda profecía: «Serás un gran pintor».

Cuando me marché a Tokio, llevaba grabadas en la cabeza las dos profecías del bobalicón de Takeichi: que las mujeres se enamorarían de mí y que sería un gran pintor.

Quería entrar en una escuela de arte, pero mi padre me puso en una escuela superior con la intención de convertirme en un funcionario. Como ya estaba decidido y yo no estaba acostumbrado a llevar la contraria, obedecí sin preocuparme demasiado. Me había ordenado que hiciera el examen en el cuarto año, uno antes de terminar el colegio, y así lo hice. En realidad, estaba ya más que harto de mi escuela junto al mar con los cerezos. Como aprobé, entré en la escuela de Tokio sin terminar el quinto año. Enseguida tuve la oportunidad de experimentar la vida en un dormitorio estudiantil, aunque la suciedad y la violencia me resultaron insoportables. Ahí no estaba la cosa para bufonerías. Conseguí que un médico me diagnosticara una dolencia pulmonar y me trasladé a la residencia de mi padre en Sakuragicho, en el barrio de Ueno. Tenía claro que nunca me hubiera podido acostumbrar a esa vida. Me causaba escalofríos oír acerca del ardor y el orgullo de la juventud, y, en cuanto al espíritu estudiantil, era algo que no iba conmigo en absoluto. Tanto las aulas como el dormitorio eran escenario de los deseos sexuales más retorcidos. Aquello era un vertedero donde no servían para nada mis habituales actuaciones de bufón.

Cuando no había sesiones en el parlamento, mi padre no pasaba más que una o dos semanas al mes en la casa. En su ausencia, tan sólo quedábamos tres personas en la gran residencia: una pareja de ancianos que se ocupaban de todo y yo.

Por mi parte, faltaba bastante a clase, aunque no porque me dedicara a conocer los lugares famosos de Tokio —parece que acabaré por no visitar nunca el santuario de Meiji, la estatua de Masashige Kusunoki o las tumbas de los cuarenta y siete samuráis—, sino que me pasaba el día entero en casa, leyendo o pintando.

Cuando mi padre estaba en Tokio, cada mañana me apresuraba a la escuela, aunque a veces iba a una clase de pintura del maestro Shintaro Yasuda, en Sendagicho, del barrio de Hongo. Me solía pasar hasta tres o cuatro horas practicando dibujo. Lo cierto es que iba a clase como simple oyente desde que dejé el dormitorio. Quizá se tratase tan sólo de envidia, pero, en todo caso, nunca tuve un sentimiento definido de pertenecer al mundo estudiantil. Desde la escuela primaria y secundaria a la superior, jamás comprendí el amor por la propia escuela, y ni una sola vez me tomé la molestia de aprenderme el himno.

Al poco tiempo de estudiar pintura, uno de mis compañeros me hizo conocer el alcohol, el tabaco, las prostitutas, las casas de empeño y el pensamiento de izquierda. Parece una combinación un poco rara, pero así aconteció en realidad.

Este compañero se llamaba Masao Horiki. Había nacido en Shitamachi, la zona castiza de Tokio, y era seis años mayor que yo. Se había graduado en una escuela de arte, pero como no tenía taller en casa iba regularmente a la clase para continuar aprendiendo pintura occidental.

Nos conocíamos de vista y no habíamos hablado ni una sola vez cuando cierto día me dijo:

—Oye, ¿me prestas cinco yenes?

Me quedé tan turbado que se los pasé sin más.

—¡Estupendo! Vamos a tomar una copa. Hoy invito yo.

No podía negarme. Me llevó a un café en Horaicho, cerca del taller de pintura.

Este fue el principio de nuestra amistad.

—Ya hace tiempo que me había fijado en ti. Eso, eso. Esta sonrisa tímida tuya es característica de los artistas prometedores. Bueno, vamos a brindar por nuestro encuentro. ¡Salud! Eh, Kinu —dijo, dirigiéndose a la camarera—, ¿no te parece guapo el muchacho? Pero no te vayas a enamorar de él. Desde que llegó al taller de pintura, por desgracia he pasado a ser el segundo más guapo de la clase.

Horiki tenía un rostro moreno de facciones regulares y, lo que era muy poco habitual en un estudiante de pintura, vestía un traje muy decente con una corbata discreta, y llevaba fijador en el cabello dividido en el centro por una raya impecable.

Como el lugar no me era familiar, al principio no hacía más que cruzar y descruzar los brazos, entre sonrisas ciertamente tímidas, pero después de dos o tres vasos de cerveza comencé a sentirme muy ligero, con una curiosa sensación de liberación.

—¿Sabes? Había estado pensando en matricularme en una escuela de arte y... — comencé, pero él me cortó enseguida.

—¡Ni se te ocurra! No sirve para nada. Las escuelas son de lo más inútil.

Nuestros maestros deben ser la naturaleza y nuestros sentimientos respecto a ella.

A decir verdad, sus opiniones no me merecieron ningún respeto. Se me ocurrió que podría ser un imbécil y sus cuadros una birria, pero sería un buen compañero de diversión. Era la primera vez en la vida que me topaba con un habitante urbano de vida licenciosa. Aunque él y yo éramos completamente distintos, nos parecíamos mucho en que estábamos muy alejados de la vida cotidiana de los seres humanos. Pero lo que nos diferenciaba mucho era que Horiki no tenía conciencia de la farsa, ni se daba cuenta de la miseria que conllevaba.

Lo despreciaba porque sólo vivía para divertirse, y sólo me relacionaba con él como compañero de diversión. A veces me avergonzaba de su amistad, pero me dejé llevar por él y, al final, resulté derrotado.

Al principio pensaba que Horiki era un buen tipo, un tipo fuera de lo común. Hasta yo, que tenía tanto miedo a la gente, pude relajarme por completo con ese buen guía de Tokio. Lo cierto es que yendo solo cuando me subía al tranvía me daba miedo el cobrador, al entrar al teatro Kabukiza me atemorizaban las acomodadoras alineadas a ambos lados de la escalera alfombrada de la entrada principal, si me encontraba en un restaurante, me crispaban los nervios los camareros que andaban por detrás de mí, pendientes de llevarse los platos vacíos. Pero lo que más me horrorizaba era pagar alguna cuenta. Mi torpeza al entregar el dinero después de comprar algo no estaba causada por la tacañería. Me sentía tan nervioso y avergonzado y me entraba tal pánico que me marcaba, el mundo se oscurecía y me sentía medio a punto de perder la razón. Ni soñar en regatear si hasta me olvidaba de recoger el cambio y, con frecuencia, de llevarme lo que había comprado. Estaba claro que no podía moverme solo por Tokio, de modo que no me quedaba más remedio que pasarme días enteros holgazaneando en casa.

Cuando entregaba mi monedero a Horiki y salíamos a pasear juntos, mi compañero no sólo hacía gala de una gran habilidad para regatear, quizá como buen aficionado a divertirse, sino que sabía sacar el máximo partido al mínimo de dinero. Sin gastar en taxi, ideaba combinaciones de tren, autobús y hasta barcazas de vapor para llevarnos en muy poco tiempo a nuestro destino. Por ejemplo, si después de pasar la noche con una prostituta nos deteníamos en alguna posada y, después de tomar un buen baño, desayunábamos tofu hervido con sake, con poco dinero podíamos disfrutar de una sensación de lujo; esto supuso para mí una valiosa educación práctica. También me enseñó que el arroz con carne o las brochetas de pollo que vendían en los puestos callejeros eran una forma económica de alimentarse bien, y que para emborracharse rápidamente lo mejor era el denkibran. En suma, yo me sentía muy tranquilo con él, convencido de que no tenía que preocuparme en absoluto por el importe de nuestras cuentas.

Otra cosa que era de agradecer en la relación con Horiki era que le importaba un

bledo lo que pensara su interlocutor al lanzarse en un torrente apasionado —aunque quizá su pasión real fuera hacerle caso omiso al otro— de charla superficial que podía continuar durante horas; aunque, cuando nos invadía el cansancio después de andar juntos, por lo menos no existía el menor riesgo de que se produjeran silencios incómodos. Cuando trataba con la gente, le tenía horror a esos silencios. Yo era callado por naturaleza, pero no me quedaba más remedio que recurrir al desesperado recurso de mis bufonerías. Ahora, el imbécil de Horiki había adoptado el papel de bufón sin darse cuenta, por lo que yo me limitaba a escucharlo en silencio, y de vez en cuando decía: «¡No puede ser!», riéndome.

Pronto comprendí que el alcohol, el tabaco y las prostitutas eran un método excelente para librarme del miedo a los seres humanos, aunque fuese sólo por un momento. Y llegué a la conclusión de que para conseguir esos momentos valdría la pena vender hasta la última de mis posesiones.

Las prostitutas no me parecían personas ni mujeres, más bien me daban la impresión de seres idiotas o locos; por eso, me sentía muy a salvo en su compañía y podía dormir profundamente. Daba hasta pena ver que no tenían ni un ápice de avaricia. Al parecer, sentían que tenía algo en común con ellas porque siempre me trataron con una amabilidad espontánea que no me agobiaba. Una amabilidad sin segundas intenciones, sin fines de negocio, hacia una persona que quizá no volverían a ver. En estas prostitutas idiotas o locas alguna noche vi una aureola de Virgen María.

Pero iba allí para escapar del miedo a los seres humanos, para descansar aunque fuese sólo una noche y, mientras me divertía con esas prostitutas con las que «tenía algo en común», antes de que me diera cuenta había adquirido un cierto aspecto repugnante del que no podía librarme, una especie de inesperado fruto de mi forma de vivir, que poco a poco se hizo visible hasta que el propio Horiki me lo hizo notar, dejándome estupefacto y disgustado. Lo cierto es que había aprendido sobre las mujeres a través de las prostitutas, el aprendizaje más duro pero también el más efectivo, y desprendía un «olor de seductor». Las mujeres —no sólo las prostitutas— lo olían instintivamente y se me acercaban. Este aire obsceno y poco honorable, era mucho más evidente que el solaz que me había aportado la experiencia.

Horiki me lo comentó como un cumplido a medias, pero a mí me produjo una sensación opresiva. Por ejemplo, recuerdo que la camarera de un café me envió una carta infantil; también, la hija veinteañera del general que vivía junto a mi casa de Sakuragicho, cada mañana, a la hora que iba a la escuela, aparecía toda arreglada por su portal, entrando y saliendo sin que pareciera que tuviera nada especial que hacer; cuando iba a comer carne, incluso sin que yo dijera una palabra, la mujer del restaurante...; y en el kiosco donde compraba tabaco, la muchacha colocó en la caja junto con el paquete...; y la mujer sentada a mi lado en el teatro Kabukiza...; asimismo cierta noche que había bebido y me quedé dormido en el tranvía...; también la carta inesperada de aquella pariente en el campo revelando su obsesión...; o la muchacha desconocida que en mi ausencia me dejó una muñeca cosida a mano... Mi actitud fue pasiva en extremo, de forma que estos fragmentos no se convirtieron en ninguna historia. Pero no podía negar que era cierto, y no se trataba de una broma absurda, que algo en mí despertaba en las mujeres el deseo de amar. Pero que me lo hiciera notar alguien como Horiki me produjo un malestar parecido a la humillación y, al mismo tiempo, me hizo perder de repente mi interés por las prostitutas.

Cierto día, Horiki, haciendo ostentación de «modernidad» —tratándose de él no se podía pensar de otra forma—, me llevó a una reunión secreta del Partido Comunista; no lo recuerdo bien, pero creo que se llamaba «Asociación de Lectura». Para Horiki, quizá este encuentro clandestino no fuese más que uno de los sitios para conocer en Tokio. Me presentaron a los compañeros y me obligaron a comprar un panfleto y después escuché la conferencia que dio un hombre joven, horriblemente feo, sobre economía marxista. Me dio la impresión de que todo lo que dijo era obvio; pero, incluso estando de acuerdo, supe que algo más incomprensible y horrible se escondía en el alma humana. No se trataba sólo de ambición ni de vanidad, ni tampoco de una mezcla de deseo sexual y avaricia; no lo entendía ni yo mismo; pero sentía que la sociedad humana no era sólo economía, sino que en el fondo acechaba algo misterioso. Esto me atemorizaba, pero aprobaba el materialismo con la misma naturalidad que el agua se nivela. Aunque este no me podía librar de mi temor por el ser humano y no me producía la esperanzada alegría de una persona ante la vista de las hojas que acababan de brotar.

Incluso así, continué participando en las reuniones, en las que los compañeros, con expresiones graves, discutían teorías tan elementales como que uno más uno son dos. Me parecían ridículos a más no poder, de modo que me esforcé en hacer algunas de mis habituales bufonadas para que se relajasen un poco. Poco a poco, logré librarlas de su ambiente opresivo y me acabé convirtiendo en un miembro tan popular que me llegaron a considerar imprescindible.

Quizás en su simplicidad creían que yo era tan simple como ellos: un compañero optimista y alegre; pero, si así lo pensaban, les estaba engañando por completo. Para empezar, yo no era su compañero. Sin embargo, no faltaba a ninguna reunión y les obsequiaba con mi bufonería. Lo hacía porque me caían bien. Me eran simpáticos. Pero esto no suponía que sintiera por ellos un afecto nacido a través de Marx.

La irracionalidad… Me producía un cierto placer. Mejor dicho, me hacía sentir cómodo. El seguir las normas establecidas me parecía mucho más temible —me parecía que había en eso algo tremendamente poderoso—, era un mecanismo incomprensible; no podía continuar sentado en esa habitación fría y sin ventanas. Fuera se extendía el océano de la irracionalidad, y lanzarme a nadar en sus aguas hasta morir se me hacía más placentero.

Existe la palabra «marginados», que denota a los infelices, a los fracasados y a los descarriados en la sociedad humana; pero yo creo que lo soy desde el momento en que nací. Por eso, cuando me cruzo con alguien calificado de «marginado», de inmediato siento afecto por él. Un afecto que llena todo mi cuerpo de un arrobamiento de ternura.

También existe el término «conciencia de delincuente». Al estar en la sociedad humana, toda la vida he sufrido de esta conciencia; pero ha sido mi fiel compañera, como una esposa en tiempos de pobreza, y ambos hemos compartido nuestras miserables diversiones. Puede que esta haya sido mi actitud en la vida.

Asimismo, la gente habla del «sentimiento de culpabilidad». En mi caso, me poseyó desde que era un bebé y, con el tiempo, en lugar de curarse se hizo más profundo, penetrándome hasta los huesos. Pero, incluso si se podía decir que mi sufrimiento por las noches era el de un infierno de infinitas torturas, pronto se me hizo más querido que mi propia sangre y carne. Y me llegó a parecer la expresión de ese sentimiento de culpabilidad vivo o quizá su murmullo afectuoso.

Para un hombre en estas circunstancias, el ambiente de un movimiento clandestino suponía una extraña tranquilidad, una sensación de bienestar; en suma, más que los objetivos del grupo político, podría decir que me atrajo su ambiente. Para Horiki, sólo se trató de una burla estúpida, ya que asistió tan sólo a una reunión, aquella en que me llevó para presentarme, escudándose en la torpe ocurrencia de que el marxismo debía estudiar no sólo el aspecto de la producción sino también el del consumo. Y como nunca más se acercó a las reuniones, acabamos compartiendo tan sólo el aspecto del consumo.

Volviendo la vista atrás, recuerdo que había marxistas de todas clases. Algunos, como Horiki, se autocalificaban así para vanagloriarse de «modernidad», mientras que el olor de la irracionalidad atrajo a otros de los que nos sentábamos en las reuniones, como fue mi caso. Si los auténticos marxistas hubiesen descubierto los motivos de Horiki y míos, se hubieran enfurecido mucho y, tratándonos de viles traidores, nos hubiesen echado sin contemplaciones.

Sin embargo, ninguno de los dos fue expulsado y, yo en particular, me podía comportar de una forma mucho más «saludable» en esa sociedad irracional que entre caballeros racionales. Como me consideraban un compañero prometedor, me encargaron diversas «misiones secretas», que más bien daban risa. Por mi parte, no rechacé hacerme cargo de ninguna de esas misiones, aceptándolas con tal naturalidad que ni los «perros» —así llamaban los compañeros a la policía— jamás sospecharon de mí ni se les ocurrió interrogarme. Riéndome y haciendo reír a los demás, cumplí todos los encargos al pie de la letra. Los participantes en ese movimiento eran tan precavidos y pasaban tantos nervios que eran como una mala imitación de una novela detectivesca. Las misiones que me encargaban eran de lo más anodino, pero ellos no cesaban de comentar su alto grado de peligro. En esos días, pensaba afiliarme al partido y no me preocupaba en lo más mínimo el riesgo de acabar en la cárcel. Pensaba que esa vida podría ser más llevadera que el temor horrible que experimentaba en la «vida real» en la sociedad de los hombres, que me hacía pasar las noches en un infierno de insomnio.

Incluso cuando mi padre se encontraba en la casa de Sakuragicho, debido a sus ocupaciones sociales o en el parlamento, solían pasar tres o cuatro días sin que nos cruzásemos. Sin embargo, su presencia me resultaba opresiva y me producía temor, de forma que pensé en buscarme una pensión. Pero antes de que tuviera oportunidad de hablar sobre el asunto, el anciano que se ocupaba de la casa me informó de que mi padre tenía intención de venderla.

Faltaba poco para que se completara su periodo de posesión del escaño en el parlamento y, sin duda, por diversas razones, no quería presentar de nuevo su candidatura; además, pensaba construir un lugar de retiro en nuestra región. Como no le tenía apego alguno a Tokio, imagino que llegó a la conclusión de que no valía la pena mantener abierta una residencia de tal envergadura para mí, un simple estudiante. No sé qué pensaría mi padre, el caso es que vendió la casa en un abrir y cerrar de ojos, y yo me tuve que instalar en una oscura habitación de cierta pensión llamada Senyukan, en Morikawa, en el barrio de Hongo. Muy pronto comenzaron mis apuros económicos.

Cada mes mi padre me daba una asignación fija, que desaparecía en dos o tres días; pero en casa siempre había tabaco, sake, queso y fruta. En cuanto a material de escritorio y ropa, acostumbraba a comprar en las tiendas del vecindario, donde mi padre era cliente y lo cargaban en su cuenta. Podía invitar a Horiki a soba o tendón[2] en los restaurantes vecinos y marcharme sin una palabra.

De súbito, me encontré viviendo solo en una pensión, obligado a adaptarme a la asignación mensual. Vaya apuro. Pero, como era de esperar, el dinero desaparecía en dos o tres días, y yo me volvía loco de desesperación. Entonces tenía que enviar telegramas para pedir dinero a mi padre, a mi hermano mayor y a mi hermana mayor por turnos; cartas detalladas —consistentes en pura ficción y bufonadas, ya que me parecía conveniente hacer reír a quien le pedía un favor— y, además, por mediación de Horiki me hice asiduo de las casas de empeños. Pese a todo, siempre andaba corto de dinero.

Para colmo, no podía vivir en aquella pensión lúgubre, donde no conocía a nadie. Si me quedaba allí solo sentado, me embargaba el temor de que alguien me atacaría en cualquier momento o me pegaría un tiro;

---

[2] Cuenco de arroz sobre el que sirven verduras o pescado rebozados.

de modo que salía rápidamente a la calle y me iba a echar una mano en el movimiento clandestino o me juntaba con Horiki para hacer la ronda de locales que servían sake barato. Había abandonado casi por completo la escuela y las clases de pintura. Dos años más tarde intenté suicidarme con una mujer casada mayor que yo. Allí comenzaron las complicaciones.

No asistía a clases ni abría un libro pero, por alguna razón desconocida, siempre me las arreglaba de algún modo en los exámenes, de forma que pude seguir engañando a mi familia. Sin embargo, mis faltas de asistencia molestaron a la escuela, que envió un informe confidencial a mi padre. Entonces, en lugar de mi padre, mi hermano más mayor me escribió una carta de amonestación muy larga y severa. Pero a mí lo que me atormentaba era el dinero, además de las muchas misiones difíciles que me estaba encargando el grupo clandestino, hasta el punto de que ya no me las podía tomar medio en broma. Me habían nombrado líder del movimiento estudiantil marxista de los distritos centrales de Tokio —Hongo, Koishikawa, Shiraya y Kanda— y debía correr de un lado para otro para establecer «contactos» y, habiendo oído sobre la posibilidad de un levantamiento armado, llevaba en el bolsillo del impermeable una pequeña navaja. Al recordarla, me parece que era tan frágil que no bastaba ni para sacarle punta a un lápiz.

Deseaba más que nada tomar sake hasta quedar profundamente dormido, pero no tenía dinero para hacerlo. El grupo —al que, creo recordar, llamábamos P en nuestro lenguaje clandestino, por ser la inicial de «partido»— me encargaba tantas tareas que no tenía tiempo ni de tomar un respiro, lo que resultaba un verdadero exceso para mi constitución física enfermiza. Al principio, ayudaba porque me fascinaba su irracionalidad, pero mi situación era una consecuencia imprevista de mi broma. Cuando estaba agobiado de trabajo, sin poder reprimir mi irritación, me daban ganas de decirle a la gente del P que yo no tenía nada que ver con todo eso y que se lo pidiesen a uno de los suyos. Decidí escapar; pero, como no me parecía bien, opté por matarme.

En aquel entonces, tres mujeres estaban particularmente interesadas por mí. Una de ellas era la hija del dueño de la pensión donde me alojaba. Cuando regresaba exhausto de alguna tarea del movimiento y me acostaba sin tener ni ánimos para comer, ella me visitaba sin falta con papel de escribir y una pluma en la mano. «Con permiso, abajo mis hermanos pequeños hacen mucho ruido y no me puedo concentrar», decía, sentándose a mi escritorio, donde se pasaba una hora o más escribiendo.

Podría haberle hecho caso omiso y dormirme, pero era evidente que la muchacha esperaba que le hablase, de modo que, manifestándose mi habitual costumbre de hacer un servicio y a pesar de no tener el menor deseo de conversación, me acostaba boca abajo y encendía un cigarrillo.

—¿Sabes? Hay hombres que calientan el agua del baño con las cartas de amor que les envían las mujeres —comencé.

—¡Qué horror! ¿Te refieres a ti mismo, verdad?

—Bueno, calenté la leche y me la tomé.

—¡Qué honor para ella! Que te la tomaras…

Pensando que por qué no se marchaba de una vez, imaginé que su carta estaría llena de letras sueltas sin sentido.

—Anda, ¡muéstramela! —le pedí, aunque, en realidad, no me interesaba verla ni aunque me fuera la vida en ello.

Mientras decía: «¡Ay, no! ¡Ay, no!», su expresión satisfecha era tan horripilante, que acabó con cualquier posible interés. Entonces se me ocurrió que le podía hacer un encargo.

—Perdona, ¿te podrías acercar a la farmacia en la calle de la estación para comprarme un frasco de Calmotín? Estoy agotado, con la cara ardiendo y no voy a conseguir dormirme. ¿Serías tan amable? En cuanto al dinero…

—Por eso, no te preocupes.

Se levantó contenta. No hay que andarse con remilgos en encargar algo a una mujer; al contrario, sé muy bien por experiencia que les encanta que un hombre les pida alguna cosa.

La otra mujer era una «compañera» que estudiaba para maestra. Con ella, quisiera o no, por el asunto de la militancia tenía que encontrarme cada día. Después de las reuniones, esa mujer siempre se me pegaba y, además, me traía regalos. «Quiero que me consideres como a tu verdadera hermana mayor», me decía. Yo le respondía:

«Desde luego», con una leve sonrisa, temblando entero. Me daba miedo causar su enojo, de modo que hacía lo posible para disimular; pero cada vez tuve que complacer más a esa mujer fea y desagradable. Aceptaba sus regalos —todos de pésimo gusto, de los que me libraba pasándoselos al viejo del puesto de yakitori y a otra gente— con expresión contenta y le hacía alguna broma para que se riese. Cierta noche de verano, como no había forma de sacármela de encima, le di un beso. Entonces ella, excitada de un modo vergonzoso, llamó un taxi y me llevó a la habitación que el movimiento alquilaba en secreto, un lugar estrecho con aspecto de oficina, y pasamos unas horas de locura hasta que amaneció. «Vaya una hermana mayor», me dije con una sonrisa amarga.

Cada día era inevitable encontrarse con la muchacha de la pensión y la «compañera», por lo que no podía usar el recurso de esquivarlas como había hecho hasta ahora con otras mujeres. Sin darme cuenta y empujado por mi habitual inseguridad, acabé haciendo lo posible para congraciarme con ambas, como si tuviera una deuda con ellas.

En esa misma época, recibí los favores de una camarera de uno de esos grandes cafés de Ginza. Tras sólo un encuentro, me sentí tan agradecido a ella que casi no podía moverme de preocupación y temores vacíos. Entonces ya podía tomar un tren o ir al teatro Kabukiza sin que me llevara Horiki. Vestido con un kimono de seda chispeada, incluso me atrevía a entrar solo a un café.

Hasta cierto punto, logré acostumbrarme a fingir descaro. En el fondo del corazón no había perdido ni un ápice de miedo al aplomo y la violencia de los humanos; mas, aunque sin dejar de sentir ese miedo y ese sufrimiento, en la superficie me había acostumbrado poco a poco a saludar mirando a la cara… ¡No! ¡Esto no es cierto! No podía hablar con alguien sin mostrar con dolorosas sonrisas la bufonería de mi derrota.

Por lo menos, había adquirido la habilidad de tartamudear algunas frases convencionales, ¿sería como resultado de mis actividades en el grupo clandestino?

¿O gracias a las mujeres? ¿Quizá al alcohol? Pero me parece que, sobre todo, se debió a la falta de dinero. Fuera a donde fuese, me perseguía esa sensación de temor. Se me ocurrió que si entrase en alguno de los grandes cafés, abarrotados de clientes bebidos, camareras y mozos, mezclándome con ellos mi corazón perseguido sin tregua podría tranquilizarse.

De modo que me metí en un gran café del elegante barrio de Ginza con sólo diez yenes en el bolsillo. «Te advierto que sólo llevo diez yenes», le dije sonriendo a la camarera que se me acercó. «No te preocupes», repuso con acento de Kansai. A mí, que estaba temblando de miedo, estas palabras me calmaron de una forma extraña. Y no era porque ya no debía preocuparme por el dinero. Me dio la impresión de que estando junto a ella no había nada que temer.

Mientras tomaba sake, me sentía tan relajado que ni tenía que representar mis bufonerías. Bebiendo en silencio, no ocultaba mi verdadero carácter, callado y sombrío. «¿Te apetece?» me preguntó, sirviéndome algunos aperitivos. Yo negué con la cabeza. «¿Sólo sake? Entonces yo también tomaré».

Era una noche fría de otoño. Tal como me había propuesto Tsuneko —creo que así se llamaba, aunque mis recuerdos son vagos y no puedo estar seguro; soy capaz hasta de olvidar el nombre de alguien con quien hice un pacto de suicidio— la esperé en un puesto callejero de sushi. Ese sushi era malísimo. Es curioso que, aunque pueda olvidar el nombre de ella, recuerdo a la perfección lo repugnante que era el sushi, así como el rostro del hombre que lo preparaba, parecido al de una serpiente aodaisho y con el cabello cortado al rape. El viejo no hacía más que volverse de acá para allá, intentando dar la engañosa impresión de destreza en la preparación del sushi. Me parece verlo ahora mismo. Años después, en unas tres ocasiones, vi en el tren un rostro que me resultaba familiar y, después de romperme la cabeza, llegué a la conclusión de que se parecía al hombre del puesto de sushi y sonreí amargamente. Mientras que me cuesta recordar el nombre y el rostro de aquella mujer, recuerdo tan bien el del hombre del puesto de sushi que lo podría dibujar. Sin duda, esto demuestra lo horrible que era ese sushi, que me enfrió el cuerpo y me llenó de malestar. Incluso las veces que alguien me ha llevado a un buen restaurante de sushi, nunca he comido realmente a gusto. Mientras la esperaba, me decía que la bola de arroz era demasiado gruesa. ¿Por qué no la hacía más o menos del tamaño de la medida del pulgar?

Tsuneko tenía alquilada una habitación en la primera planta de la casa de un carpintero. Allí me encontraba tomando té, tendido en el suelo de tatami, con la mejilla apoyada en la palma de la mano como si me doliera una muda y sin disimular en lo más mínimo mi sombrío estado de ánimo. Parecía que a ella no le disgustaba mi actitud. Daba la sensación de estar completamente aislada, como un árbol seco azotado por el frío viento en el que danzaran las hojas muertas.

Mientras descansábamos, me contó que era dos años mayor que yo y que venía de Hiroshima, donde su marido había trabajado de barbero. Sin embargo, en la primavera del año pasado huyeron a Tokio; pero el hombre no encontró trabajo y fue acusado de estafa, por lo que se encontraba en la cárcel. Hasta ahora le había ido a visitar cada día, pero no tenía intención de ir más. Me contó esto, entre otras cosas, aunque no presté demasiada atención porque las mujeres me aburren cuando comienzan a hablar sobre sí mismas. No sé si será debido a su poca habilidad al expresarse, a que no aciertan a dar énfasis en el punto debido, o a cualquier otra razón; la cuestión es que siempre he hecho oídos sordos a esas historias.

Más que mil de esas palabras que dicen las mujeres, si alguien me susurrase:

«¡Qué tristeza!» seguro que pronto me solidarizaría con sus sentimientos. Pero, hasta ahora, ninguna mujer ha pronunciado ante mí estas simples palabras, lo que me parece muy extraño. Aunque esa mujer no dijo: «¡Qué tristeza!», su cuerpo estaba envuelto en una profunda tristeza silenciosa, una corriente de miseria de unos tres centímetros que circulaba sobre ella. Al acercarme a ella, mi cuerpo quedaba también envuelto en esa corriente, mezclándose con la de mi punzante melancolía «como una hoja muerta que se pudre en el fondo del agua». Por fin, me había librado del miedo y la angustia.

Era muy diferente a dormir tranquilamente en los brazos de aquellas prostitutas idiotas; ellas eran alegres. La noche que pasé con la esposa de aquel delincuente acusado de estafa fue muy feliz y liberadora. Imagino que no volveré a usar en estos cuadernos unas palabras tan decididas y sin vacilación.

Pero sólo duró una noche. Al abrir los ojos por la mañana, me levanté de un salto y volví a ser el bidón superficial de siempre. Los cobardes temen hasta la felicidad. Pueden herirse incluso con el algodón. A veces, hasta la felicidad les hiere. Antes de resultar herido, me apresuré a separarme de ella, utilizando las bufonerías como una cortina de humo.

«Aquello de que el fin del dinero es el fin del amor puede interpretarse al revés. No significa que cuando se termina el dinero la mujer abandone al hombre. Cuando se queda sin dinero el hombre se siente al fondo del abismo, sin el menor ánimo de reír, hundido en el pesimismo, y es él quien termina abandonando a la mujer. El hombre se vuelve medio loco y no para de dar sacudidas hasta que se libera de ella. Podrás encontrar la explicación del proverbio en el diccionario Kanazawa… Por mi parte, lo he vivido en carne propia».

Recuerdo que cuando me puse a decir esas tonterías, a Tsuneko le dio risa. Temiendo quedarme más rato, estaba dispuesto a marcharme sin lavarme la cara. Fue entonces cuando solté sin pensar aquello de que el fin del dinero es el fin del amor, lo que después acarreó serias consecuencias.

Pasó un mes hasta que me encontrara de nuevo con la mujer que me otorgó sus favores esa noche. Después de dejarla, mi felicidad se fue borrando a medida que pasaban los días. Me horrorizaba pensar que por una merced fugaz me había creado horribles vínculos e incluso llegó a pesarme que Tsuneko hubiese pagado mi cuenta en el café donde trabajaba. Pese a la distancia, se acabó convirtiendo para mí en una mujer amenazadora, que me intimidaba sin cesar, igual que la muchacha de la pensión o la «compañera» que estudiaba para maestra. Temía reaccionar con furia si me encontrara de nuevo con la mujer con quien dormí, de modo que opté por no aparecer por Ginza. El que me fastidiara no se debía a la astucia. Las mujeres tenían un comportamiento muy distinto al irse a la cama y al levantarse al día siguiente, sin la menor conexión, como si hubieran olvidado por completo lo sucedido; era un fenómeno raro, como si lo hubiesen dividido en dos mundos; algo que yo no podía digerir.

A finales de noviembre, estaba con Horiki tomando sake barato en un puesto callejero de Kanda. Apenas habíamos salido cuando este mal amigo ya estaba insistiendo en continuar bebiendo en otra parte, pese a que ya no teníamos un céntimo en los bolsillos. Como yo estaba bastante bebido, me sentía mucho más lanzado de lo normal.

—Bueno, te voy a llevar a un país de sueños. Sake, mujeres… —propuse.

—¿A un café?

—Eso mismo.

—¡Vamos!

Una vez decidido esto, tomamos el tranvía.

—Esta noche estoy hambriento de mujeres —dijo Horiki muy animado—. ¿Se podrá besar a las camareras?

No me gustaba nada cuando Horiki representaba el papel de borracho. Él lo sabía, y por eso insistió.

—Ya sabes, ¿eh? ¡Voy a besarla! La que se siente a mi lado no va a escapar sin un beso, ¿eh?

—Haz lo que te dé la gana.

—¡Qué bien! Me muero de ganas de una mujer.

Bajamos en la parada de Ginza Yonchome y entramos en el gran café de «sake y mujeres». No me quedaba más que confiar en que estuviera Tsuneko ya que no tenía un céntimo. Nos sentamos en un reservado vacío y pronto se acercaron apresuradas Tsuneko y otras camareras. Una de ellas se sentó a mi lado y Tsuneko se dejó caer junto a Horiki; me dio un sobresalto. Pronto la besaría.

No es que tuviera celos; nunca fui posesivo. Es cierto que a veces he sentido pena al perder algo, pero nunca la suficiente como para enfrentarme a los demás por este motivo, hasta el punto de que años después vi cómo violaban a mi esposa sin hacer nada para evitarlo.

No quiero inmiscuirme en las desavenencias entre los seres humanos. Tengo miedo a caer en ese remolino. La relación entre Tsuneko y yo fue sólo de una noche. No era mía. No sería posible sentir celos por ella. Pero, aún así, tuve un sobresalto.

Me daba pena que Tsuneko tuviera que soportar los besos violentos de Horiki delante de mis ojos. Una vez mancillada por Horiki, no podría seguir conmigo. Pero mi voluntad no era tan fuerte como para retenerla. Aaah…, se iba a terminar todo. Ante la infelicidad de Tsuneko, sólo pude suspirar. Pero, al momento siguiente, me resigné dejándome llevar por el flujo de los acontecimientos y, mirando ora a Horiki ora a Tsuneko, sonreí como un bobo.

Sin embargo, inesperadamente la situación tomó un mal rumbo.

—¡Se acabó! —exclamó Horiki con una mueca—. Ni alguien como yo puede hacer eso a una mujer tan miserable…

Hablando entre dientes y con los brazos cruzados me dirigí a Tsuneko.

—Quiero beber sake. Pero no tengo dinero.

Quería ahogarme en sake. A la vista de la gente, Tsuneko era una infeliz, con olor a pobreza, que no valía ni para el beso de un borracho. De repente, esto me golpeó como un rayo. Aquella noche bebí como nunca lo había hecho, y cada vez que mis ojos se encontraban con los de Tsuneko, intercambiábamos tristes sonrisas. Mientras pensaba que era una mujer exhausta de aspecto pobre, nació en mí una solidaridad por esta compañera en la pobreza; incluso ahora pienso que los enfrentamientos entre pobres y ricos es un tema que parece caduco, pero que siempre formará parte de las tragedias. Empezó a brotar en mi interior la compasión por Tsuneko; y, junto a ella, un tenue sentimiento de amor.

Vomité. No sabía ni dónde estaba. Fue la primera vez que perdí totalmente el sentido por los efectos de la bebida. Cuando abrí los ojos, Tsuneko estaba sentada a mi cabecera. Al parecer, había dormido en su habitación, en la primera planta de la casa del carpintero.

—El fin del dinero es el fin del amor… Pensé que lo decías en broma, pero ¿lo piensas en serio? Como no viniste nunca más… ¡Qué historias más complicadas! Puedo trabajar para los dos, ¿qué te parece?

—Ni hablar.

Entonces ella se acostó a mi lado. Hacia el amanecer surgió de sus labios y por primera vez la palabra «muerte». Tsuneko también parecía exhausta de existir como un ser humano. Por mi parte, pensando en mi temor por el mundo y sus complicaciones, el grupo clandestino, las mujeres, los estudios, parecía imposible seguir viviendo, y así acepté su propuesta. Pero entonces todavía no estaba resignado a morir. En mi respuesta se ocultaba un cierto afán de aventura. Pasamos la mañana paseando por Asakusa. Entramos en una cafetería y tomamos un vaso de leche. «Esta vez pagas tú», dijo Tsuneko. Cuando me levanté a pagar y abrí el monedero, sólo había tres miserables monedas de cobre. Más que vergüenza, sentí horror.

En el acto me vino a la mente que en la habitación de la pensión sólo me quedaba el uniforme de la escuela y la ropa de cama; ya no tenía nada más que pudiera ser empeñado en ese cuarto desolado. Sólo tenía lo que llevaba puesto: el kimono de seda chispeada y el abrigo. Supe con toda claridad que no podía seguir viviendo.

Mientras me encontraba allí sin saber qué hacer, la mujer echó una ojeada a mi monedero. «¿Eh? ¿No tienes más que esto?», dijo con inocencia, pero yo sentí una punzada dolorosa, que sólo podía causarme la voz de la primera mujer que amaba.

«¿Sólo esto? ¿No tienes más que esto? ¡Pero si tres sen de cobre no puede llamarse dinero!». Sentí una rara humillación, nunca experimentada hasta ahora. Una humillación que no me permitía seguir viviendo; sería porque, al fin y al cabo, en aquel entonces aún no me había librado de la identidad de hijo de familia adinerada. Entonces tomé la determinación real de quitarme la vida.

Esa noche nos lanzamos al mar en Kamakura. Tsuneko se desató la faja del kimono, diciendo que la había tomado prestada de una compañera de trabajo, y la dejó doblada sobre una roca. Yo me saqué el abrigo y lo coloqué en el mismo lugar. Entonces entramos al agua. Ella murió y yo fracasé en el intento.

Como yo era sólo un estudiante y, además, el nombre de mi padre tenía interés informativo, la prensa local organizó un alboroto con el incidente. Me ingresaron en un hospital junto a la costa, y uno de mis parientes se desplazó para ocuparse de las gestiones necesarias. Antes de marcharse, me dijo que mi familia se había enfurecido tanto que incluso me podían desheredar. Pero a mí esto no me importaba; sentía tanta nostalgia por Tsuneko que no podía parar de llorar. Hasta hoy, nunca quise a nadie más que a la miserable Tsuneko.

La muchacha de la pensión me envió una larga carta que incluía unos cincuenta poemas breves tanka. Sí, cincuenta, y todos comenzaban con el verso «vive por mí». También las enfermeras entraban a mi habitación alegremente para hacerme compañía, y algunas hasta me tomaban la mano un momento antes de marcharse.

Me favoreció mucho que en el hospital me diagnosticaran que tenía una dolencia en el pulmón derecho porque la policía me trató como a un enfermo y no como a un delincuente. Cuando me fueron a buscar para interrogarme por intento de suicidio, me colocaron en una celda especial.

A altas horas de la noche, el policía de guardia, ya entrado en años, entreabrió la puerta y me llamó.

—¡Eh, tú! Ven para acá a calentarte un poco —dijo.

Entré con la cabeza gacha, fingiendo desaliento, me senté en una silla y acerqué las manos al brasero.

—Ya veo, echas de menos a la mujer que murió, ¿verdad?

—Sí… —repuse con voz apagada.

—Eso podría decirse que es parte de la naturaleza humana —afirmó. Poco a poco se había puesto a darse importancia—. ¿Cómo empezaste a salir con esa mujer?

Su tono ya era casi como el de un juez, tan presuntuoso se había hecho cuando me preguntó. Tomándome por un niño y quizá con la idea de entretenerse en aquella noche de otoño, se comportaba como si fuese el responsable de la investigación para hacerme confesar alguna historia obscena. Enseguida me di cuenta y tuve que esforzarme por no soltar una risotada en su propia cara. Sabía que no tenía ninguna obligación de responder a estas preguntas del policía, ajenas a la investigación oficial; pero, a fin de hacer más llevadera la larga noche otoñal, adopté una actitud dócil; como si, en realidad, creyese por completo que el policía fuese el responsable de la investigación y de él dependiera que recibiera una sentencia más o menos severa. De modo que hice una «declaración» a mi antojo para dejarlo contento.

—Mmm… Ya entendí más o menos de lo que se trata. Incluso nosotros tenemos en consideración cuando alguien es sincero.

—Muchas gracias. Espero que así sea.

Mi representación fue de una habilidad divina, aunque no sirvió absolutamente de nada. Así que amaneció, me llamó el jefe de la policía para comenzar la investigación de verdad. Enseguida que abrí la puerta y entré en su oficina dijo:

—¡Vaya, vaya! ¡Qué guapo! —y dirigiéndose a mí—: La culpa no es tuya sino de la madre que te hizo así.

El jefe de policía era todavía joven, de tez algo oscura y con aspecto de haber estudiado. Al decirme esto, de repente me hizo sentir como una persona deformada, como si tuviera una marca de nacimiento en pleno rostro.

La investigación del oficial, que parecía practicar judo o kendo a juzgar por su físico, fue simple y precisa; distinta como el día y la noche de la que me hizo la víspera ese policía entrado en años, furtiva y en busca de aspectos obscenos.

Cuando terminó el interrogatorio, el jefe de policía se puso a llenar un formulario para enviarlo a la fiscalía.

—No debes descuidar la salud. Has escupido sangre, ¿no?

Por la mañana, había tenido una tos muy rara, y cada vez que tosía me cubría la boca con un pañuelo que tenía rastros de sangre. Pero, en realidad, no había salido de mi garganta sino de un grano bajo la oreja que me había reventado la víspera. Pensé que me convenía más no aclarar la verdad.

—Sí… —repuse con los ojos bajos, haciéndome el bueno.

—No sé si serás procesado, porque esto depende del fiscal —dijo cuando acabó de rellenar los documentos—. Pero sería mejor que llamases por teléfono o pusieras un telegrama para que venga alguien que te sirva de avalador. Tienes a alguien, ¿no?

Me acordé de un hombre llamado Shibuta, un anticuario, que solía visitar a mi padre. Era soltero, rechoncho, de unos cuarenta años, y me había avalado para el ingreso en la escuela. Su rostro, en particular cerca de los ojos, tenía el aspecto de un lenguado; por eso, mi padre solía llamarle «El lenguado» y yo también me acostumbré a ese apodo.

Busqué su número en el anuario telefónico que me prestaron en la policía, lo llamé y le pedí que fuera a la oficina de policía de Yokohama. «El lenguado» se mostró tan arrogante que parecía otro, pero terminó por aceptar.

—¡Eh! Que alguien desinfecte este teléfono inmediatamente. Ha escupido sangre

—dijo el jefe de policía con voz potente, que llegó con claridad hasta mis oídos ya que estaba sentado en la celda.

Después del mediodía, me ataron las muñecas con una cuerda fina de esparto; aunque permitieron que ocultara las manos bajo el abrigo, y un joven policía sujetó el extremo de la cuerda con firmeza. Ambos tomamos el tren hacia Yokohama.

Lo acontecido no me molestó en absoluto; ni la celda de la policía, ni el agente entrado en años, ¿por qué sería? Cuando me ataron como a un delincuente, me sentí aliviado, de lo más tranquilo. Ahora, al escribir esto, recuerdo que me sentía muy bien, incluso alegre.

Pero entre los recuerdos agradables de esa ocasión, nunca olvidaré en la vida una lamentable metedura de pata, que incluso hoy me produce sudores fríos. Me encontraba en la oficina oscura, respondiendo a un interrogatorio simple del fiscal. Era un hombre tranquilo, de unos cuarenta años. Si en mi caso se me pudiera calificar de guapo, sería una belleza obscena, mientras que la suya era honrada y emanaba una tranquila sagacidad. Era tan reposado que hasta yo bajé la guardia mientras hacía mi declaración. De repente, me dio uno de esos ataques de tos, saqué el pañuelo del escote del kimono y, al ver la sangre, me pasó por la cabeza que podía sacar algún partido a la tos. Por eso añadí al final de la tos real dos veces de propina y, con la boca cubierta aún por el pañuelo, miré al fiscal.

—¿Es de verdad esa tos? —preguntó con una leve sonrisa.

Sólo de recordarlo me produce mucho más que un sudor frío; no puedo evitar el revolverme de inquietud. Si dijera que fue más chocante que cuando aquel idiota de Takeichi de la escuela secundaria me aguijoneó la espalda con un dedo y, diciendo:

«Lo has hecho a propósito», me hizo caer a los infiernos, no sería ninguna exageración. Estas dos representaciones fueron los peores fracasos de toda mi existencia. A veces incluso pienso que hubiese sido preferible ser condenado a diez años de cárcel que sufrir el tranquilo desprecio del fiscal.

Anularon mi acusación, pero esto no me produjo la menor alegría; me quedé sentado en un banco de la sala de espera de la oficina del fiscal y me quedé esperando a que viniese a buscarme «El lenguado».

A través de los altos ventanales situados detrás del banco, se veía el cielo rojizo del atardecer. Las gaviotas volaban dibujando en el cielo una curva que parecía una silueta femenina.

Tercer cuaderno de notas Primera parte

De las predicciones de Takeichi, una se cumplió y la otra no. La poco gloriosa de que las mujeres se enamorarían de mí resultó cierta, pero no la venturosa de que me convertiría en un pintor de renombre. No logré llegar a ser más que un mal dibujante para publicaciones de pésima calidad.

A causa de lo acontecido en Kamakura, me expulsaron de la escuela y acabé viviendo en una minúscula habitación de tres tatami en la primera planta de la casa de

«El lenguado». Al parecer, llegaban cada mes de mi lugar natal pequeñas sumas de dinero para mi manutención, aunque iban directamente a manos de «El lenguado». Además, procedían de mis hermanos que las enviaban a escondidas de mi padre. Mis relaciones con la familia se cortaron y, para colmo, «El lenguado» siempre estaba de mal humor; aunque le sonriera, nunca me correspondía. Me pareció asombroso — mejor dicho, cómico— cómo el ser humano podía cambiar radicalmente con la misma facilidad que se le daba vuelta a la mano.

No hacía más que repetirme: «Nada de salir, ¿eh? Nada de salir». No me quitaba los ojos de encima, como si temiera que, de nuevo, intentara suicidarme tirándome al mar para seguir los pasos de la mujer muerta. En suma, tenía terminantemente prohibido poner los pies en la calle. No podía tomar sake ni fumar, y me pasaba desde la mañana hasta la noche encerrado en la habitación de tres tatami de la planta alta, leyendo viejas revistas como un perfecto idiota; incluso había perdido los ánimos de matarme.

La casa de «El lenguado» se encontraba cerca de la escuela de medicina de Okubo. El cartel de su tienda, que ponía ANTIGÜEDADES EL JARDÍN DEL DRAGÓN VERDE, tenía bastantes pretensiones. Pero, en realidad, tenía la tienda y la vivienda juntas; una de las dos puertas era la estrecha entrada de la tienda, llena de polvo y de todo tipo de trastos viejos. Aunque no se ganaba la vida con ese negocio sino con transferencias de propiedades entre uno y otro cliente para evadir impuestos.

Lo cierto es que apenas pasaba tiempo en la tienda. Ya de mañana, salía disparado con el ceño fruncido, dejando a un aprendiz de diecisiete o dieciocho años a cargo de la tienda. Pero este, como no tenía mucho que hacer, se desocupaba y se ponía a jugar a pelota con los chicos del barrio. Además, seguro que consideraba al habitante de la planta alta como un demente, porque me llegaba con sermones en tono de adulto; aunque yo, con mi carácter de evitar enfrentamientos con cualquiera, escuchaba dócilmente con expresión de cansancio o de interés.

Al parecer, el aprendiz era un hijo ilegítimo de Shibuta, aunque no se trataban como padre e hijo. Como «El lenguado» era soltero, tiene que haber tenido algún motivo para eso, según el rumor que escuché entre mis familiares. Pero a mí no me interesan en absoluto los asuntos ajenos, de modo que no me preocupé de enterarme de mucho más. Aunque, fijándose bien, los ojos del aprendiz tenían un peculiar aire de pescado, por lo que quizá las habladurías no andaban tan desencaminadas. Si fuera así, qué vida más poco animada llevaban. A veces, a altas horas de la noche y sin invitarme a mí, pedían que les llevasen soba o algún otro plato de un restaurante del vecindario, que comían en completo silencio.

En casa de «El lenguado», el aprendiz siempre preparaba la comida y, en una bandeja aparte, se la llevaba al parásito de la primera planta tres veces al día. Ellos comían en una habitación húmeda de cuatro tatami, donde sólo se escuchaba el movimiento afanoso de los palillos contra la vajilla.

Una noche de finales de marzo, sería porque había tenido ganancias inesperadas o por alguna estratagema que le pasó por la mente —pudieron haber existido muchas otras razones, que no alcanzaba ni a concebir mi imaginación—, me invitó excepcionalmente a su mesa, en la que había delicadezas tan poco habituales como sashimi[14] de atún; sorprendieron aun al propio anfitrión, quien se sintió inclinado a ofrecer hasta sake a este ocioso alojado.

—¿Qué piensas hacer de ahora en adelante? —preguntó en cierto momento.

No respondí enseguida, sino que tomé un bocado del plato de tatamiiwashi y, contemplando los ojos plateados de los pececillos, me dejé llevar por los ligeros efectos del sake. Echaba de menos los días pasados de juerga y hasta a Horiki, y deseé más que nada recuperar esa libertad; de repente, me sentí tan triste que estuve a punto de echarme a llorar.

Desde que llegué a esta casa, no había tenido ningún motivo para hacer bufonadas; tan sólo había vivido tirado sin hacer nada, ante las miradas de desprecio de «El lenguado» y el aprendiz. El hombre no parecía muy amigo de largas conversaciones, y, por mi parte, no tenía el menor deseo de irle con quejas; de forma que me limitaba a vivir de gorra con cara de estúpido.

—Parece que han suspendido la sentencia y no te causará antecedentes penales. En fin, que si quieres podrás rehacer tu vida. En caso de que te plantees algo en serio y me lo cuentes, voy a hacer lo que pueda por ayudarte.

La forma de hablar de «El lenguado», mejor dicho, de todos los humanos, era tan complicada y confusa que no había forma de saber hacia dónde iban esos extraños vericuetos. Siempre me han desconcertado esas precauciones inútiles aunque estrictas, así como las incontables pequeñas maniobras implícitas. Harto de ellas, he optado por recurrir a mis bufonadas o inclinado la cabeza en silencio con la actitud del vencido.

Años más tarde pensé que si «El lenguado» me hubiera dicho las cosas claras y simples, me hubiese ido mucho mejor. Pero su innecesaria cautela, mejor dicho, las apariencias incomprensibles de la sociedad, me obligaron a pasar por toda una serie de experiencias amargas.

Hubiese sido mucho mejor si «El lenguado» me dijera: «A partir de abril, debes comenzar el curso en una escuela, sea pública o privada. Cuando empieces a estudiar, de tu casa te enviarán una cantidad apropiada para tu sustento».

Sólo mucho después supe que, en realidad, eso era lo que esperaban de mí, y sin duda hubiera obedecido. Pero la forma cautelosa y complicada de expresarse de «El lenguado» acabó por cambiar completamente el rumbo de mi vida.

—Si no estás dispuesto a confiarme lo que piensas en serio, no iremos nada bien —dijo.

—Confiar, ¿el qué?

No tenía ni la menor idea de a qué se refería.

—Pues, lo que te preocupa, ¿no?

—¿Por ejemplo?

—¿Cómo que «por ejemplo»? Desde luego, lo que tienes intención de hacer.

—Será mejor que busque un trabajo, ¿no?

—No te digo eso. Lo que quiero saber es qué quieres hacer.

—Sí aunque quiera volver a la escuela…

—Cuesta dinero, por supuesto. Pero el problema no es el dinero sino lo que tú quieras hacer.

¿Por qué no me dijo que mi familia enviaría el dinero necesario? Con sólo hacerlo yo hubiera podido tomar enseguida la decisión de estudiar; pero se limitó a dejarme a oscuras.

—¿Qué me dices? ¿Tienes algún tipo de aspiración para el futuro? La persona a quien uno ayuda no se puede ni imaginar lo difícil que es la tarea.

—Lo siento…

—Para que lo sepas, me preocupas. Como he aceptado ocuparme de ti, no quiero verte con una actitud superficial sino con la intención firme de conseguir una existencia respetable. Si vinieras en serio para discutir tus planes para el futuro, te ayudaría en lo posible, pese a que a este pobre «Lenguado» no le sobra de nada, de modo que ni sueñes con vivir con lujos pasados. Pero si me cuentas tus intenciones, intentaré echarte una mano, aunque sea poco a poco. ¿Entendiste? Esto es lo que me parece a mí. Por lo que más quieras, ¿qué piensas hacer?

—Si no me deja estar en la habitación de la planta alta, voy a trabajar…

—¿Lo dices en serio? ¿No sabes que en estos tiempos hasta los graduados de la Universidad Imperial…?

—No me refiero a un trabajo de oficina.

—¿Entonces?

—Quiero ser pintor —dije con la mayor convicción.

—¿Cómo?

Nunca olvidaré la expresión de «El lenguado», riéndose con el cuello inclinado a un lado y una sombra de astucia en el rostro. Parecía desprecio; pero no, era diferente. En el mundo, igual que en el mar, existían lugares de profundidad inmensa, y esa sombra extraña quizá se pudiera descubrir en su fondo. Y esa risa me mostró hasta el fondo lo más bajo de la existencia de los adultos.

Me dijo que no servía de nada hablar sobre el asunto, que mi actitud no era firme en absoluto y que me pasara la noche reflexionando. De modo que, como si me persiguieran, me refugié en mi habitación y me acosté, aunque no se me ocurrió en qué reflexionar. Al amanecer me marché de casa de «El lenguado».

«Volveré sin falta por la noche. Voy a casa de un amigo, cuya dirección incluyo, para discutir mis planes para el futuro. Le ruego que no se preocupe en absoluto», dejé escrito en un papel con grandes caracteres a lápiz. Entonces anoté la dirección de Masao Horiki en Asakusa y me fui sigilosamente.

No es que me marchase martirizado por el sermón de «El lenguado». De hecho, tal como decía él, mi actitud era superficial y no tenía la menor idea de qué hacer de ahí en adelante. Además, me daba pena ser un parásito en su casa y, en el caso poco probable de que tuviera alguna inspiración, le tocaría al pobre «El lenguado» aportar el capital para rehacer mi vida.

Sin embargo, cuando me marché de su casa no tenía la menor intención de ir a consultar sobre «mis planes futuros» a gente de la ralea de Horiki. Lo había dicho para tranquilizar a «El lenguado». No escribí la nota para conseguir tiempo para huir lo más lejos posible, como si de una novela de detectives se tratara —aunque un poco de eso había—, sino que sería más exacto decir que temía el alboroto que se organizaría con el susto que le iba a dar. Por supuesto, tenía claro que acabaría por descubrirse la verdad, pero era una lamentable parte de mi carácter el adornarla de algún modo. Esto ha causado que en la sociedad me despreciaran como a un mentiroso; no obstante, no actué en beneficio propio sino que temía estropear el ambiente y, aunque supiese que esto me acabaría perjudicando, no podía controlar mi inclinación desesperada a complacer a la gente. Este comportamiento, repetido innumerables veces, podría interpretarse como un síntoma de mi debilidad y estupidez, pero las personas «honradas» de la sociedad se aprovecharon considerablemente de él. Fue por eso que entonces me surgió del fondo de la memoria el nombre y el domicilio de Horiki.

Tras dejar la casa de «El lenguado», caminé hasta Shinjuku, vendí unos libros que llevaba en los bolsillos y, tal como era de esperar, me quedé sin saber qué hacer. Pese a que siempre he sido amable con los demás, nunca he experimentado la sensación de amistad. Excepto en el caso de compañeros de diversión como Horiki, no tengo más que recuerdos amargos de mis relaciones; y para librarme de ellas me dediqué a hacer el bufón con toda mi alma, lo que me consumió las fuerzas. Si llego a encontrarme con un rostro conocido, o que le guarde cierta semejanza, tengo un tremendo sobresalto y me entra tal sensación de pánico que, durante unos momentos, me siento totalmente mareado. Sé que le caigo bien a la gente, pero imagino que carezco de la facultad de querer a los demás. Aunque, en el caso de los demás, me pregunto hasta qué punto son capaces de hacerlo. Siendo de este modo, no me extraña que no fuera capaz de sentir una profunda amistad; para colmo, incluso no tenía ni la habilidad para «hacer visitas». El portal de entrada de una casa ajena me producía una sensación peor que las puertas del infierno; y no es una exageración decir que tras el portal adivinaba el hedor de un horrible dragón. No tenía amigos ni tampoco a dónde ir. Entonces pensé en Horiki.

Lo dicho en broma se convirtió en realidad. Tal como había dejado escrito en esa nota, decidí visitar a Horiki en Asakusa. Nunca había estado en su casa porque siempre que había querido verlo lo invitaba a la mía por telegrama. Pero, en mis actuales circunstancias, hasta el coste de un telegrama era mucho y, por otra parte, no tenía la seguridad de que Horiki respondiera a mi llamada. Pese a mi nula habilidad para hacer visitas, tomé el tranvía entre suspiros con la conciencia de que él era mi última esperanza, lo que me atemorizaba hasta el punto de causarme una sensación de frío en la espalda.

Horiki estaba en casa. Moraba en una vivienda de dos plantas en una sucia callejuela; la habitación de Horiki, de seis tatami, se encontraba en la planta alta, mientras que en la baja vivían su anciana madre y un artesano que fabricaba correas para sandalias de madera.

Ese día Horiki me mostró una nueva faceta de su vida de habitante de la capital. Era de un egoísmo astuto y frío que hizo abrir los ojos de asombro a un provinciano como yo. Era muy distinto a mí, que me dejaba llevar por la corriente.

—¡Vaya sorpresa verte! ¿Ya te ha perdonado tu padre? ¿Todavía no?

No pude decirle que me había escapado. Intenté disimular, tal como era mi costumbre. Pero estaba seguro de que pronto Horiki se daría cuenta de lo acontecido.

—Eso ya se arreglará.

—Oye, no es para tomárselo a risa. Hazme caso, debes parar ahora mismo de hacer tonterías. Me vas a tener que disculpar, pero hoy tengo cosas que hacer. Últimamente estoy bastante ocupado.

—¿Ocupado? ¿Con qué?

—Eh, eh, no arranques el hilo del cojín.

Mientras hablaba, sin darme cuenta había estado jugueteando con uno de los cordones que remataban cada esquina del cojín, dándole algún tirón. Sin el menor embarazo y lanzándome miradas furibundas, Horiki mostraba hacia los objetos de su casa una posesividad que alcanzaba hasta los cordones del cojín. Pensándolo después, a Horiki no le había costado ni un céntimo el divertirse conmigo.

Su anciana madre apareció con dos platitos de jalea en una bandeja.

—¿Eh, qué nos traes? —dijo Horiki con afecto filial, haciendo el papel de un hijo modelo y hablando en un lenguaje tan respetuoso que me parecía muy extraño en él

—. ¿Jalea? ¡Qué maravilla! Por favor, no debías haberte tomado la molestia. Voy a salir pronto. Pero, bueno, ya que se trata de la jalea que preparas tan bien, seria una lástima dejarla —y dirigiéndose a mí—. Anda, sírvete. Mi madre la ha preparado.

¡Qué sabrosa! ¡Ya verás que es una delicia!

No parecía estar haciendo comedia mientras se la comía contentísimo con el mayor deleite. La probé, pero era desabrida y cuando llegué a la torta glutinosa de arroz del fondo, no era torta sino algo que no podía identificar. No es que despreciara su pobreza, ni mucho menos. Entonces no me pareció tan mala la jalea y me conmovió la amabilidad de su madre. Pese a que temía la pobreza, no creo que nunca la llegase a menospreciar.

Viendo la alegría con que Horiki se comía su jalea, me di cuenta de la frugalidad de la gente urbana y de la enorme diferencia entre su vida en casa y fuera. Por mi parte, cual idiota en perpetua huida de la sociedad humana, no diferenciaba ambas, de modo que me dio la impresión de que hasta Horiki me había dejado de lado. Mientras comía la jalea con unos palillos de laca descascarillada, me invadió una insoportable tristeza.

—Perdona, pero hoy tengo cosas que hacer —dijo Horiki levantándose y poniéndose la chaqueta—. Con tu permiso, me marcho.

Entonces llegó una visitante, y eso cambió por completo mi fortuna. Horiki pareció muy animado de repente.

—Pensaba ir a verte, pero él llegó sin avisar. No, qué va, no molestas en absoluto… Pasa, por favor.

Se apresuró a ofrecerle mi cojín, y al entregárselo le di la vuelta; pero él lo giró de nuevo antes de ofrecérselo a la mujer. Además del cojín de Horiki, en la habitación había tan sólo uno para visitantes.

La mujer era delgada y alta. Dejando el cojín a un lado, se sentó sobre los talones en la esquina próxima a la entrada. Me quedé escuchando abstraídamente la conversación entre ambos. Al parecer, ella era empleada de una revista y había venido a recoger una ilustración que le había encargado.

—Acontece que estamos con un poco de prisa…

—Ya está lista. La terminé con tiempo. Aquí está.

Entonces llegó un telegrama. Mientras lo leía, el buen humor en el rostro de Horiki desapareció.

—¡Eh!, ¿se puede saber qué ha pasado? —me dijo. Era un telegrama de «El lenguado».

—Bueno, debes volver enseguida. Tendría que acompañarte a casa yo mismo, pero no tengo tiempo. ¿Cómo puedes andar tan tranquilo después de haberte escapado de casa?

—¿Dónde vives? —me preguntó la mujer.

—En Okubo —repuse espontáneamente.

—Entonces es cerca de mi oficina.

La mujer había nacido en Koshu y tenía veintiocho años. Hacía tres que se había quedado viuda y vivía en un apartamento en Koenji con su hija de cinco años.

—Parece que hayas tenido una niñez muy dura. Me he dado cuenta enseguida,

¡pobrecillo!

Desde ese día me convertí en un hombre que vivía de una mujer. Cuando Shizuko

—así es como se llamaba aquella periodista— salía a trabajar a la oficina de su revista en Shinjuku, su hija de cinco años y yo nos quedábamos dócilmente en casa. Hasta que yo llegara, Shigeko se había quedado jugando en casa del administrador de los apartamentos, por lo que estuvo muy contenta de contar con la compañía de un «tío».

Pasé una semana abstraído en ese modo de vida. Por la ventana se veía una cometa atrapada entre los cables eléctricos, azotada y rasgada por el viento polvoriento de primavera; y aún así parecía aferrarse a los cables, agitándose como en movimientos afirmativos. Cada vez que la veía no podía evitar sonrojarme con una sonrisa amarga. Incluso se me aparecía entre sueños.

—Quiero dinero…

—¿Cuánto?

—Bastante. Cuando dicen que el fin del dinero es el fin del amor, tienen toda la razón.

—¡Vaya tontería! Cómo se te ocurren esos proverbios anticuados…

—¿Ah, sí? Tú no lo entiendes. Si sigo así, quizá termine marchándome.

—¿De verdad? ¿Quién te crees que está más necesitado? ¿Y quién se va a marchar? Déjate de bobadas…

—Quiero ganarme la vida y tener con qué comprarme sake y tabaco. Para que lo sepas, yo me considero más hábil dibujando que ese Horiki.

Entonces recordé mis autorretratos durante la escuela secundaria, aquellos que Takeichi calificó de «fantasmas». Obras maestras perdidas para siempre. Habían desaparecido en alguno de mis traslados, pero tenía la idea de que aquellas sí que eran pinturas que valían la pena. Después hice otras muchas, pero siempre sentí que se encontraban muy, muy por debajo, dejando mi alma vacía una y otra vez.

La copa de absenta nunca apurada. Este sentido de pérdida que jamás me abandonaría comenzó a tomar forma paulatinamente. Cada vez que hablaba de pintura, surgía ante mi vista la copa de absenta nunca apurada. «¡Cómo me gustaría mostrarle esas pinturas!», me decía con impaciencia, pensando que si las viera por fin creería en mi talento.

—¡No me digas! Cuando haces bromas con tanta seriedad eres de lo más gracioso.

Por supuesto, no era broma. Era la verdad. Si sólo le hubiera podido mostrar mis pinturas. Pero me resigné y, cambiando de ánimo, le dije:

—Me refiero a tiras cómicas. Seguro que en esto soy mejor que Horiki, por lo menos.

Estas palabras, una bufonada más, se las tomó sorprendentemente en serio.

—Es cierto. Quedé impresionada al ver las historietas que siempre dibujas para Shigeko; hasta a mí me hicieron reír. ¿Qué te parece si lo intentas? Puedo proponérselo al editor jefe de mi revista.

Su empresa publicaba también una revista mensual infantil, no muy conocida.

«Sólo con verte, a cualquier mujer le entran deseos irreprimibles de hacer algo por ti...». «Pese a que siempre eres tan tímido, resultas de lo más gracioso...».

«Aunque a veces pareces tan solo y deprimido, así todavía te ganas más el corazón de las mujeres...». Shizuko me halagaba con estos y otros comentarios que yo, como correspondía a un hombre mantenido, aceptaba con docilidad.

Cuando pensaba en mi situación me sentía hundido, sabiendo que para recuperar la vitalidad más que una mujer me hacía falta dinero. Quería huir de Shizuko y ganarme la vida. Pero cuanto más pensaba en esto más dependiente me volvía de ella. Esta mujer fuerte de la región de Shinshu se ocupaba de todo, empezando por los trámites para resolver mi huida de casa, lo que causó que acabase adoptando una actitud de mayor timidez todavía.

Gracias a las gestiones de Shizuko, se organizó un encuentro entre ella, «El lenguado» y Horiki, decidiéndose que se cortaban las relaciones con mi familia y que viviría con ella. También por su intervención, mis tiras cómicas comenzaron a producir más dinero del que podía esperar; por fin pude comprar mi sake y mi tabaco, pero cada vez me sentía más desamparado y solitario. Sentía hundirme más y más. Cuando dibujaba la tira cómica en serie Las aventuras de Kinta y Ota, me acordaba de repente de mi casa natal y me entraba tal tristeza que mi pluma se resistía a moverse y, con la cabeza gacha, no podía contener las lágrimas.

En esas ocasiones, Shigeko me ayudaba. Para entonces, ya me llamaba «papá» como si fuera lo más natural del mundo.

—Papá, ¿es cierto que si rezo Dios me concederá lo que le pida?

Entonces se me ocurrió que yo podría hacer una plegaria así: «Dame, por favor, una voluntad gélida. Muéstrame la naturaleza del ser humano. ¿No es un pecado que las personas vivan rechazándose unas a otras? Concédeme, por favor, una máscara de ira».

—Claro. Dios concederá a Shigechan todo lo que quiera, pero a papá quizá no.

Hasta Dios me daba miedo. No podía creer en su amor, sino sólo en su castigo. La fe… Me parecía que eso equivalía a colocarse ante un tribunal, dispuesto a recibir el castigo divino. Creía en el infierno, pero me costaba mucho creer en el cielo.

—¿Por qué a ti no?

—Porque no obedecí a mis padres.

—Pero todos dicen que papá es muy buena persona…

Porque los engañaba. Era cierto que toda la gente en este pequeño edificio de apartamentos era amable conmigo, pero no podía explicar a Shigeko el miedo que me inspiraban todos, ni cómo cuanto más les temiera más bien les caía, y que su amabilidad sólo aumentaba mi temor, lo que me empujaba a huir de todos.

—Dime, Shigechan, ¿qué quieres que Dios te conceda? —le pregunté despreocupado.

—Quiero que vuelva mi verdadero papá.

Me dio un vuelco el corazón y me sentí mareado. Un enemigo… ¿Era yo el enemigo de Shigeko, o ella era el mío? En todo caso, aquí tenía a un adulto para aterrorizarme. Un extraño, un extraño incomprensible, un extraño lleno de secretos… De pronto, así se me apareció el rostro de Shigeko. Me había engañado pensando en que Shigeko era diferente, pero no. También ella era como la vaca que da un latigazo fulminante e inesperado con la cola para matar a un tábano. Entonces supe que, a partir de ese momento, debería ser tímido incluso con aquella niña.

—¡Eh! ¿Está el sátiro en casa?

Era Horiki, que había decidido visitarme de nuevo. Pese a que me había tratado con tanta frialdad el día que me marché de casa, no podía rechazarlo y salí a recibirlo con una leve sonrisa.

—Ya he visto que tus tiras cómicas se han vuelto muy populares, ¿no? No hay nada que hacer contra los aficionados; no tienen miedo a nada. Pero no te confíes. Tus dibujos todavía no valen mucho.

Tuvo la desfachatez de hablarme en tono de maestro. Pensé en la cara que pondría si le mostrara mis pinturas de «fantasmas».

—No digas eso, que se me escapan los lamentos —repuse, revolviéndome en el vacío tal como era mi costumbre.

Horiki parecía más satisfecho todavía.

—No tienes más talento que el justo para salir adelante. Tarde o temprano quedarás en evidencia.

El talento para salir adelante… No podía más que mostrar una sonrisa amarga.

¡Tener yo el talento para seguir adelante! Alguien como yo, que tenía miedo a los seres humanos y les esquivaba y engañaba, podía en la superficie ser como el que cree en proverbios como «El dios desconocido no castiga». ¿Será posible que los seres humanos no se comprendan? ¿Que dos amigos se equivoquen por completo al juzgarse el uno al otro? Después de haber pasado una vida entera sin darse cuenta de la verdad, se percatan de su error y lloran al leer sobre la muerte del otro en el periódico.

Horiki contribuyó a resolver todo el asunto de mi huida, aunque sólo de mal grado y porque se lo pidió con insistencia Shizuko; y ahora se comportaba como si le debiese haber tenido una segunda oportunidad en la vida o me hubiera arreglado el casamiento. De cuando en cuando, se dedicaba a soltarme algún sermón con expresión grave. Algunas veces se presentaba en plena noche completamente bebido y se quedaba a dormir, y otras venía a pedirme prestados cinco yenes. Siempre esa cantidad exacta.

«Debes parar de divertirte con mujeres; la sociedad no te lo va a permitir…», me aconsejó. ¿Y qué diablos era esta «sociedad»? ¿Acaso el plural de «seres humanos»?

¿Cuál era la esencia de eso llamado «sociedad»? Había vivido en esta sociedad a la que siempre había tenido por poderosa, severa, temible… Pero al escuchar las palabras de Horiki tuve en la punta de la lengua la pregunta: «¿Con lo de "sociedad", te estás refiriendo a ti mismo?». Sin embargo, no quería hacerle enojar, de modo que me quedé callado.

«La sociedad no te lo va a permitir. Pero no es la sociedad, ¿acaso no serás tú? Si te comportas así, la sociedad te va a castigar. Mas no será la sociedad, serás tú,

¿verdad? La sociedad te enterrará en el olvido. No la sociedad, tú lo harás».

Me vinieron a la mente pensamientos como «¡Conoce tu propia vileza, astucia y malas artes!». Pero me limité a secarme el sudor del rostro con un pañuelo y dije sonriendo:

—Mira, ¡sudor frío! ¡Sudor frío!

A partir de entonces me convencí de que la llamada sociedad es el individuo. Y con esta idea, fui capaz de comportarme más de acuerdo con mi propia voluntad. Según Shizuko, me volví un poco caprichoso y perdí la timidez; Horiki opinó que me había poseído una extraña tacañería; y a Shigeko le daba la impresión de que no la trataba con tanto cariño como antes.

En silencio y sin una sonrisa, me pasaba los días cuidando de Shigeko y dibujando historias de Las aventuras de Kinta y Ota, El monje optimista o El atolondrado Pin, que ni yo mismo comprendía, y se publicaban en las revistas de mala muerte que me las encargaban. Además de la revista de Shizuko, me habían pedido trabajo otras, a cual peor.

Dibujaba con un ánimo sombrío y muy lentamente, sólo para ganar con qué comprar sake. Cuando Shizuko regresaba del trabajo para reemplazarme en el cuidado de la niña, salía disparado hacia la estación de Koenji, donde había unos bares donde servían bebida barata y fuerte. Al cabo de un rato, ya más animado, volvía al apartamento.

—Cuanto más te miro más rara me parece tu cara —le dije un día a Shizuko—. ¿Sabes una cosa? El monje optimista se me ocurrió al verte durmiendo.

—Pues mira, tu cara al dormir parece de lo más envejecida. Aparentas cuarenta años, por lo menos.

—Es culpa tuya. Tú has absorbido mi vitalidad. El hombre es como una corriente de agua. ¿Para qué inquietarse? Un sauce a la orilla del río...

—Déjate de charlas y vete a dormir. ¿O vas a cenar? —dijo tan tranquila, sin tomarme en serio.

—Si hubiera sake, lo tomaría con mucho gusto. El hombre es como una corriente de agua... La corriente del hombre... ¡no, no!... El agua corre, la vida corre...

Mientras yo canturreaba, Shizuko me había desvestido y yo me quedé dormido con la cabeza apoyada en su pecho. Cada día terminaba igual.

Y mañana, vuelta a empezar
cumpliendo la misma regla que la víspera,
huyendo de grandes alegrías y pesares,
como un sapo que evita una piedra en el camino...

Cuando leí por primera vez la traducción de este poema de un tal Guy Charles Cros, me sonrojé violentamente pese a encontrarme solo. Un sapo. Eso era yo. Lo de menos era que la sociedad me aceptara o no, que me enterrara en el olvido o no. Era un animal inferior a un perro o un gato. Un sapo. Lo único que hacía era moverme lentamente.

Cada vez bebía más. Ya no me limitaba a las cercanías de la estación de Koenji, sino que iba hasta Shinjuku o Ginza. Algunas noches no regresaba a casa. A propósito, hacía cualquier cosa contraria a lo convencional, besaba indiscriminadamente a las camareras de los bares, y bebía de una forma mucho más salvaje que antes del intento de suicidio. Como necesitaba más dinero del que ganaba me dediqué a empeñar los kimonos de Shizuko.

Había pasado un año desde que sonreí tristemente al ver la cometa rota atrapada entre los cables. Estaban a punto de salir las hojas de los cerezos cuando llevé las fajas de kimono y los kimonos interiores de Shizuko a la casa de empeños. Con el dinero que me dieron me fui directo a Ginza y me pasé dos días sin volver a casa. A la tercera noche me entró cierto arrepentimiento, volví al apartamento y entré sigilosamente. Al llegar ante la puerta del dormitorio de Shizuko, oí que madre e hija conversaban.

—¿Por qué bebe sake?

—Papá no bebe porque le guste. Lo hace porque es demasiado bueno…

—Entonces, ¿todas las personas buenas beben?

—No necesariamente, pero…

—Seguro que papá tendrá una sorpresa.

—Pero quizá no le guste. ¡Anda! ¡Se ha escapado de la caja!

—Se parece a El atolondrado Pin.

—Es verdad.

Oí que Shizuko se reía suavemente, como si estuviera contenta. Abrí la puerta en silencio y eché una mirada: había un conejito blanco correteando por toda la habitación, y ambas lo estaban persiguiendo.

«Las dos viven felices», pensé. «He sido un idiota metiéndome entre ellas y causándoles sinsabores. ¡Qué humilde felicidad la suya! Son buenas… Dios mío, si puedes escuchar la plegaria de alguien como yo, concédeme la felicidad, aunque sea una sola vez en la vida». Sentí el impulso de ponerme de rodillas y juntar las manos. Cerré la puerta con cuidado y me marché de nuevo a Ginza, para nunca más regresar a esa casa.

Mi segunda experiencia como hombre mantenido tuvo lugar en la planta alta de un bar cerca de la estación de Kyobashi, donde me dediqué a holgazanear.

La sociedad. Para entonces hasta yo estaba empezando a tener una ligera idea de qué se trataba. O sea, una lucha entre individuos. Y una lucha que el ganarla lo supone todo. El ser humano no obedece a nadie. Hasta los esclavos llevan a cabo entre ellos mismos sus venganzas mezquinas. Los seres humanos no pueden relacionarse más allá de la rivalidad entre ganar y perder. A pesar de que colocan a sus esfuerzos etiquetas con nombres grandilocuentes, al final su objetivo es exclusivamente individual y, una vez logrado, de nuevo sólo queda el individuo. La incomprensibilidad de la sociedad es la del individuo. Y el océano no es la sociedad sino los individuos que la forman. Y yo, que vivía atemorizado por el océano llamado «sociedad», logré liberarme de ese miedo. Aprendí a actuar de una forma descarada, olvidándome de mis interminables preocupaciones, respondiendo a las necesidades inmediatas.

«Me separé», dije tan sólo. Pero eso fue suficiente. Yo había decidido la vencedora y la vencida. A partir de esa noche me instalé sin cumplimientos en la primera planta, encima del bar. Además, la sociedad que se suponía me iba a castigar no me hizo el menor daño y, desde luego, yo no ofrecí ninguna explicación. Como la patrona no puso ningún inconveniente, todo iba a pedir de boca.

En el bar me trataban como a un cliente, al dueño, al mozo de los recados o a un pariente de la patrona; lo cierto es que debía haber dado la impresión de una existencia enigmática, pero la «sociedad» no parecía encontrar en mí nada sospechoso. Es más, los clientes habituales me llamaban «Yochan» con una amabilidad espantosa y me invitaban a tomar algo.

Poco a poco, deje atrás mi actitud cautelosa hacia el mundo. Incluso llegué a convencerme de que no era un lugar tan horrible. Mi terror pasó a confundirse con el que sentía por los cientos de miles de microbios que esparce una tos, los que amenazan los ojos en los baños públicos o los que infectan las barberías causando calvicie, la sarna que pulula en las correas de los tranvías, quizá las larvas de insectos o huevos de la solitaria que se ocultan en el pescado crudo y la carne mal cocida, o el caminar descalzo a riesgo de pisar un vidrio y que la astilla circule por mi cuerpo hasta alcanzar el ojo y dejarme ciego, según cuentan por ahí las «supersticiones científicas». Por supuesto, imaginaba que era cierto eso de que había cientos de miles de bacterias flotando y nadando por todas partes. Pero, al mismo tiempo, me di cuenta de que si no les hiciera el menor caso, se rompería cualquier relación con ellas y entonces no serían para mí más que «fantasmas científicos». Me atemorizaron tanto con las estadísticas —si dejaba en mi fiambrera del almuerzo tres granos de arroz, y cada día diez millones de personas hicieran lo mismo, cuántos sacos de arroz se despilfarrarían; y también que si cada día estos diez millones de personas gastaran un pañuelo de papel menos, la cantidad de pulpa que se ahorraría— que cuando me dejaba un grano de arroz o me sonaba sentía que contribuía al desperdicio de montañas de arroz o de pulpa y me invadía una angustia como si hubiese cometido un horrible delito. Pero todo esto son mentiras de la ciencia, la estadística y las matemáticas, ya que no es posible ir recogiendo el arroz de tres en tres granos. En el caso de las multiplicaciones y divisiones, que son problemas de lo más simple, se dedican a calcular las probabilidades de que alguien entre al servicio con la luz apagada y tropiece con la taza y se caiga, o de que un pasajero ponga el pie en el espacio entre el vagón del metro y el andén, entre otras tonterías. Por supuesto, todo puede acontecer, pero nunca he oído de nadie herido por haber puesto el pie en la taza del inodoro. Me dio pena de mí mismo recordar que hasta poco tiempo atrás, cuando me enseñaron estos «hechos científicos», me los creí ciegamente y me atemorizaron.

Me entraron ganas de reír con sólo pensar cómo iba conociendo poco a poco de qué se trataba el mundo.

Pese a todo, los seres humanos me inspiraban temor; y no podía encontrarme con los clientes del bar sin haberme tomado un vaso de sake. Tenía miedo y, no obstante, iba al bar, igual que un niño que tiene un poco de miedo a su mascota y, por eso, la aprieta con más fuerza entre sus manos. Bajo los efectos del alcohol, me acostumbré a prodigar ante los clientes torpes teorías sobre el arte.

Un dibujante de historietas anónimo, que no conocía ni grandes alegrías ni grandes tristezas. Deseaba que me llegara alguna inmensa felicidad, aunque después le siguiera la desgracia más profunda; pero entonces mi único placer era charlar trivialidades con los clientes y beberme su sake.

Ya llevaba un año en esta fútil vida en Kyobashi. Mis historietas ya no sólo se limitaban a revistas infantiles sino que también aparecían en publicaciones obscenas que vendían en los kioscos de las estaciones. Bajo el absurdo seudónimo de Ikita Joshi, dibujaba desnudos lascivos a los que añadía versos del Rubaiyat.

Sin embargo, en aquella época una doncella se empeñó en que dejara de beber.

«No puede ser que beba desde la mañana día tras día», decía. Era una muchacha de unos diecisiete o dieciocho años que trabajaba en un pequeño estanco frente al bar. Yoshichan era pálida y tenía los dientes mal alineados. Cada vez que iba a comprar tabaco me sonreía y me repetía el consejo.

—¿Qué tiene de malo? «Bebe, que es el tiempo enemigo implacable y no es fácil que goces de otro día tan tuyo». Muchos años atrás hubo un poeta persa… Bueno, dejémoslo. «En el corazón exhausto por las penas, renacerá la esperanza con la leve ebriedad que trae el cáliz…». ¿Entendiste?

—No entendí nada.

—¡Qué chica! Te voy a besar.

—Adelante —dijo, sin enfadarse lo más mínimo, sacando el labio inferior.

—Vaya con la niña tonta y su casta resignación…

Pero algo en la expresión de Yoshichan indicaba que era virgen, todavía no mancillada por nadie.

Cierta noche de frío terrible poco después del Año Nuevo, salí considerablemente bebido a comprar tabaco y, justo frente al estanco, me caí dentro de una alcantarilla.

«¡Yoshichan, ayúdame!», grité. Ella me sacó de allí y me curó el brazo derecho.

—Bebes demasiado —sentenció con sentimiento y sin una sonrisa.

No me importa morir, pero no quiero ni pensar en lo que puede ser quedarse inválido. Mientras Yoshichan me curaba, se me ocurrió que podía dejar de beber.

—No voy a tomar más. A partir de mañana no probaré ni una gota.

—¿En serio?

—De verdad, lo dejo. Pero, si cumplo mi propósito, ¿te querrás casar conmigo?

—dije, aunque lo de hacerla mi esposa era en broma.

—Por supu.

Por supu significaba «por supuesto»; una de las frecuentes abreviaciones que estaban de moda entre los jóvenes.

—Muy bien. Vamos a enlazar los meñiques para prometerlo. Dejo la bebida, de verdad.

Al día siguiente, al mediodía, ya estaba bebiendo. Cuando al atardecer salí con paso inseguro, me quedé de pie ante el estanco.

—Perdona, Yoshichan. He estado bebiendo.

—¡No puede ser! Seguro que finges estar bebido —dijo sobresaltada. Su actitud me despejó en el acto.

—He bebido, de verdad. No estoy fingiendo en absoluto.

—No te burles de mí. ¡Mira que eres malo! —dijo sin sospechar nada.

—Salta a la vista. He estado bebiendo desde mediodía. Perdóname.

—¡Qué bien haces comedia!

—No es comedia. ¡Qué tonta eres! Te voy a besar.

—Adelante.

—No, no tengo derecho. Voy a tener que sacarme de la cabeza el casarme contigo. Mírame la cara, estoy rojo, ¿verdad? Porque he estado bebiendo.

—Pareces rojo por la luz del atardecer. No trates de engañarme. ¿No intercambiamos promesas ayer? Entonces, no puede ser que hayas bebido. Entrelazamos los meñiques, ¿verdad? Por lo tanto, eso de que bebiste es falso, falso, falso.

El rostro pálido de Yoshichan, sentada en la mal iluminada tienda, me pareció venerable como el de una virgen. Hasta entonces, nunca me había acostado con una mujer más joven y, además, virgen. Quise casarme con ella, conocer una felicidad inmensa aunque después llegara un enorme sufrimiento. Había pensado que la belleza de la virginidad no se trataba más que de ilusiones dulzonas y sentimentales de los poetas, pero lo cierto es que existía en este mundo. Nos casaríamos y, al llegar la primavera, saldríamos en bicicleta para ver las cascadas entre las hojas nuevas. Lo decidí en el acto, era cuestión de ganar o perder, y yo me propuse robar esa flor.

Al cabo de un tiempo nos casamos. No experimentamos esa felicidad inmensa, aunque decir que el sufrimiento que vino después fue horrible es quedarse corto, ya que alcanzó extremos inimaginables. En realidad, el mundo continuaba siendo para mí un lugar de horror insondable. No se trataba de un lugar fácil en el que todo se decidiera simplemente entre ganar o perder.

Tercer cuaderno de notas Segunda parte

Horiki y yo. Nos relacionábamos despreciándonos mutuamente y volviéndonos cada vez más triviales; si esto es lo que el mundo llama «amistad», entonces no hay duda de que éramos amigos.

Por mi parte, me aferraba a la magnanimidad de la dueña del bar de Kyobashi. Parece un poco extraño hablar de magnanimidad en una mujer, pero según mi experiencia, por lo menos en Tokio, las mujeres poseen esta cualidad en mucho mayor grado que los hombres. Por lo general, los hombres son mezquinos y temerosos de las apariencias.

Cuando llegó la hora de casarme con la muchacha del estanco, gracias a la dueña del bar pude alquilar una habitación en un edificio de apartamentos de madera de dos plantas en Tsukiji, cerca del río Sumida. Dejé por completo la bebida y me dediqué de lleno a mi trabajo de dibujar historietas. Después de cenar, salíamos los dos al cine y luego tomábamos algo en una cafetería o comprábamos alguna maceta con flores. Pero más que esto me gustaba escuchar lo que decía u observar el comportamiento de esta joven esposa que confiaba en mí totalmente. Llegó a calentárseme el corazón con los dulces pensamientos de que quizá, poco a poco, me convirtiera en un ser humano normal y no tuviera que morir de una forma trágica. Entonces apareció de nuevo Horiki.

—¡Hola, seductor! ¿Eh? ¿Qué es esta expresión de prudencia? He venido a traerte un recado de la Koenji —comenzó, aunque de repente bajó la voz. Señaló con la barbilla a Yoshiko, que estaba preparando el té en la cocina, como preguntando:

«¿Puedo hablar?».

—No te preocupes. Puedes decirme lo que sea —repuse de lo más tranquilo.

Se podía decir que Yoshiko era un genio de la confianza. Pese a que le conté sobre la patraña del bar de Kyobashi y sobre lo acontecido en Kamakura con Tsuneko, no le dio mayor importancia. No es que yo fuese un hábil mentiroso; es más, pese a que a veces le contaba las cosas sin tapujos, parecía que se las tomase a broma.

—Como siempre, derrochando aplomo. No es nada importante; sólo me encargó que te dijera que la visites de vez en cuando.

El pájaro de mal agüero se había acercado batiendo sus alas y abriendo las heridas de la memoria con el pico. Enseguida se mostraron ante mis ojos todas y cada una de las vergüenzas y culpas pasadas; sentí un miedo tal que casi grité. Ya no podía quedarme sentado.

—¿Tomamos un trago? —propuse.

—Bueno —aceptó Horiki.

Yo y Horiki. Incluso podíamos haber parecido dos seres humanos iguales a los demás. Aunque, por supuesto, sólo mientras íbamos de un lado a otro tomando sake barato. Al mirarnos a la cara, en un abrir y cerrar de ojos nos transformábamos en dos perros de idéntica forma e igual pelaje que salían a deambular por las calles cubiertas de nieve recién caída.

A partir de ese día, se volvió a avivar nuestra amistad. Comenzamos a ir juntos al pequeño bar de Kyobashi y, poco después, ya nos presentábamos de vez en cuando borrachos como unas cubas en el apartamento de Shizuko, en Koenji, y ni se nos ocurría volver a casa a dormir.

Nunca olvidaré cierta noche de verano calurosa y húmeda. Horiki se presentó hacia el atardecer en mi casa, ataviado con un kimono de algodón muy raído, contándome que, debido a un apuro, se había visto obligado a empeñar su traje de verano y le daba pena que su madre se enterase, de modo que necesitaba dinero para redimirlo.

Por desgracia, en mi casa no había un céntimo. Pero, tal como acostumbraba a hacer, le pedí a Yoshiko que llevase algunos de sus kimonos a la casa de empeños. Le entregué el dinero necesario a Horiki y, como había sobrado un poco, la envié a que comprara shotchu. Para celebrar nuestra miserable fiesta, subimos al tejado de la casa, donde de vez en cuando llegaban soplos de viento con olor a cloaca del rio Sumida.

Nos pusimos a jugar a adivinar nombres cómicos y trágicos. Este entretenimiento, que yo mismo inventé, estaba basado en la idea de que, al mismo tiempo que los nombres se dividían en masculinos, femeninos y neutros, también se podían clasificar en cómicos y trágicos. Por ejemplo, el barco y la locomotora de vapor eran nombres trágicos, mientras que el tranvía y el autobús eran cómicos. Las personas que no entendiesen la razón no estaban capacitadas para discutir sobre arte; y el guionista de teatro que incluyese tan sólo un nombre trágico en una comedia, sólo por esto ya se podía considerar un fracasado. Lo mismo ocurriría en sentido inverso para un autor de tragedias.

—¿Estás listo? ¿El tabaco? —pregunté.

—Trágico —repuso Horiki en el acto.

—¿Y los medicamentos?

—¿En polvo o en tabletas?

—Las inyecciones.

—Trágicas.

—No sé… También hay inyecciones de hormonas.

—Trágicas, sin lugar a dudas. ¿No son las agujas de lo más trágico?

—Bueno, tú ganas. Pero ¿no te parece sorprendente que las medicinas y los médicos sean cómicos? ¿Y la muerte?

—Cómica. Tanto en el caso del cristianismo como del budismo.

—¡Muy bien! Entonces, la vida es trágica.

—No, también es cómica.

—No puede ser. A este paso todo va a ser cómico. Bueno, te preguntaré uno más,

¿y los dibujantes de historietas? No dirás que son trágicos, ¿verdad?

—Trágicos, trágicos. Es un nombre muy trágico.

—¿Qué dices? ¡Tú sí que eres trágico a más no poder!

Habíamos llegado a estos absurdos juegos de palabras sin ninguna gracia, pero estábamos muy satisfechos con una diversión tan refinada, desconocida en los salones sociales del mundo.

También había inventado un entretenimiento parecido. Era el adivinar antónimos.

El antónimo de negro es blanco; pero el de blanco es rojo; y el de rojo, negro.

—¿Cuál es el antónimo de flor?

—Hmmm… Como había un restaurante llamado Hanatsuki, será luna, ¿no?

—No, esto no es un antónimo; más bien se trata de un sinónimo. ¿No ocurre lo mismo con estrella y violeta? Son sinónimos, no antónimos.

—Ya veo. Entonces, la abeja.

—¿La abeja?

—En las peonías… ¿No hay hormigas?

—No, esto es el tema de una pintura. ¡Déjate de subterfugios!

—¡Ya está! Una masa de nubes sobre las flores…

—Querrás decir sobre la luna…

—Eso, eso. Las flores al viento. Es el viento. El antónimo de las flores es el viento.

—No vamos bien. Esto parece salido de una balada naniwabushi. Se nota de donde vienes.

—Bien, entonces un laúd.

—Peor aún. Para encontrar el antónimo de flor… debes buscar lo más distinto a una flor que haya en el mundo.

—A ver… Espera. ¡Una mujer!

—Entonces, ¿cuál es el antónimo de mujer?

—Entrañas.

—No tienes mucho sentido poético, ¿eh? Bueno, ¿y el antónimo de entrañas?

—Leche de vaca.

—Esta estuvo bien. Probemos una vez más. ¿Cuál es el antónimo de vergüenza?

—La sinvergonzura. Un dibujante popular llamado Ikita Joshi.

—¿Y qué me dices de un tal Masao Horiki?

A medida que seguíamos el juego, cada vez nos reíamos menos y nos estaba enerando ese peculiar estado de ánimo sombrío, como si tuviéramos el cráneo lleno de vidrios rotos, propio de la embriaguez con shotchu.

—Déjate de desfachateces. Yo no he pasado por el deshonor de que me llevaran atado con una cuerda.

Tuve un sobresalto. En el fondo, Horiki no me trataba como a un ser humano sino como a un deshonrado que escapó a la muerte, un fantasma imbécil, un cadáver viviente; y su amistad sólo consistía en utilizarme al máximo para sus placeres. Por supuesto, estos pensamientos no fueron nada agradables; pero, pensándolo bien, era comprensible que Horiki me viese de esa manera, ya que desde niño era indigno de ser humano, y quizá fuera muy razonable que hasta él me despreciara.

—Delito. ¿Cuál es el antónimo? Esta es difícil, ¿eh? —pregunté, aparentando calma.

—La ley —repuso tan tranquilo.

Miré de nuevo el rostro de Horiki. Estaba iluminado de rojo por el neón parpadeante de un edificio cercano y tenía la siniestra dignidad de un policía diabólico que me fulminó.

—No es cierto.

¡A quien se le ocurría decir que la ley era el antónimo del delito! Pero las personas pensaban de una forma así de simple, por eso podían seguir viviendo. Dicen que los delitos pululan donde no hay policías.

—Entonces, ¿qué es? ¿Dios? Si ya me parecía que olías a curilla cristiano. ¡Qué desagradable!

—No te salgas por la tangente. Busquémoslo entre los dos. ¿No te parece un tema interesante? Me da la impresión de que se puede conocer a alguien sólo por la respuesta que dé.

—No creo… El antónimo de delito es bondad. Digamos que un ciudadano bondadoso como yo.

—¡Déjate de bromas! Pero bondad es el antónimo de maldad, no el de delito.

—¿Son diferentes maldad y delito?

—Creo que sí. La bondad y la maldad son conceptos inventados por el ser humano, palabras de una moralidad que se fabricó a su gusto.

—¡Qué pesado eres! Pues entonces será Dios. ¡Dios! ¡Dios! Si dices que el de cualquier cosa es Dios, seguro que no falla. Oye, tengo hambre.

—Ahora Yoshiko está cociendo unas alubias ahí abajo.

—¡Qué bien! Me gustan las alubias.

Horiki estaba tirado en el suelo, con la cabeza apoyada en las manos.

—Parece que no estás muy interesado en el delito.

—Desde luego, porque no soy un delincuente como tú. No causo la muerte de las mujeres ni me apropio de su dinero, aunque me guste divertirme.

Estuve a punto de decir con desespero que yo no causaba su muerte ni me apropiaba de su dinero con voz disfrazada de broma; pero enseguida recordé mí propia maldad y cambié de idea.

No hay forma de que pueda discutir con alguien cara a cara. Estaba luchando contra mi estado de ánimo, más áspero a cada momento que pasaba debido a los efectos depresivos del shotchu.

—No son delitos sólo las acciones castigadas con la cárcel —murmuré como para mí mismo—. Encontrar el antónimo de delito, creo que podría ayudar a conocer su esencia. Dios… salvación… amor… luz… El antónimo de Dios es Satanás; el de salvación podría ser agonía; el de amor, odio; el de luz, oscuridad; el de bondad, maldad. Delito y oración, delito y arrepentimiento, delito y confesión, delito y…

¡Aaah…! Todos son sinónimos. ¿Cuál será el antónimo de delito?

—El antónimo de delito es miel. Tan dulce. Bueno, ya no aguanto más de hambre. ¿Por qué no traes algo de comer?

—¿Por qué no lo traes tú?

Por primera vez en la vida, hablé con una voz desbordante de ira.

—Bueno, bajaré y voy a cometer un delito con Yoshichan. Vale más un hecho real que tantas discusiones. El antónimo de delito es miel, alubias… No, ¡habas!

Estaba tan bebido que no podía ni articular bien las palabras.

—¡Haz lo que te dé la gana y piérdete de vista de una maldita vez!

—Delito y un estómago vacío, un estómago vacío y habas… Ah, no. Son sinónimos… —murmuraba incoherencias mientras se levantaba tambaleante.

Crimen y castigo. Dostoievski. Estas palabras pasaron fugazmente por un rincón de mi cerebro, causándome un sobresalto. ¿No sería que Dostoievski había colocado juntas estas palabras no como sinónimos sino como antónimos? Crimen y castigo, dos palabras absolutamente incompatibles, tan diferentes como el hielo y el carbón. Me pareció comprender el lago turbio y pestilente, el fondo del caos de Dostoievski, que había pensado en crimen y castigo como antónimos. Estos pensamientos cruzaron mi mente como caballos al galope.

—¡Eh! ¡Tremendas habas! ¡Ven!

La voz y el color de Horiki habían cambiado. No hacía ni un momento que se había levantado tambaleante a más no poder y ya estaba aquí de nuevo.

—¿Qué diablos quieres?

Con una extraña sensación, ambos bajamos del tejado al primer piso, y ya nos disponíamos a bajar a la planta baja cuando Horiki se detuvo de repente.

—¡Mira! —dijo en voz baja, señalando algo con el dedo.

La pequeña ventana de mi habitación estaba abierta, y desde el lugar en el que estábamos se divisaba el interior, donde la luz encendida permitía ver dos animales.

—Así son los seres humanos. No hay nada de qué extrañarse —susurré con la cabeza dándome vueltas y la respiración agitada. Olvidándome de lo que le estaba aconteciendo a Yoshiko, me quedé inmóvil, de pie, en la escalera.

Horiki se aclaró ruidosamente la garganta. Subí de nuevo al tejado, corriendo como si huyera de alguien, y me dejé caer al suelo. Levantando la vista al cielo oscuro, cubierto de nubes de lluvia, no sentí ira ni repugnancia, ni tampoco tristeza; sólo un miedo horrible. No era el temor que podrían inspirar los fantasmas de un cementerio sino más bien el de encontrarse con un dios vestido de blanco en el bosque de cipreses de un santuario sintoísta; uno de los terribles miedos ancestrales que no pueden describirse con pocas palabras. A partir de esa noche, me salieron las primeras canas prematuras. Perdí por completo la seguridad en mí mismo, aumentaron mis sospechas hacia el ser humano hasta profundidades inconmensurables, y se destruyeron todas las esperanzas, toda la alegría y toda la simpatía hacia las personas para siempre jamás. De hecho, lo acontecido aquella noche fue decisivo en mi vida. Se me había abierto un tajo entre las cejas, y, a partir de entonces, esta herida me dolía cada vez que tenía que tratar con un ser humano.

—Lo siento por ti. Aunque espero que te sirva de lección. No volveré más por aquí. Este lugar es un verdadero infierno… Pero debes perdonar a Yoshichan. Además, tampoco es que tú seas una maravilla. Bueno, me marcho.

Horiki no era tan idiota como para quedarse remoloneando en una situación tan incómoda.

Subí de nuevo al tejado. Me serví más shotchu y me puse a llorar a voces. Podía haberme pasado el resto de la vida en llanto. En algún momento, llegó Yoshiko con un plato repleto de alubias y se quedó allí de pie, sin saber qué hacer.

—Dijo que no me haría nada…

—Está bien. No digas nada. Tú no sabías desconfiar de la gente. Anda, siéntate y comamos estas alubias.

Nos las comimos sentados uno junto al otro. Aaah… ¿será un delito la confianza en los demás? A veces, el hombre me había pedido que le dibujara historietas, pero siempre andaba con tacañerías por los pocos céntimos que le cobraba. Era un tendero ignorante, de unos treinta años y bajo de estatura.

Por supuesto, el tendero no apareció nunca más. Pero más que a él odiaba a Horiki, que, en lugar de aclararse la garganta para ahuyentarlo cuando lo vio la primera vez, me fue a buscar al tejado. Contra Horiki sí que sentía tal odio e ira que me hacía gemir en noches de insomnio.

Ni la perdoné ni la dejé de perdonar. Yoshiko era un genio a la hora de confiar en los demás. Nunca pensaba mal de nadie. Por eso, lo acontecido parecía aún más trágico.

Por mi parte, el que Yoshiko hubiese sido mancillada fue menos grave que el que su confianza en los demás se rompiera, pues esto causó un largo calvario que hizo mi vida insoportable. Para alguien tan tímido como yo, cuya confianza en los demás tenía una profunda grieta, la confianza sin tacha de Yoshiko parecía tan refrescante como una cascada entre las hojas nuevas. Una noche bastó para enturbiar de lodo amarillento esas aguas puras.

A partir de entonces, Yoshiko se inquietó por el menor de mis gestos. Cuando la llamaba, tenía un sobresalto y parecía no saber a dónde mirar. Por más que intentase hacerla reír con mis bufonadas, parecía asustada y nerviosa y, para colmo, se acostumbró a usar conmigo un lenguaje muy formal. ¿Podría ser la confianza pura una fuente de delito?

Me dediqué a buscar y leer libros sobre mujeres casadas mancilladas. Pero no encontré ninguna historia sobre una que hubiese sido deshonrada de una forma tan trágica. Lo ocurrido con Yoshiko no se podía convertir ni en un relato. Si, por lo menos, entre ella y el tendero hubiese habido algún sentimiento parecido al amor, me sentiría mejor. Pero, una noche de verano, Yoshiko no desconfió y aconteció aquello; yo terminé con un tajo entre las cejas, mi voz se hizo áspera y me salieron canas prematuras; y ella quedó condenada a vivir asustada el resto de sus días.

Por lo general, las mujeres de los libros que leí se enfrentaban a la situación de si el esposo perdonaba o no «el acto». Pero a mí me pareció que no era un problema tan complicado. Pensé que el hombre que tuviese en sus manos el poder de perdonar o no era afortunado; si pensara que no podía perdonar, en lugar de organizar tanto alboroto, lo mejor sería que se separase enseguida de su esposa y se buscase otra; y si no quisiese tomar esta medida, que tuviera paciencia con lo acontecido y la perdonase. De todos modos, todo se podía solucionar de acuerdo con los sentimientos del hombre. Sin duda, una cosa así es un tremendo golpe para un esposo, pero es distinto a una interminable sucesión de olas que no cesan de golpear. En fin, me dio la impresión de que era un problema que se solucionaba con la ira del esposo con derecho sobre ella. Pero, en mi caso, yo no tenía derecho ninguno y se me ocurrió que todo pasó por mi culpa. Por eso, en lugar de sentir indignación, ni se me ocurriría quejarme ya que mi esposa fue mancillada a causa de una valiosa cualidad; la insoportablemente lastimosa de su confianza sin tacha.

Al dudar de esta cualidad de la que había dependido, me sentí confuso y no me quedaba más refugio que el alcohol. Mi expresión se hizo dura y, como bebía shotchu desde la mañana, se me comenzaron a caer los dientes. Mis historietas rozaban la indecencia. No, voy a decir las cosas claras. Me dedicaba a copiar obras eróticas que vendía clandestinamente. Quería dinero para comprar shotchu.

Cuando veía a Yoshiko desviarme la mirada, me venía a la cabeza que por su costumbre de confiar en todo el mundo, ¿no habría tenido relaciones con el tendero más de una vez? ¿O con Horiki? ¿O quizá con algún hombre que yo no conociera? Mis dudas aumentaban, pero como no tenía el valor de preguntarle, escapaba bebiendo shotchu. A veces, cuando ya estaba bebido, le hacía malintencionadas preguntas capciosas y mi ánimo oscilaba entre la alegría y la tristeza según la respuesta; aunque en la superficie mostraba sólo mis constantes bufonerías. Después, le hacía a Yoshiko unas caricias surgidas del infierno y caía en un sueño fulminante.

Cierta noche, hacia final de año, regresé a casa con una borrachera mortal. Me apetecía tomar un vaso de agua con azúcar y, como Yoshiko estaba dormida, fui yo mismo a la cocina a buscar el azucarero. Cuando abrí la tapa, en lugar de azúcar había una cajita negra alargada. La tomé sin darle importancia, pero, al ver lo que estaba escrito en ella, me quedé atónito. Más de la mitad de las letras en japonés habían sido borradas rascando con la uña, pero quedaban las occidentales que se podían leer con toda claridad. Estaba escrito dial.

Dial… En esos tiempos me limitaba exclusivamente al shotchu, de modo que no tomaba somníferos. Pero como solía sufrir de insomnio, conocía bastante bien este tipo de medicamentos. Una caja de este Dial era más que suficiente para causar la muerte. Todavía estaba sellada; sin duda, después de haber borrado las letras en japonés, la debí guardar aquí tiempo atrás pensando en que algún día tal vez la necesitase. Como la pobrecilla de Yoshiko no podía leer la escritura occidental, me pareció suficiente borrar sólo la japonesa. «No tienes culpa de nada», pensé.

Sin hacer el menor ruido, llené un vaso de agua, abrí la caja y me tomé todo su contenido de una vez, bebiéndome después el agua con calma. Apagué la luz y me acosté.

Al parecer, pasé tres días sin recuperar el conocimiento. El médico me hizo el favor de considerarlo un error en la dosis y no informó a la policía. Según me contaron después, lo primero que hice al despertar fue gemir: «Me voy a casa». No tengo idea de a qué lugar me refería, pero, después de decir esto, me eché a llorar desconsoladamente.

Poco a poco, se despejó la niebla y vi a «El lenguado» sentado junto a mi cabecera con expresión malhumorada.

—La vez pasada también fue hacia final de año. Elige, precisamente, la época de más trabajo para hacer este tipo de cosas. Me va a matar a disgustos.

Su interlocutora era la patrona del bar de Kyobashi.

—Patrona… —llamé.

—¿Eh? ¿Cómo? ¿Ya estás despierto? —dijo sonriente, inclinando su rostro sobre el mío.

—Líbrame de Yoshiko… —pedí, llorando a lágrima viva.

Estas palabras me sorprendieron hasta a mí mismo. La patrona se levantó, emitiendo un leve suspiro.

Y también, sin pensar, se me escapó una bufonada absolutamente idiota.

—Quiero ir a donde no haya mujeres.

«El lenguado» estalló en risotadas, y la patrona se rio con discreción. Hasta yo, entre las lágrimas, me sonrojé y sonreí con amargura.

—Eso mismo. Creo que será lo mejor —se mostró de acuerdo «El lenguado», y continuó entre risas—: Debes ir a un lugar donde no haya mujeres. Para ti, donde haya mujeres hay problemas. Es una buena idea un lugar sin mujeres.

Un lugar sin mujeres. Lo peor es que lo dicho en mi delirio idiota se convirtió en una realidad muy trágica.

A Yoshiko se le metió en la cabeza que me quise envenenar para expiar lo acontecido con ella, por lo que se mostraba hacia mí mucho más turbada que antes. Dijera lo que dijese, no había forma de hacerla sonreír ni de sacarla de su silencio. Estar en casa me resultaba insoportable, de modo que, como antes, salía a tomar sake barato.

Después del asunto del Dial, adelgacé bastante, me pesaban los brazos y las piernas, y me daba pereza dibujar historietas. Cierta vez que «El lenguado» me visitó, me entregó algo de dinero, diciendo que era un regalo, como si hubiese salido de su propio bolsillo; aunque seguro que procedía de mis hermanos. Esta vez, al contrario de cuando me marché de su casa, pude percibir entre brumas este teatro de darse importancia; sin embargo, simule no darme cuenta y le di las gracias dócilmente. Pero me causó una extraña impresión, como si entendiera y, al mismo tiempo, no pudiera entender por qué la gente como «El lenguado» tenía que inventar unas artimañas tan complicadas.

Con el dinero se me ocurrió de repente ir a tomar las aguas termales en un balneario al sur de la península de Izu. Pero yo no era el tipo de persona que disfruta yendo de una fuente termal a otra y, al pensar en Yoshiko, me entró una enorme tristeza que me impidió disfrutar contemplando con calma el paisaje montañoso por la ventana de la posada. Sin cambiarme a la ropa confortable que ofrecía ni molestarme en tomar las aguas, salí con prisas a la calle y me pasé el resto del tiempo en casas de té medio destartaladas, donde bebí tanto shotchu que hubiese bastado para tomar un baño. Regrese a Tokio sintiéndome bastante peor que antes de marcharme.

La noche que llegué a Tokio estaba nevando copiosamente. Bebido como estaba, me dediqué a pasear por las callejuelas de Ginza canturreando sin cesar el estribillo:

«De aquí a mi tierra natal, ¿cuántos cientos de ri?», mientras lanzaba puntapiés a la nieve que se acumulaba. De repente, vomité. Era la primera vez que vomitaba sangre. La mancha roja sobre la nieve pareció una gran bandera del Sol Naciente. Me puse en cuclillas y, llenándome las manos de nieve limpia, me la restregué por el rostro lleno de lágrimas.

«¿A dónde va este sendero? ¿A dónde va este sendero?», escuché como una alucinación la voz triste de una niña cantando, que parecía llegar de muy lejos. La infelicidad. En este mundo hay muchos tipos de gente infeliz… Mejor dicho, no exageraría si dijese que el mundo está formado por personas desgraciadas. Pero estas personas se quejan a la sociedad de sus desventuras y la sociedad las trata con benevolencia y comprensión. Sin embargo, mi infelicidad procedía por completo de mis pecados y no tenía cómo reclamar a nadie. Si se me ocurriese pronunciar, aunque fuera entre dientes, una sola palabra de protesta, no sólo «El lenguado» sino toda la sociedad se escandalizarían de mi desfachatez. Qué soy, ¿un egoísta? ¿O quizás, al contrario, demasiado débil? No lo sé, pero como soy un pecador redomado, estoy condenado a ser cada vez más infeliz sin saber cómo evitarlo.

Me levanté con la idea de conseguir alguna medicina apropiada. Entré en una farmacia cercana y, la dueña, en el mismo instante que se cruzaron nuestras miradas, se quedó muy derecha, con la cabeza levantada y una expresión fascinada en los ojos como si le hubieran disparado un flash en pleno rostro. Pero en su mirada no había alarma o desagrado sino más bien un deseo de ser salvada, una sombra de afecto.

Ah, sin duda también era infeliz; una persona que sufre es sensible al sufrimiento ajeno. Entonces me di cuenta de que la mujer se levantaba con dificultad, apoyada en un par de muletas. Reprimí el impulso de acercarme corriendo a ella y, sin poder apartar la mirada de la suya, se me comenzaron a caer las lágrimas. También de los grandes ojos de la mujer comenzaron a caer en abundancia.

No pasó nada más. Sin decir una palabra, salí de la farmacia y regresé a casa con pasos vacilantes. Pedí a Yoshiko que me preparase un vaso de agua con sal y me dormí sin decir una palabra más. Al día siguiente me quedé en cama con el pretexto de que sentía que iba a resfriarme. Por la noche, preocupado a más no poder por la sangre de la víspera, me levanté y me dirigí a aquella farmacia. Esta vez, con una sonrisa, le conté a la dueña con sinceridad todo lo acontecido y le pedí consejo.

—Debe dejar de beber.

Daba la impresión de que fuésemos parientes.

—Quizá sea alcohólico, porque incluso ahora tengo ganas de beber.

—No puede beber. Mi esposo bebía mucho pese a sufrir tuberculosis, diciendo que el sake mataba los microbios. Él mismo acortó su vida.

—No puedo soportar la inquietud, el miedo. No puedo pasar sin beber.

—Le daré una medicina; pero, por lo menos, deje la bebida.

La dueña de la farmacia era viuda con un hijo que había entrado en una escuela de medicina en algún lugar de Chiba, pero enseguida tuvo que dejar de estudiar por haber contraído la misma enfermedad que su padre y se encontraba hospitalizado. Además, su suegro estaba en casa inválido, y ella misma tenía una pierna completamente paralizada desde los cinco años debido a una poliomielitis. Apoyándose en las muletas, buscó en las estanterías distintos medicamentos para mí.

«Esto es para reforzar la sangre. Esto, una inyección de vitaminas; aquí está la jeringuilla. Esto son unas tabletas de calcio, y esto es diastasa para que no tenga molestias de estómago». Mientras me explicaba qué era esto o lo otro, unos seis medicamentos en total, su voz estaba llena de afecto. «Y esto es para cuando no pueda resistir sin beber», dijo, envolviéndolo enseguida en papel y guardándolo en una cajita. Era morfina.

La señora dijo que no era más perjudicial que el alcohol, y yo la creí. Había empezado a sentir la sordidez de embriagarme; por eso, me alegré de poder escapar del diablo del alcohol después de mucho tiempo. Sin dudar en absoluto, me inyecté la morfina en el brazo. En el acto desaparecieron por completo la impaciencia, la irritación y la timidez, dando paso a la animación y la elocuencia. Las inyecciones me hacían olvidar la debilidad de mi cuerpo, de modo que me pude dedicar a dibujar de nuevo; e incluso sentía tal entusiasmo que, a veces, me echaba a reír en pleno trabajo. Pensaba usar una inyección al día, pero pronto pasaron a ser dos, y cuando se convirtieron en cuatro ya no podía trabajar sin ellas. La dueña de la farmacia me había advertido: «No puede seguir así. Si se convirtiera en adicto sería terrible», pero me parece que entonces ya me había convertido en un adicto considerable. Soy muy susceptible a las sugerencias de la gente. Si me advierten que no gaste cierto dinero, aunque tratándose de mí no cabe albergar muchas esperanzas, me parece que sería indebido no gastarlo y lo hago enseguida. La preocupación de convertirme en adicto

me hizo ir en pos de la droga.

—Una caja más, ¡por favor! Le prometo que le pagaré la cuenta pendiente a final de mes.

—La cuenta puede saldarla cuando le vaya bien. El problema es que la policía es muy estricta con estos asuntos —explicó.

Siempre me persigue un aura de oscura turbiedad, de marginado sospechoso.

—Haga algo para desviar sospechas, se lo suplico. Le voy a dar un beso. La mujer se sonrojó violentamente.

—Sin la medicina, mi trabajo no avanza nada —insistí—. Para mí, es como una fuente de energía.

—Bueno, entonces vamos a probar con inyecciones de hormonas.

—No me tome el pelo. O el alcohol o la medicina; sin uno de los dos, no puedo trabajar.

—No debe beber.

—¿Verdad que no? Desde que comencé a tomar la medicina no he bebido ni una gota. Por suerte, me siento muy bien. No pienso seguir toda la vida dibujando torpes historietas. Sin la bebida, mi salud se recuperará. Estudiaré y trataré de convertirme en un gran pintor. Ahora es un momento importante. Por eso… ¡Vamos, por favor! ¿Quiere que le dé un beso?

—¡Qué problema! —dijo la mujer riendo—. Si se convierte en un adicto, no quiero saber nada.

Haciendo sonar las muletas al caminar, fue a buscar el medicamento a la estantería.

—No le puedo dar una caja entera, que la terminará enseguida. Sólo la mitad,

¿eh?

—¡Qué tacaña se ha vuelto! Bueno, qué le vamos a hacer.

De vuelta a casa, lo primero que hice fue inyectarme una dosis.

—¿No te duele? —preguntó con timidez Yoshiko al verme.

—Claro que sí. Pero para trabajar mejor debo hacerlo, aunque duela. Últimamente tengo mucha vitalidad, ¿no crees? —y añadí en tono juguetón—: Bueno, ¡a trabajar se ha dicho! ¡A trabajar, a trabajar!

En cierta ocasión, a altas horas de la noche, llamé a la puerta de la farmacia. La dueña salió en camisón, haciendo sonar sus muletas, y yo la abracé de repente y la besé, simulando que lloraba. Me entregó una caja entera sin decir una palabra.

Cuando me di cuenta de que la droga era tan horriblemente sucia como el shotchu

—no, más aún—, ya me había convertido en un completo adicto. Había llegado al extremo de perder completamente la vergüenza. Para comprar la droga, me dediqué a copiar y vender dibujos eróticos e incluso me enredé en una relación fea, literalmente, con la mujer lisiada.

Pensé: «Quiero morir, ahora, más que nunca, quiero morir, mi vida no tiene arreglo posible, haga lo que haga, sólo sirve para ir de mal en peor; una capa más de vergüenza. Eso de ir en bicicleta para ver una cascada entre las hojas nuevas es una esperanza vana para mí que sólo vivo acumulando pecados inmundos y deplorables, fuente de un sufrimiento cada vez más profundo. Quiero morir, porque el vivir sólo causa pecado». Pese a todo, no hacía más que ir, medio loco, entre mi casa y la farmacia.

Cuanto más trabajaba, más medicamento necesitaba. Mi deuda con la farmacia alcanzó una cifra enorme. Cada vez que la dueña me miraba, se le caían las lágrimas; y lo mismo acontecía conmigo.

Un infierno. Había llegado a la conclusión de que la única forma de escapar era escribir una larga carta a mi padre; era mi última esperanza, si no tendría que ahorcarme en una decisión que era como apostar a la existencia de Dios. En la carta le confesaba con detalle mi situación, con excepción, por supuesto, de las relaciones con mujeres.

Pero aconteció lo peor. La respuesta que esperaba ansiosamente no llegó, y la ansiedad causó que mi consumo de droga aumentara todavía más.

El día en que ya me había resignado a inyectarme diez dosis por la noche y tirarme al río, por la tarde apareció en mi casa «El lenguado», que quizá hubiera olido con sus poderes maléficos mis intenciones, acompañado de Horiki.

—Estás escupiendo sangre, ¿verdad? —preguntó Horiki, sentado ante mí con las piernas cruzadas y una sonrisa afectuosa que nunca había visto en él. Me sentí tan agradecido, tan contento con esta sonrisa, que no pude más que desviar el rostro y echarme a llorar. La sonrisa de Horiki me venció, me enterró en el olvido.

Me subieron a un coche, informándome de que tenía que ingresar en un hospital y que el resto lo dejara en sus manos, eso es lo que me dijo «El lenguado» en un tono apacible que parecía lleno de compasión. Como si fuera un hombre desprovisto de la capacidad de decidir, juzgar y todo lo demás, y llorando a lágrima viva, me limité a obedecer lo que me indicaban mis acompañantes. Incluyendo a Yoshiko, éramos cuatro en el coche, que nos llevó traqueteando y, cuando ya empezaba a oscurecer, nos dejó en un gran hospital en medio del bosque. En la entrada, pensé: «Esto es un sanatorio».

—Tendrá que quedarse aquí durante un tiempo —dijo un médico joven con una sonrisa tímida, después de un examen llevado a cabo con irritante delicadeza.

«El lenguado», Horiki y Yoshiko se disponían a marcharse dejándome ahí cuando ella me entregó un fardo con ropa de muda y, en silencio, se sacó de la faja del kimono una jeringuilla y lo que restaba del medicamento.

Sin duda pensaba que, realmente, era una fuente de energía.

—Llévatelo, ya no lo necesito.

Esto fue excepcional, la única vez en mi vida que rechazaba algo. Mi infelicidad era del tipo que no me permitía negarme a nada. Si rechazase algo que me ofreciesen, temía que se abriese una enorme grieta que permanecería para la eternidad entre su corazón y el mío. Pero aquella vez fui capaz de rechazar la morfina, que había deseado hasta el borde de la locura. Quizá me golpeó la «divina ignorancia» de Yoshiko. Creo que en ese preciso instante dejé de ser adicto.

Enseguida, aquel medico de sonrisa tímida me condujo a un pabellón y cerró la puerta con llave. Aquello era un manicomio.

Lo que dije en mi estúpido delirio después de tomar Dial, de que me marcharía a un lugar donde no hubiesen mujeres, se hizo realidad de una forma extraña. En ese pabellón había sólo locos y enfermeros; todos hombres, ni una sola mujer.

Ya no era más un delincuente, me había transformado en un loco. Pero no, no estaba trastornado ni lo había estado un solo instante. Aunque, aaah, todos los locos piensan eso de sí mismos... Por lo visto, toda la diferencia es que los que estamos aquí encerrados somos locos, y los que están fuera son normales. Dios mío, respóndeme, ¿es un delito no poner resistencia?

Había llorado ante aquella rara y hermosa sonrisa de Horiki, y subido al coche olvidándome de decidir y resistir; así me encerraron y me convertí en un loco. Aunque llegue a salir, llevaré siempre clavado en la frente el cartel de loco; mejor dicho, de muerto viviente. Indigno de ser humano. Dejé por completo de ser una persona.

Llegué allí a principios de verano. A través de la ventana de barrotes, veía el pequeño estanque del jardín, donde florecían los nenúfares de color rosa oscuro. Pasaron tres meses y los cosmos ya habían empezado a florecer. Entonces se presentó mi hermano mayor con «El lenguado» para sacarme de allí; mi padre había fallecido a finales del mes pasado de una úlcera gástrica. Dijeron que no me iban a pedir cuentas por mi pasado y que no debía preocuparme por la subsistencia; no tenía que hacer nada, sólo marcharme enseguida de Tokio. Podía recuperarme en el campo sin preocuparme de nada ya que «El lenguado» se ocuparía de resolver todos mis asuntos, concluyó con la mayor seriedad. Me pareció ver las montañas y los ríos de mi tierra natal, y asentí levemente. Ni más ni menos que un muerto viviente.

Cuando supe sobre la muerte de mi padre, me sentí aún más deshecho. «Ya no está», pensé, recordando con nostalgia esa presencia que nunca dejó de atemorizarme; «Ya no está», y me di cuenta de que la urna de mis sufrimientos se había vaciado. Se me ocurrió que mi padre había sido el culpable del tremendo peso de esa urna de dolor. Perdí las ganas de luchar e incluso la capacidad de sufrir.

Mi hermano mayor cumplió escrupulosamente lo prometido. Compró una casa para mí en las afueras de un pueblo, unas cuatro o cinco horas en tren al sur de mi lugar natal. Era un balneario de aguas termales en la costa, un lugar bastante cálido para tratarse de aquella zona. La vivienda, con techo de paja, tenía cinco habitaciones y era tan vieja que las paredes estaban descascarilladas y los pilares roídos por los insectos hasta el punto de que ya no podía pensarse en repararla. Para que se ocupara de mí, contrató a una mujer de unos sesenta años, feísima y con el cabello requemado que había tomado un tono rojizo.

Desde entonces ya pasaron tres años. La mujer, llamada Tetsu, me ha forzado de una extraña forma en varias ocasiones. De vez en cuando, peleamos como un matrimonio, mi enfermedad del pecho empeora y mejora alternativamente, y a veces escupo sangre.

Ayer envié a Tetsu a comprar Calmotín a la farmacia del pueblo, y trajo una caja con aspecto diferente. No le di mucha importancia, y antes de dormir me tomé diez tabletas. Mientras me preguntaba cómo era posible que no me entrara sueño, me dieron unos tremendos retortijones de estómago y tuve que salir corriendo al retrete; tenía una diarrea espantosa. Estos viajes se repitieron tres veces. Extrañado, me fijé bien en la caja. El medicamento se llamaba Henomotín y era un laxante.

Tendido boca arriba en la cama con una bolsa de agua caliente sobre el vientre, pensé en reprender a Tetsu. Le diría: «Eh, tú, lo que trajiste no es Calmotín sino Henomotín», pero al pensarlo me puse a reír. «Cadáver viviente» era un nombre de lo más cómico; y, para colmo, me había tomado un laxante para poder dormir.

En mi existencia ya no existe la felicidad o el sufrimiento. Todo pasa. Esa es la única verdad en toda mi vida, transcurrida en el interminable infierno de la sociedad humana. Todo pasa. Este año cumpliré veintisiete. Tengo ya tantas canas que aparento haber pasado los cuarenta.

Epílogo

Nunca me encontré con el loco que escribió estos cuadernos. Pero conozco un poco a alguien que parece ser la patraña del bar de Kyobashi. De pequeña estatura, pálida, de ojos estrechos y muy rasgados, y la nariz prominente; más que una mujer hermosa da la impresión de un joven apuesto. Parece que lo relatado en los cuadernos aconteció en Tokio entre 1930 y 1932, pero no fui a ese bar hasta 1935, cuando los militares empezaron a alborotar por las calles. Estuve con mis amigos tomando whisky con soda, aunque nunca me crucé con el hombre que escribió los cuadernos.

Pero, en febrero de este año, tuve que viajar a Funabashi, en la provincia de Chiba, para visitar a un amigo que había sido evacuado allí durante los bombardeos. Este amigo de la época de la universidad era profesor en una universidad femenina. Como tenía que ir para encargarle que mediara en arreglar la boda de uno de mis familiares, se me ocurrió que podría aprovechar para comprar pescado fresco para mi familia. De modo que me eché una mochila a la espalda y partí.

Funabashi era una ciudad bastante grande que se extendía frente a un mar lodoso. Como mi amigo llevaba poco tiempo viviendo allí, cuando pregunté por su casa, incluso con la información del nombre de la calle y el número correctos, nadie supo indicarme el lugar. Además de hacer frío, me dolía la espalda por la mochila. Entonces, atraído por el sonido de un disco con música de violín que salía de un café, empujé la puerta y entré.

La patrona me resultaba conocida y, cuando le pregunté, resultó ser, precisamente, la misma persona del bar de Kyobashi al que fui diez años atrás. Pareció que la mujer enseguida me reconoció y, después de organizar ambos un pequeño alboroto y reírnos, nos pusimos a hablar de lo que era habitual en aquellos días, es decir, la propia experiencia durante los bombardeos.

—Pero usted no ha cambiado nada —dije.

—¡Qué va, ya soy vieja! El cuerpo ya no me responde como antes. Usted sí que está joven.

—Ni hablar. ¡Ya tengo tres hijos! Había pensado en comprarles alguna cosa, aprovechando el viaje...

Después de intercambiar los saludos propios de personas que no se han visto en mucho tiempo, le pregunté sobre viejos conocidos; y, de repente, cambiándole la expresión, la mujer me preguntó si había llegado a conocer a Yochan. Cuando le repuse que no, fue a la trastienda y volvió con tres cuadernos y tres fotos de él.

—Quizá sean un buen material para escribir una novela —dijo, entregándomelos. No puedo escribir cuando la gente me obliga a aceptar un material. Me disponía a devolverlo todo en el acto cuando las foros de Yozo —ya mencione en el prólogo sobre su expresión misteriosa— me llamaron la atención y decidí quedarme con los
cuadernos.

Después de decirle a la mujer que pasaría antes de regresar a Tokio, le pregunté por fulano de tal, que vivía en tal parte y era profesor de la universidad femenina, y resultó que lo conocía. Además, era cliente del café y su casa estaba muy cerca.

Aquella noche, después de intercambiar algunas copas de sake con mi amigo, acepté su ofrecimiento de dormir en su casa. Me puse a leer los cuadernos y no pegué ojo hasta que los terminé, ya de madrugada.

Lo que estaba escrito pertenecía al pasado, pero estaba seguro de que resultaría interesante para las personas de ahora. Pensé que, más que hacer yo torpes modificaciones, lo mejor sería ofrecerlo a alguna revista que lo publicase tal como estaba.

Compré pescado seco de regalo para mis hijos. Después de contarle a mi amigo lo acontecido, me cargué la mochila medio vacía a la espalda y me acerque al café.

—Gracias por todo lo de ayer —comencé, y enseguida fui al grano—. Me pregunto si podría prestarme los cuadernos un tiempo.

—Desde luego. Por favor…

—¿Todavía está vivo?

—No tengo la menor idea. Diez años atrás llegó un paquete con los cuadernos y las fotos al bar de Kyobashi. No tengo la menor duda de que lo envió Yochan, aunque no figuraba el remitente. Durante los bombardeos se traspapeló entre otras cosas; pero, sorprendentemente, apareció de nuevo sano y salvo. Hace poco me leí todo lo que estaba escrito en los cuadernos…

—¿La hizo llorar?

—No… Más que llorar, me hizo pensar en que cuando una persona llega a esa situación… Aaah, ya no hay nada que hacer.

—Como pasaron diez años, tal vez haya muerto. Quizá se los hizo llegar como muestra de agradecimiento. Puede ser que haya exagerado un poco, pero seguro que la hizo sufrir mucho, ¿verdad? Si todo lo que escribió fuera cierto y yo hubiese sido su amigo, imagino que también hubiera querido internarlo en un manicomio.

—Toda la culpa fue de su padre —dijo con la mayor naturalidad—. El Yochan que conocí era muy dulce e ingenioso. Si no hubiese bebido tanto… No, incluso bebiendo de ese modo era como un ángel, un muchacho excelente.

LOS CUENTOS DE YUKIO MISHIMA

PERIÓDICOS

El marido de Toshiko estaba siempre ocupado. Incluso esa noche había tenido que salir precipitadamente para acudir a una cita y ella había vuelto sola en un taxi. Pero, ¿qué otra cosa podía esperar una mujer casada con un atractivo actor? Toshiko había sido una tonta al suponer que pasaría la noche con ella. Sin embargo, él sabía cuánto le espantaba volver a su casa tan poco acogedora con sus muebles de estilo occidental y las manchas de sangre que aún podían verse en el piso.

Toshiko había sido siempre extremadamente sensible. Tal era su naturaleza. Como resultado de un constante preocuparse por todo, jamás engordaba; ahora, ya una mujer adulta, más parecía una figura etérea que una criatura de carne y hueso. Hasta sus amistades ocasionales no podían dejar de advertir la delicadeza de su espíritu.

Aquella noche se había reunido, momentos antes, con su marido en un club nocturno y se había sentido herida al encontrarlo relatando a sus amigos una versión del «incidente». Sentado allí, con su traje de estilo americano y un cigarrillo entre los labios, se le había antojado un extraño.

—Es un cuento increíble —decía con ademanes extravagantes que intentaban acaparar la atención que monopolizaba la orquesta—, fíjense ustedes que llega a casa la niñera enviada por la agencia de colocaciones para nuestro hijo y lo primero que veo es su vientre. ¡Enorme! ¡Como si tuviera una almohada debajo del kimono!, y no era de extrañar, porque en seguida observé que podía comer más que todos nosotros juntos. Nuestra provisión de arroz desapareció así... —hizo chasquear los dedos— «Dilatación gástrica». Tal fue la explicación que nos dio acerca de su gordura y su apetito. Anteayer, escuchamos quejidos y lamentos provenientes de la habitación del niño. Corrimos hasta allí y la encontramos en cuclillas, agarrándose el vientre con las dos manos, gimiendo como una vaca. En la cuna, a su lado, nuestro chico aterrado lloraba con toda la fuerza de sus pulmones. ¡Les aseguro que era algo digno de verse!

—¿Y salió el gato encerrado? —preguntó un amigo, actor de cine como el marido de Toshiko.

—¡Vaya si salió! Me dio el susto de mi vida. Yo había aceptado sin titubear la historia de la «dilatación gástrica», ¿comprenden? Bueno, sin perder el tiempo, rescaté la alfombra fina y extendí una manta sobre el piso para que se acostara allí. Durante todo el tiempo la muchacha gritaba como un cerdo herido. Cuando llegó el médico de la clínica el chico ya había nacido. ¡La habitación había quedado convertida en un matadero!

—No me cabe la menor duda —apuntó alguien, y todo el grupo se echó a reír.

Escuchar a su marido hablar del horrible suceso como de un incidente jocoso, hizo enmudecer a Toshiko. Cerró los ojos durante un instante y vio nuevamente al recién nacido frente a ella, en el piso, y su frágil cuerpecito envuelto en papel de periódico manchado de sangre.

Toshiko pensaba que el médico lo había hecho todo por despecho. Como para acentuar el desprecio que sentía por esta madre que había dado a luz a un bastardo en tan sórdidas condiciones, había ordenado a su asistente que, en vez de envolver al pequeño con los correspondientes pañales, lo hiciera con papel de periódico.

Esta dureza para con el recién nacido hirió a Toshiko. Sobreponiéndose al disgusto que le causaba toda la escena, había buscado un pedazo de franela sin usar que tenía en reserva y fajando cuidadosamente al niño lo había depositado sobre un sillón.

Esto había sucedido después de que su marido saliera de la casa. Toshiko no se lo había contado temiendo que la creyera demasiado blanda y sentimental. Sin embargo, el episodio se había grabado profundamente en ella. Lo recordaba, sentada en silencio, mientras la orquesta de jazz atronaba los aires y su marido charlaba alegremente con sus amigos. Sabía que nunca podría olvidar a aquel niño, acostado sobre el piso, envuelto en los papeles manchados. Era una escena como de carnicería.

Toshiko, cuya vida había transcurrido dentro del más sólido bienestar, sentía dolorosamente la infelicidad del niño ilegítimo.

«Soy la única que ha presenciado su vergüenza», se le ocurrió. La madre no había visto a su hijo tendido allí, envuelto en diarios y, por supuesto, el niño no lo sabría nunca.

«Si guardo silencio, este chico nunca se enterará de la verdad. ¿Por qué siento culpa, entonces? Después de todo, fui yo quien lo levantó del suelo y lo envolvió en la franela y lo depositó sobre el sillón…»

Se retiraron del club nocturno y Toshiko subió al taxi que su marido había llamado para ella.

—Lleve a esta señora a Ushigomé —ordenó al conductor, mientras cerraba la puerta desde fuera. Toshiko observó por la ventanilla la fisonomía sonriente de su marido y sus dientes blancos y fuertes. Se recostó entonces en el asiento sintiendo con angustia que la vida entre ellos era, en cierta manera, demasiado fácil, demasiado carente de dolor. No hubiera podido expresar este pensamiento con palabras. Echó una última mirada a su marido por la ventanilla trasera del coche. Se aproximaba a grandes zancadas a su automóvil Nash y la espalda de su llamativa chaqueta de lana no tardó en mezclarse y desaparecer entre la gente.

El taxi se alejó, cruzó una calle llena de bares y pasó, luego, por un teatro frente al cual se apretujaba la gente. Acababa de finalizar la función, las luces ya estaban apagadas y en la semioscuridad las flores artificiales de cerezo que decoraban la entrada resaltaban en forma deprimente.

Dejándose llevar por sus pensamientos, Toshiko llegó a la conclusión de que, aun cuando el niño creciera en la ignorancia de su origen, nunca se convertiría en un ciudadano respetable. Aquellos pañales de sucios diarios serían el símbolo bajo el cual se encaminaría toda su vida.

Toshiko se interrogó, «¿por qué me preocupo tanto? ¿Estoy acaso intranquila por el porvenir de mi propio hijo? Cuando, dentro de veinte años, mi niño se haya convertido en un hombre refinado y educado, podría encontrarse por una de esas casualidades del destino frente a este otro muchacho que también tendrá entonces veinte años. Supongamos que este joven, contra quien se ha pecado, pudiera acuchillarlo en forma salvaje…»

La noche de abril era nublada y calurosa, pero los pensamientos sobre el futuro hicieron estremecer a Toshiko y la entristecieron.

«No, cuando llegue el momento, yo tomaré el lugar de mi hijo», se dijo, de pronto. «Dentro de veinte años yo tendré cuarenta y tres y me presentaré ante ese muchacho y se lo relataré todo… sus pañales de periódicos y cómo yo lo envolví en la franela y lo levanté del suelo…»

El taxi se adelantaba por el ancho camino que bordeaba el parque y el foso del Palacio Imperial. A lo lejos, Toshiko veía los puntos luminosos que señalaban los altos edificios.

Prosiguió su monólogo interior: «Dentro de veinte años, ese pobre infeliz se encontrará en la mayor miseria. Llevará una existencia desolada, sin esperanzas, llena de pobreza. Será una rata solitaria. ¿Qué otra cosa podría ocurrirle a un niño que ha tenido semejante nacimiento? Irá vagabundeando por las calles, maldiciendo a su padre y aborreciendo a su madre. No cabía duda de que aquellos sombríos pensamientos producían a Toshiko cierta satisfacción. Se torturaba con ellos sin cesar.

El taxi se aproximó a Hanzomon y pasó frente a la embajada británica. Las famosas hileras de cerezos se extendían desde allí en toda su mágica pureza. Toshiko decidió contemplar aquellas flores a solas, lo cual era una extraña decisión para una joven tímida y carente de espíritu aventurero. Sin embargo, se hallaba en un estado de ánimo poco usual y temía volver a su casa. Aquella noche su mente estaba invadida por toda clase de fantasías inquietantes.

Cruzó la ancha calle. Se convirtió en una delgada y solitaria figura en la oscuridad. Por lo general, cuando se movía entre el tráfico, Toshiko se aferraba con miedo a su acompañante. Sin embargo, aquella noche caminó sola rápidamente entre los autos hasta llegar al parque largo y angosto que rodea el foso del Palacio. Aquel foso se llama Chidorigafuchi, Abismo de los Mil Pájaros.

El parque se había convertido en un bosque de cerezos en flor. Las flores formaban una masa de sólida blancura bajo el cielo nublado y tranquilo. Los farolitos de papel que colgaban entre los árboles estaban apagados. Los reemplazaban lamparillas eléctricas de varios colores que brillaban tenuemente bajo las flores. Ya eran más de las diez y la mayoría de los visitantes se habían marchado. Los pocos que aún permanecían allí empujaban automáticamente con los pies botellas vacías o aplastaban los desechos de papel al caminar.

«Diarios…», recordó Toshiko, y su mente retomó el hilo de los acontecimientos anteriores. Papel de periódico manchado de sangre. Si un hombre oyera hablar alguna vez de tan lastimoso nacimiento y descubriera que era el suyo, aquello bastaría para arruinar toda su vida.

«Y yo, una extraña, tendré que guardar tan gran secreto… El secreto de una vida…»

Perdida en estos pensamientos, Toshiko caminó por el parque. La mayoría de los transeúntes eran parejas silenciosas que no le prestaban atención. Vio a dos personas sentadas sobre un banco de piedra al lado del foso. No miraban las flores, sino el agua. Todo estaba oscuro y envuelto en pesadas tinieblas. El sombrío bosque del Palacio Imperial se perdía tras el foso. Los árboles parecían formar una sólida masa con el oscuro cielo. Toshiko caminó lentamente por el sendero sobre el cual colgaban, grávidas, las flores.

Sobre un banco de madera, ligeramente apartado de los demás, vio algo que no era, como imaginara en un principio, una cantidad de flores de cerezo ni alguna prenda olvidada por los visitantes del parque. Al acercarse, comprobó que era una forma humana echada sobre el banco. ¿Sería alguno de esos miserables borrachos que se ven durmiendo a la intemperie?

Evidentemente, no era ese el caso, ya que el cuerpo había sido cuidadosamente cubierto con papeles cuya blancura había atraído la atención de Toshiko. Observó detenidamente al hombre con camiseta marrón, acurrucado sobre una cama de papeles de periódicos y, también, cubierto por ellos. Sin duda aquella era su morada ahora que la primavera había llegado.

Toshiko observó el pelo sucio y despeinado que, en ciertas partes, mostraba una irremediable decadencia. Mientras velaba el sueño del hombre envuelto en diarios, no pudo evitar el recuerdo de aquel otro niño acostado en el suelo, cubierto por sus miserables pañales. El hombro enfundado en la camiseta marrón subía y bajaba acompasadamente en la oscuridad.

Toshiko sintió, de repente, que todos sus miedos y premoniciones tomaban cuerpo. La frente pálida del hombre se destacaba en la oscuridad. Era una frente joven, aunque surcada por las arrugas de largas penurias y miserias. Había arremangado ligeramente sus pantalones caqui y en sus pies descalzos llevaba zapatillas deshilachadas. Resultaba imposible ver su rostro y, de pronto, Toshiko sintió un deseo incontrolable de observarlo.

La cabeza del hombre estaba semioculta entre sus brazos pero, acercándose aún más, Toshiko pudo ver que era sorprendentemente joven. Observó las gruesas cejas y el fino puente de la nariz. La boca, ligeramente entreabierta, respiraba juventud.

Pero Toshiko se había acercado demasiado. La cama de diarios crujió en el silencio de la noche y el hombre abrió bruscamente los ojos. Se levantó, de pronto, al ver a la joven parada a su lado. Sus ojos brillaron en la noche y, segundos después, una mano llena de fuerza tomó la fina muñeca de Toshiko.

Ella no se asustó ni hizo esfuerzo alguno por librarse. Como un relámpago, un pensamiento atravesó su mente. ¡Ah, ya habían pasado veinte años!

El bosque del Palacio Imperial estaba tan oscuro como el azabache y un profundo silencio reinaba en él.

EL MUCHACHO QUE ESCRIBÍA POESÍA

Poema tras poema fluía de su pluma con pasmosa facilidad. Le llevaba poco tiempo llenar las treinta páginas de uno de los cuadernos de la Escuela de los Pares. ¿Cómo era posible, se preguntaba el muchacho, que pudiera escribir dos o tres poemas por día? Una semana que estuvo enfermo en cama, compuso: "Una semana: Antología". Recortó un óvalo en la cubierta de su cuaderno para destacar la palabra "poemas" en la primera página. Abajo, escribió en inglés: "12th. 18th: May, 1940".

Sus poemas empezaban a llamar la atención de los estudiantes de los últimos años. "La algarabía es por mis 15 años". Pero el muchacho confiaba en su genio. Empezó a ser atrevido cuando hablaba con los mayores. Quería dejar de decir "es posible", tenía que decir siempre "sí".

Estaba anémico de tanto masturbarse. Pero su propia fealdad no había empezado a molestarle. La poesía era algo aparte de esas sensaciones físicas de asco. La poesía era algo aparte de todo. En las sutiles mentiras de un poema aprendía el arte de mentir sutilmente. Sólo importaba que las palabras fueran bellas. Todo el día estudiaba el diccionario.

Cuando estaba en éxtasis, un mundo de metáforas se materializaba ante sus ojos. La oruga hacía encajes con las hojas del cerezo; un guijarro lanzado a través de robles esplendorosos volaba hacia el mar. Las garzas perforaban la ajada sábana del mar embravecido para buscar en el fondo a los ahogados. Los duraznos se maquillaban suavemente entre el zumbido de insectos dorados; el aire, como un arco de llamas tras una estatua, giraba y se retorcía en torno a una multitud que trataba de escapar. El ocaso presagiaba el mal: adquiría la oscura tintura del yodo. Los árboles de invierno levantaban hacia el cielo sus patas de madera. Y una muchacha estaba sentada junto a un horno, su cuerpo como una rosa ardiente. Él se acercaba a la ventana y descubría que era una flor artificial. Su piel, como carne de gallina por el frío, se convertía en el gastado pétalo de una flor de terciopelo.

Cuando el mundo se transformaba así era feliz. No le sorprendía que el nacimiento de un poema le trajera esta clase de felicidad. Sabía mentalmente que un poema nace de la tristeza, la maldición o la desesperanza del seno de la soledad. Pero para que este fuera su caso, necesitaba un interés más profundo en sí mismo, algún problema que lo abrumara. Aunque estaba convencido de su genio, tenía curiosamente muy poco interés en sí mismo. El mundo exterior le parecía más fascinante. Sería más preciso decir que en los momentos en que, sin motivo aparente era feliz, el mundo asumía dócilmente las formas que él deseaba.

Venía la poesía para resguardar sus momentos de felicidad, ¿o era el nacimiento de sus poemas lo que la hacía posible? No estaba seguro. Sólo sabía que era una felicidad diferente de la que sentía cuando sus padres le traían algo que había deseado por mucho tiempo o cuando lo llevaban de viaje, y que era una felicidad únicamente suya.

Al muchacho no le gustaba escrutar constante y atentamente el mundo exterior o su ser interior. Si el objeto que le llamaba la atención no se convertía de pronto en una imagen, si en un mediodía de mayo el brillo blancuzco de las hojas recién nacidas no se convertía en el oscuro fulgor de los capullos nocturnos del cerezo, se aburría al instante y dejaba de mirarlo. Rechazaba fríamente los objetos reales pero extraños que no podía transformar: "No hay poesía en eso".

Una mañana en que había previsto las preguntas de un examen, respondió rápidamente, puso las respuestas sobre el escritorio del profesor sin mirarlas siquiera, y salió antes que todos sus compañeros. Cuando cruzaba los patios desiertos hacia la puerta, cayó en sus ojos el brillo de la esfera dorada del asta de la bandera. Una inefable sensación de felicidad se apoderó de él. La bandera no estaba alzada. No era día de fiesta. Pero sintió que era un día de fiesta para su espíritu, y que la esfera del asta lo celebraba. Su cerebro dio un rápido giro y se encaminó hacia la poesía. Hacia el éxtasis del momento. La plenitud de esa soledad. Su extraordinaria ligereza. Cada recodo de su cuerpo intoxicado de lucidez. La armonía entre el mundo exterior y su ser interior…

Cuando no caía naturalmente en ese estado, trataba de usar cualquier cosa a mano para inducir la misma intoxicación. Escudriñaba su cuarto a través de una caja de cigarrillos hecha con una veteada caparazón de tortuga. Agitaba el frasco de cosméticos de su madre y observaba la tumultuosa danza del polvo al abandonar la clara superficie del líquido y asentarse suavemente en el fondo.

Sin la menor emoción usaba palabras como "súplica", "maldición" y "desdén". El muchacho estaba en el Club Literario. Uno de los miembros del comité le había prestado una llave que le permitía entrar a la sede solo y a cualquier hora para sumergirse en sus diccionarios favoritos. Le gustaban las páginas sobre los poetas románticos en el "Diccionario de la literatura mundial": En sus retratos no tenían enmarañadas barbas de viejo, todos eran jóvenes y bellos.

Le interesaba la brevedad de las vidas de los poetas. Los poetas deben morir jóvenes. Pero incluso una muerte prematura era algo lejano para un quinceañero. Desde esta seguridad aritmética el muchacho podía contemplar la muerte prematura sin preocuparse.

Le gustaba el soneto de Wilde, "La tumba de Keats": "Despojado de la vida cuando eran nuevos el amor y la vida / aquí yace el más joven de los mártires". Había algo sorprendente en esos desastres reales que caían, benéficos, sobre los poetas. Creía en una armonía predeterminada. La armonía predeterminada en la biografía de un poeta. Creer en esto era como creer en su propio genio.

Le causaba placer imaginar largas elegías en su honor, la fama póstuma. Pero imaginar su propio cadáver lo hacía sentirse torpe. Pensaba febrilmente: que viva como un cohete. Que con todo mi ser pinte el cielo nocturno un momento y me apague al instante. Consideraba todas las clases de vida y ninguna otra le parecía tolerable. El suicidio le repugnaba. La armonía predeterminada encontraría una manera más satisfactoria de matarlo.

La poesía empezaba a emperezar su espíritu. Si hubiera sido más diligente, habría pensado con más pasión en el suicidio.

En la reunión de la mañana el monitor de los estudiantes pronunció su nombre. Eso implicaba una pena más severa que ser llamado a la oficina del maestro. "Ya sabes de qué se trata", le dijeron sus amigos para intimidarlo. Se puso pálido y le temblaban las manos.

El monitor, a la espera del muchacho, escribía algo con una punta de acero en las cenizas muertas del "hibachi". Cuando el muchacho entró, el monitor le dijo "siéntese", cortésmente. No hubo reprimenda. Le contó que había leído sus poemas en la revista de los egresados. Después le hizo muchas preguntas sobre la poesía y sobre su vida en el hogar. Al final le dijo:

—Hay dos tipos: Schilla y Goethe. Sabe quién es Schilla, ¿no es cierto?

—¿Quiere decir Schiller?

—Sí. No trate nunca de convertirse en un Schilla. Sea un Goethe.

El muchacho salió del cuarto del monitor y se arrastró hasta el salón de clase, insatisfecho y frunciendo el ceño. No había leído ni a Goethe ni a Schiller. Pero conocía sus retratos. "No me gusta Goethe. Es un viejo. Schiller es joven. Me gusta más".

El presidente del Club Literario, un joven llamado R que le llevaba cinco años, empezó a protegerlo. También a él le gustaba R, porque era indudable que se consideraba un genio anónimo, y porque reconocía el genio del muchacho sin tener para nada en cuenta su diferencia de edades. Los genios tenían que ser amigos.

R era hijo de un Par. Se daba aires de un Villiers de l'Isle Adam, se sentía orgulloso del noble linaje de su familia y empapaba su obra con una nostalgia decadente de la tradición aristocrática de las letras. R, además, había publicado una edición privada de sus poemas y ensayos. El muchacho sintió envidia.

Intercambiaban largas cartas todos los días. Les gustaba esta rutina. Casi todas las mañanas llegaba a casa del muchacho una carta de R en un sobre al estilo occidental, del color del melocotón. Por largas que fueran las cartas no pasaban de un cierto peso; lo que le encantaba al muchacho era esa voluminosa ligereza, esa sensación de que estaban llenas pero de que flotaban. Al final de la carta copiaba un poema reciente, escrito ese mismo día, o si no había tenido tiempo, un poema anterior.

El contenido de las cartas era trivial. Empezaban con una crítica del poema que el otro había enviado en la última carta, a la que seguía una palabrería inacabable en la que cada cual hablaba de la música que había escuchado, los episodios diarios de su familia, las impresiones de las muchachas que le habían parecido bellas, los libros que había leído, las experiencias poéticas en las que una palabra revelaba mundos, y así sucesivamente. Ni el joven de veinte años ni el muchacho de quince se cansaban de este hábito.

Pero el muchacho reconocía en las cartas de R una pálida melancolía, la sombra de un ligero malestar que sabía que no estaba nunca presente en las suyas. Un recelo ante la realidad, una ansiedad de algo a lo que pronto tendría que enfrentarse, le daban a las cartas de R un cierto espíritu de soledad y de dolor. El tranquilo muchacho percibía este espíritu como una sombra sin importancia que nunca caería sobre él.

¿Veré alguna vez la fealdad? El muchacho se planteaba problemas de esta clase; no los esperaba. La vejez, por ejemplo, que rindió a Goethe después de soportarla muchos años. No se le había ocurrido nunca pensar en algo como la vejez. Hasta la flor de la juventud, bella para unos y fea para otros, estaba todavía muy lejos. Olvidaba la fealdad que descubría en sí mismo.

El muchacho estaba cautivado por la ilusión que confunde al arte con el artista, la ilusión que proyectan en el artista las muchachas ingenuas y consentidas. No le interesaba el análisis y el estudio de ese ser que era él mismo, en quien siempre soñaba. Pertenecía al mundo de la metáfora, al interminable calidoscopio en el que la desnudez de una muchacha se convertía en una flor artificial. Quien hace cosas bellas no puede ser feo. Era un pensamiento tercamente enraizado en su cerebro, pero inexplicablemente no se hacía nunca la pregunta más importante: ¿Era necesario que alguien bello hiciera cosas bellas?

¿Necesario? El muchacho se hubiera reído de la palabra. Sus poemas no nacían de la necesidad. Le venían naturalmente; aunque tratara de negarlos, los poemas mismos movían su mano y lo obligaban a escribir. La necesidad implicaba una carencia, algo que no podía concebir en sí mismo. Reducía, en primer lugar, las fuentes de su poesía a la palabra "genio", y no podía creer que hubiera en él una carencia de la que no fuera consciente. Y aunque lo fuera, prefería llamarlo "genio" y no carencia.

No que fuera incapaz de criticar sus propios poemas. Había, por ejemplo, un poema de cuatro versos que los mayores alababan con extravagancia; le parecía frívolo y le daba pena. Era un poema que decía: así como el borde transparente de este vidrio tiene un fulgor azul, así tus límpidos ojos pueden esconder un destello de amor.

Los elogios de los demás le encantaban al muchacho, pero su arrogancia no le permitía ahogarse en ellos. La verdad era que ni siquiera el talento de R le impresionaba mucho. Claro que R tenía suficiente talento como para distinguirse entre los estudiantes avanzados del Club Literario, pero eso no quería decir nada. Había un rincón frígido en el corazón del muchacho. Si R no hubiera agotado su tesoro verbal para alabar el talento del muchacho, quizás el muchacho no hubiera hecho ningún esfuerzo para reconocer el de R.

Se daba perfecta cuenta de que el premio a su gusto ocasional por ese tranquilo placer era la ausencia de cualquier brusca excitación adolescente. Dos veces al año, las escuelas tenían series de béisbol que llamaban los "Juegos de la Liga". Cuando la Escuela de los Pares perdía, los estudiantes de penúltimo año que habían vitoreado a los jugadores durante el partido los rodeaban y compartían sus sollozos. Él nunca lloraba. Ni se sentía triste. "¿Para qué sentirse triste? ¿Porque perdimos un partido de béisbol?" Le sorprendían esas caras llorosas, tan extrañas. El muchacho sabía que sentía las cosas con facilidad, pero su sensibilidad se encaminaba en una dirección diferente a la de todos los demás. Las cosas que los hacían llorar no tenían eco en su corazón. El muchacho empezó a hacer cada vez más que el amor fuera el tema de su poesía. Nunca había amado. Pero le aburría basar su poesía solamente en las transformaciones de la naturaleza, y se puso a cantar las metamorfosis que de momento a momento ocurren en el alma.

No le remordía cantar lo que no había vivido. Algo en él siempre había creído que el arte era esto exactamente. No se lamentaba de su falta de experiencia. No había oposición ni tensión entre el mundo que le quedaba por vivir y el mundo que tenía dentro de sí. No tenía que ir muy lejos para creer en la superioridad de su mundo interior; una especie de confianza irracional le permitía creer que no había en el mundo emoción que le quedara por sentir. Porque el muchacho pensaba que un espíritu tan agudo y sensible como el suyo ya había aprehendido los arquetipos de todas las emociones, aunque fuera algunas veces como puras premoniciones, que toda la experiencia se podía reconstruir con las combinaciones apropiadas de estos elementos de la emoción. Pero, ¿cuáles eran estos elementos? Él tenía su propia y arbitraria definición: "Las palabras".

No que el muchacho hubiera llegado a una maestría de las palabras que fuera genuinamente suya. Pero pensaba que la universalidad de muchas de las palabras que encontraba en el diccionario las hacía variadas en su significado y con distinto contenido y, por lo tanto, disponibles para su uso personal, para un empleo individual y único. No se le ocurría que sólo la experiencia podía darle a las palabras color y plenitud creativa.

El primer encuentro entre nuestro mundo interior y el lenguaje enfrenta algo totalmente individual con algo universal. Es también la ocasión para que un individuo, refinado por lo universal, por fin se reconozca. El quinceañero estaba más que familiarizado con esta indescriptible experiencia interior. Porque la desarmonía que sentía al encontrar una nueva palabra también le hacía sentir una emoción desconocida. Lo ayudaba a mantener una calma exterior incompatible con su juventud. Cuando una cierta emoción se apoderaba de él, la desarmonía que despertaba lo llevaba a recordar los elementos de la desarmonía que había sentido antes de la palabra. Recordaba entonces la palabra y la usaba para nombrar la emoción que tenía ante sí. El muchacho se hizo práctico en disponer así de las emociones. Fue así como conoció todas las cosas: la "humillación", la "agonía", la "desesperanza", la "execración", la "alegría del amor", la "pena del desamor".

Le hubiera sido fácil recurrir a la imaginación. Pero el muchacho dudaba en hacerlo. La imaginación necesita una clase de identificación en la que el ser se duele con el dolor de los demás. El muchacho, en su frialdad, no sentía nunca el dolor de los demás. Sin sentir el menor dolor se susurraba: "Eso es dolor, es algo que conozco".

Era una soleada tarde de mayo. Las clases se habían acabado. El muchacho caminaba hacia la sede del Club Literario para ver si había alguien allí con quien pudiera hablar camino a casa. Se encontró con R, quien le dijo:

—Estaba esperando que nos encontráramos. Charlemos.

Entraron al edificio estilo cuartel en el que los salones de clase habían sido divididos con tabiques para alojar los diferentes clubes. El Club Literario estaba en una esquina del oscuro primer piso. Alcanzaban a oír ruidos, risas y el himno del colegio en el Club Deportivo, y el eco de un piano en el Club Musical. R. metió la llave en la cerradura de la sucia puerta de madera. Era una puerta que aún sin llave había que abrir a empujones.

El cuarto estaba vacío. Con el habitual olor a polvo. R entró y abrió la ventana, palmoteó para quitarse el polvo de las manos y se sentó en un asiento desvencijado.

Cuando ya estaban instalados el muchacho empezó a hablar.

—Anoche vi un sueño en colores.

(El muchacho se imaginaba que los sueños en colores eran prerrogativa de los poetas).

—Había una colina de tierra roja. La tierra era de un rojo encendido, y el atardecer, rojo y brillante, hacía su color más resplandeciente. De la derecha vino entonces un hombre arrastrando una larga cadena. Un pavo real cuatro o cinco veces más grande que el hombre iba atado a su extremo y recogía sus plumas arrastrándose lentamente frente a mí. El pavo real era de un verde vivo. Todo su cuerpo era verde y brillaba hermosamente. Seguí mirando el pavo real a medida que era arrastrado hacia lo lejos, hasta que no pude verlo más... Fue un sueño fantástico. Mis sueños son muy vívidos cuando son en colores, casi demasiado vívidos. ¿Qué querría decir un pavo real verde para Freud? ¿Qué querría decir?

R no parecía muy interesado. Estaba distinto que siempre. Estaba igual de pálido, pero su voz no tenía su usual tono tranquilo y afiebrado, ni respondía con pasión. Había aparentemente escuchado el monólogo del muchacho con indiferencia. No, no lo escuchaba.

El afectado y alto cuello del uniforme de R estaba espolvoreado de caspa. La luz turbia hacía que refulgiera el capullo de cerezo de su emblema de oro, y alargaba su nariz, de por sí bastante grande. Era de forma elegante pero un tris más grande de lo debido, y mostraba una inconfundible expresión de ansiedad. La angustia de R parecía manifestarse en su nariz.

Sobre el escritorio había unas viejas galeras cubiertas de polvo y reglas, lápices rojos, laca, volúmenes empastados de la revista de los egresados y manuscritos que alguien había empezado. El muchacho amaba esta confusión literaria. R revolvió las galeras como si estuviera ordenando las cosas a regañadientes, y sus dedos blancos y delgados se ensuciaron con el polvo. El muchacho hizo un gesto de burla. Pero R chasqueó la lengua en señal de molestia, se sacudió el polvo de las manos y dijo:

—La verdad es que hoy quería hablar contigo de algo.

—¿De qué?

—La verdad es... —R vaciló primero pero luego escupió las palabras—. Sufro. Me ha pasado algo terrible.

—¿Estás enamorado? —preguntó fríamente el muchacho.

—Sí.

R explicó las circunstancias. Se había enamorado de la joven esposa de otro, había sido descubierto por su padre, y le habían prohibido volver a verla. El muchacho se quedó mirando a R con los ojos desorbitados. "He aquí a alguien enamorado. Por primera vez puedo ver el amor con mis ojos". No era un bello espectáculo. Era más bien desagradable.

La habitual vitalidad de R había desaparecido; estaba cabizbajo. Parecía malhumorado. El muchacho había observado a menudo esta expresión en las caras de personas que habían perdido algo o a quienes había dejado el tren. Pero que un mayor tuviera confianza en él era un halago a su vanidad. No se sentía triste. Hizo un valeroso esfuerzo por asumir un aspecto melancólico. Pero el aire banal de una persona enamorada era difícil de soportar.

Por fin halló unas palabras de consuelo.

—Es terrible. Pero estoy seguro que de ello saldrá un buen poema.

R respondió débilmente:

—Este no es momento para la poesía.

—¿Pero no es la poesía una salvación en momentos como este?

La felicidad que causa la creación de un poema pasó como un rayo por la mente del muchacho. Pensó que cualquier pena o agonía podía ser eliminada mediante el poder de esa felicidad.

—Las cosas no funcionan así. Tú no comprendes todavía.

Esta frase hirió el orgullo del muchacho. Su corazón se heló y planeó la venganza.

—Pero si fueras un verdadero poeta, un genio, ¿no te salvaría la poesía en un momento como este?

—Goethe escribió el Werther —respondió R— y se salvó del suicidio. Pero sólo pudo escribirlo porque, en el fondo de su alma, sabía que nada, ni la poesía, lo podría salvar, y que lo único que quedaba era el suicidio.

—Entonces, ¿por qué no se suicidó Goethe? Si escribir y el suicidio son la misma cosa, ¿por qué no se suicidó? ¿Porque era un cobarde? ¿O porque era un genio?

—Porque era un genio.

—Entonces…

El muchacho iba a insistir en una pregunta más, pero ni él mismo la comprendía. Se hizo vagamente a la idea de que lo que había salvado a Goethe era el egoísmo. La idea de usar esta noción para defenderse se apoderó de él.

La frase de R, "Tú no comprendes todavía", lo había herido profundamente. A sus años no había nada más fuerte que la sensación de inferioridad por la edad. Aunque no se atrevió a pronunciarla, una proposición que se burlaba de R había surgido en su mente: "No es un genio. Se enamora".

El amor de R era sin duda verdadero. Era la clase de amor que un genio nunca debe tener. R, para adornar su miseria, recurría al amor de Fujitsubo y Gengi, de Peleas y Melisande, de Tristán e Isolda, de la princesa de Cleves y el duque de Némours como ejemplos del amor ilícito.

A medida que escuchaba, el muchacho se escandalizaba de que no había en la confesión de R ni un solo elemento que no conociera. Todo había sido escrito, todo había sido previsto, todo había sido ensayado. El amor escrito en los libros era más vital que éste. El amor cantado en los poemas era más bello. No podía comprender por qué R recurría a la realidad para tener sueños sublimes. No podía comprender este deseo de lo mediocre.

R parecía haberse calmado con sus palabras, y ahora empezó a hacer un largo recuento de los atributos de la muchacha. Debía de ser una belleza extraordinaria, pero el muchacho no se la podía imaginar.

—La próxima vez te muestro su retrato —dijo R. Luego, no sin vergüenza, terminó dramáticamente—: Me dijo que mi frente era realmente muy hermosa.

El muchacho se fijó en la frente de R, bajo el pelo peinado hacia atrás. Era abultada y la piel relucía débilmente bajo la luz opaca que entraba por la puerta; daba la impresión de que tenía dos protuberancias, cada una tan grande como un puño.

—Es un cejudo —pensó el muchacho. No le parecía nada hermoso. "Mi frente también es abultada", se dijo. "Ser cejudo y ser bien parecido no son la misma cosa".

En ese momento el muchacho tuvo la revelación de algo. Había visto la ridícula impureza que siempre se entremete en nuestra conciencia del amor o de la vida, esa ridícula impureza sin la cual no podemos sobrevivir ni en ésta ni en aquel: es decir, la convicción de que el ser cejijuntos nos hace bellos.

El muchacho pensó que también él, quizás, de un modo más intelectual, estaba abriéndose camino en la vida gracias a una convicción parecida. Algo en ese pensamiento lo hizo estremecerse.

—¿En qué piensas? —preguntó R, suavemente, como de costumbre.

El muchacho se mordió los labios y sonrió. El día se estaba oscureciendo. Oyó los gritos que llegaban desde donde practicaba el Club de Béisbol. Percibió un eco lúcido cuando una pelota golpeada por bate fue lanzada hacia el cielo. "Algún día, tal vez, yo también deje de escribir poesía", pensó el muchacho por primera vez en su vida. Pero todavía le quedaba por descubrir que nunca había sido poeta.

LOS SIETE PUENTES

Eran las once y media de una noche de luna llena del mes de septiembre. Al terminar la reunión a la cual habían asistido, Koyumi y Kanako regresaron a la Casa del Laurel e inmediatamente vistieron sus kimonos de algodón. Hubieran preferido bañarse antes de cambiar su ropa, pero aquella noche no quedaba tiempo para eso.

Koyumi tenía cuarenta y dos años, una figura regordeta, alrededor de cinco pies de altura y un kimono estampado con hojas negras. Kanako, la otra geisha, aun cuando sólo tenía veintidós años y era buena bailarina, no tenía protector y parecía destinada a no desempeñar nunca un papel de importancia en los bailes anuales de otoño y primavera de las geishas. Su kimono de crêpe tenía remolinos azules sobre un fondo blanco.

—Me gustaría saber qué dibujos tendrá el kimono de Masako esta noche —dijo Kanako.

—Tréboles. Ni lo dudes. Está desesperada por tener un hijo.

—¿A tanto ha llegado?

—No, y ése es el problema – repuso Koyumi—. Todavía le falta mucho para obtener tal triunfo. Si no, sería como la Virgen María. ¡Tendría un niño simplemente por haberse enamorado de un hombre!

Una superstición común entre las geishas es que, cuando una mujer usa un kimono de verano estampado con tréboles o uno de invierno con paisajes dibujados, ha de quedar embarazada en un corto lapso.

Cuando, por fin, terminaron su arreglo, Koyumi sintió súbitos alfilerazos de hambre. Esto le sucedía cada vez que salía para la ronda de fiestas nocturnas. El hambre se le antojaba como una catástrofe inesperada que le llegaba desde afuera y sin previo aviso.

Nunca la asaltaba el apetito frente a los dientes por más aburrida que resultara la reunión; pero, antes y después de su actuación, el hambre la atacaba por sorpresa. Koyumi no podía nunca prever esta eventualidad comiendo en el tiempo debido.

A veces, por ejemplo, cuando concurría a la peluquería durante la tarde, observaba a las otras geishas encargar su comida y probarla con deleite mientras aguardaban su turno. Aquello no producía a Koyumi ninguna impresión. Ni siquiera podía imaginar que el risotto o cualquier otro plato, resultara apetitoso. Sin embargo, una hora después, comenzaban los dolores provocados por el hambre y la saliva fluía, tibia, desde las raíces de sus pequeños y fuertes dientes.

Koyumi y Kanako pagaban cierta cantidad mensual a la Casa del Laurel en concepto de publicidad y alimentos. La cuenta de Koyumi era siempre excepcionalmente abultada. No sólo era muy golosa, sino que también era de gustos delicados.

Sin embargo, desde que había adoptado el hábito de comer solamente antes y después de sus apariciones en público, su cuenta había ido decreciendo y amenazaba, ahora, con ser menor que la de Kanako.

Koyumi no recordaba el origen de esta excéntrica costumbre ni el día en que comenzó a detenerse en la cocina antes de la primera reunión de la noche y a pedir, con impaciencia, mientras bailaba:

"¿No hay alguna cosita para comer?" Ahora había adquirido la costumbre de cenar en la cocina de la primera casa y de efectuar un último refrigerio en las dependencias de la vivienda en la que terminaba la noche. Su estómago se había acostumbrado a esta rutina y, en consecuencia, su cuenta en materia de alimentos en la Casa del Laurel, había disminuido notablemente.

El Ginza estaba casi desierto cuando las dos geishas comenzaron a caminar hacia la Casa Yonei en Shimbashi.

Kanako señaló el cielo que se vislumbraba sobre el techo de un Banco cuyas ventanas estaban protegidas por gruesos barrotes:

—Tenemos suerte con el tiempo, ¿no es cierto? Hoy hasta se podría ver a un hombre en la Luna.

Los pensamientos de Koyomi estaban concentrados en su estómago. Su primera reunión había tenido lugar en lo de Yonei y, la última, en lo de Fuminoya. Sólo en aquel momento caía en la cuenta de que había sido un error no cenar en lo de Fuminoya antes de marcharse. Había tenido que salir precipitadamente rumbo a la Casa del Laurel y el tiempo había resultado escaso.

Tendría que reclamar su cena en lo de Yonei, en la misma cocina donde había comido horas antes. Este pensamiento la apesadumbró.

Sin embargo, la ansiedad de Koyumi se disipó tan pronto como hubo puesto un pie dentro de la cocina. Masako, la muy cuidada hija de la dueña del lugar, las aguardaba en la puerta. Llevaba, efectivamente, el kimono con tréboles que sus fantasías le habían adjudicado. Al ver a Koyumi, dijo con gran tacto:

—No las esperaba tan pronto. No tenemos prisa. ¿Por qué no entran y comen algo antes de irse?

La cocina estaba en desorden, colmada de sobras de las fiestas de la noche. Enormes pilas de platos y bols brillaban a la luz de las lamparillas sin pantalla. Masako estaba de pie, con una mano apoyada en el marco de la puerta.

Ocultaba la luz con su cuerpo y su rostro permanecía en la sombra. Koyumi se alegró que aquella circunstancia no revelara la expresión de alivio que le había provocado la invitación de Masako.

Mientras Koyumi se instalaba frente a su cena, Masako llevó a Kanako hasta su cuarto. De todas las geishas que frecuentaban la Casa Yonei, era ella con quien más congeniaba. Tenían la misma edad, habían concurrido a la misma escuela primaria y su belleza era muy semejante. Pero, por encima de estas razones, lo cierto es que Kanako realmente le gustaba.

Kanako era tan modesta que parecía lista para ser arrebatada por la más ligera brisa. Sin embargo, había acumulado toda la experiencia necesaria y una palabra dicha por ella como al descuido, traía enormes beneficios a Masako. La alegre Masako era, por el contrario, tímida y aniñada en todo lo referente al amor. Su puerilidad era de todos conocida y su madre estaba tan segura de la inocencia de la muchacha, que el kimono con tréboles no había despertado sus sospechas.

Masako estudiaba en la Facultad de Artes de la Universidad de Waseda. Siempre había sentido profunda admiración por R, el actor de cine. Esta pasión no había hecho sino aumentar desde el día en que el actor visitara la Casa Yonei.

Su habitación estaba atiborrada con fotografías del astro y había encargado un jarrón esmaltado con su foto junto a él obtenida en ocasión de tan memorable visita. Se destacaba sobre su escritorio, siempre lleno de flores.

Kanako se sentó y dijo:

—Hoy dieron a conocer el reparto —frunció su boca en un mohín.

—¿Ah, sí? —apenada por Kanako, Masako fingió no estar enterada del asunto.

—No he conseguido más que un pequeño papel. Nunca lograré algo mejor. Es como para descorazonarme. Me siento como una chica que, en un espectáculo musical, permanece año tras año en el coro.

—Estoy segura de que el año que viene te darán un buen papel.

Kanako sacudió la cabeza:

—Mientras tanto, envejezco. Sin siquiera advertirlo, pronto seré como Koyumi.

—No seas tonta. Todavía te faltan veinte años.

Aquella noche no hubiera sido apropiado, para ninguna de las jóvenes, mencionar, en el curso de la conversación, el objeto de sus plegarias elevadas al cielo. Pero, aun sin preguntarlo, todas lo sabían. Masako deseaba una aventura con R.; Kanako un buen protector, y ambas no dudaban de que Koyumi pedía dinero.

Estaba claro que sus plegarias tenían diferentes objetivos todos ellos muy razonables. Si la Luna no se los otorgaba, sería el astro, y no ellas, quien fallaría. Sus esperanzas se reflejaban simple y honestamente en sus rostros y eran deseos tan humanos que cualquiera que contemplara a aquellas tres mujeres caminando a la luz de la luna, no podría dudar de que el astro de la noche reconocería su sinceridad y respondería a sus plegarias.

—Vendrá alguien con nosotros esta noche —anunció Masako.

—¿Quién?

—Una sirvienta. Se llama Mina y ha llegado del campo hace un mes. Le dije a mi madre que no quería que viniera conmigo, pero Mamá insistió en que se quedaría preocupada si no enviaba a alguien para acompañarme.

—¿Cómo es? —preguntó Kanako.

—Ya la verás. Es, lo que podríamos llamar, bien desarrollada

En aquel momento Mina entreabrió las puertas corredizas ubicadas tras ellas y asomó la cabeza.

—Ya te he dicho que cuando abras las puertas corredizas deberás, primero, arrodillarte, y luego, abrirlas —el tono de Masako era altanero.

—Sí, señorita.

Kanako contuvo la risa frente a la aparición de la muchacha que llevaba un vestido entero hecho con retazos y parches de tela de kimono. Sus cabellos se rizaban en una apretada permanente y unos brazos extraordinariamente morenos asomaban de sus mangas y rivalizaban con el colorido de su rostro.

Las mejillas abultadas aplastaban sus rasgos abotagados y sus ojos parecían dos ranuras. Aun cuando cerrara la boca, sus dientes irregulares y prominentes se ingeniaban para aparecer entre los labios. Resultaba difícil descubrir en aquel rostro expresión alguna.

—¡Un buen guardaespaldas! —murmuró Kasako al oído de su amiga.

Masako adoptó un tono severo:

—Vuelvo a repetir lo que ya les he dicho antes. En cuanto salgamos de esta casa, ya no podrán abrir la boca, pase lo que pase, hasta que hayamos cruzado los siete puentes. Una sola palabra y no obtendrán lo deseado. Si alguien conocido nos habla, mala suerte. Sin embargo, no creo que exista ningún peligro en ese sentido. Algo más. No pueden usar dos veces el mismo camino, y es menester que nos limitemos a seguir a Koyumi, quien lo dirigirá todo.

Masako había tenido que presentar en la Universidad una monografía sobre Marcel Proust pero, en lo referente a cuestiones de esta naturaleza, la moderna educación recibida en la escuela no le hacía mella alguna.

—Sí, señorita —contestó Mina, de quien no podía saberse si había comprendido o no.

—Como tienes que venir de todos modos, también puedes formular un deseo. ¿Has pensado en algo?

—Sí, señorita —y una sonrisa se extendió lentamente por su rostro.

—¡Bueno, bueno, parece que reacciona como todo el mundo! —comentó Kanako.

En aquel momento apareció Koyumi, palmeándose alegremente el estómago:

—Ya estoy lista —anunció.

—¿Has elegido buenos puentes? —preguntó Masako.

—Comenzaremos con el puente Miyoshi. Como pasa sobre dos ríos, ¡cuenta como dos puentes! ¿No es cierto que eso facilita las cosas? Si se me permite decirlo, apuntaré que esta elección significa una gran muestra de inteligencia de mi parte.

Sabiendo que una vez afuera ya no podrían pronunciar una sola palabra, las tres mujeres comenzaron a hablar en voz alta y todas al mismo tiempo como para desquitarse del obligatorio silencio que luego deberían guardar. La conversación prosiguió hasta llegar a la puerta de la cocina. Las Geta de laca negra de Masako la esperaban sobre el piso de tierra junto a la puerta, y mientras deslizaba sus pies desnudos en ellas, las uñas esmaltadas de sus dedos brillaron suavemente en la oscuridad.

—¡Esto sí que es elegancia! ¡Esmalte de uñas y geta negras! ¡Ni la Luna podrá resistirlo! —exclamó Koyumi.

Las cuatro mujeres, guiadas por Koyumi, salieron a la avenida Showa. Pasaron frente a una playa de estacionamiento donde gran cantidad de taxis, ya finalizado el trabajo del día, reflejaban la luna en sus negras carrocerías. Se escuchaba el rumor de los insectos alojados bajo los autos. El tráfico era aún denso en la Avenida Showa, pero la calle ya estaba dormida y el rugido de las motocicletas resonaba tristemente solitario sin el habitual acompañamiento de ruidos callejeros.

Algunas pequeñas nubes cruzaban el cielo iluminado por la Luna. Apenas rozaban el gran banco de nubarrones que se cernía en el horizonte. La luna brillaba limpiamente.

Cuando se silenciaba el rumor del tráfico, el repiquetear de las geta sobre la calzada parecía repercutir directamente en la superficie azul del cielo.

A Koyumi, que caminaba al frente, le agradaba ver ante sus ojos la ancha calle desierta. Se jactaba de no tener que depender de nadie y estaba contenta porque tenía el estómago lleno. Mientras caminaba alegremente le costaba vislumbrar la razón por la cual ansiaba más dinero. Sentía como si su verdadero deseo fuera fundirse suave e involuntariamente en la luz de la luna que bañaba el pavimento. Fragmentos de vidrio brillaban aquí y allá. Hasta el vidrio podía resplandecer bajo la luz de la luna… Reflexionó y se dijo que, quizás, su deseo tan largamente acariciado era como aquel vidrio roto.

Masako y Kanako, con los meñiques entrelazados, iban pisando la larga sombra que Koyumi arrastraba a sus espaldas. El aire de la noche era fresco y ambas sentían cómo la brisa suave penetraba en sus mangas enfriando sus pechos húmedos por la transpiración provocada en la excitación de la partida. A través de los dedos entrelazados se comunicaban sus ruegos aún con más elocuencia que por intermedio de la palabra.

Masako soñaba con la dulce voz de R., con sus largos ojos bien delineados, con su pelo ondulándose bajo las sienes. Ella, como hija del dueño de un restaurante de primera categoría en Shimbashi, no podía ser confundida con otras admiradoras…, no veía, pues, ningún motivo para que su plegaria no fuera escuchada. Recordó que al hablarle R. al oído, su aliento era fragante y sin rastros de alcohol. No podía olvidar aquel aliento joven, masculino, lleno de calor como el heno en verano. Cuando estos recuerdos la asaltaban sentía algo semejante a una onda de agua deslizándose sobre su piel desde las rodillas hasta los muslos. Estaba segura, y tan insegura también, de que el cuerpo de R. existía en alguna parte del mundo. La duda la torturaba constantemente.

Kanako soñaba con un hombre maduro, rico y gordo. Tenía que ser gordo, pues si no, no parecería rico. Pensó en la felicidad que le dispensaría ¡cerrar los ojos y sentirse rodeada de su liberal y generosa protección! Kanako estaba acostumbrada a soñar, pero hasta aquel momento su experiencia le había demostrado que, al abrir los párpados nuevamente, el hombre en cuestión había desaparecido.

Como movidas por un mismo impulso, las dos muchachas volvieron la cabeza y por encima de sus hombros vieron que Mina las seguía pesadamente. Apretaba sus mejillas con las manos, se balanceaba en forma grotesca e iba golpeando el ruedo de su vestido a cada paso. Masako y Kanako coincidieron en que la presencia de Mina constituía un insulto a sus plegarias.

Giraron hacia la derecha, en la Avenida Showa, en el punto donde se encuentran el primero y segundo barrio del Ginza Este. La luz de los faroles bajaba como caída de agua a intervalos regulares a lo largo de los edificios. En la calle angosta, las sombras ocultaban la luz de la luna.

En seguida contemplaron el Puente Miyoshi frente a ellas. Era el primero de los siete puentes que deberían cruzar.

Está construido en forma curiosa. Se asemeja a una "Y" debido a la bifurcación del río en dicho lugar.

En la orilla opuesta los sombríos edificios de la Oficina del Distrito Central parecían achatarse y la blanca cara de un reloj en su torre proclamaba una hora absurda e incorrecta contra el cielo oscuro.

El puente Miyoshi tiene una balaustrada de escasa altura, y en cada esquina de su parte central, allí donde se encuentran los tres brazos del puente, hay un farol antiguo del que cuelgan un grupo de lamparillas eléctricas.

No todas estaban encendidas y los globos apagados lucían opacos y mortecinos bajo la luz de la luna. Gran cantidad de insectos voladores se arremolinaban junto a las luces.

El agua del río se encrespaba bajo el resplandor lunar.

Antes de cruzar el puente, las mujeres, dirigidas por Koyumi, juntaron las manos para formular sus ruegos. Una débil luz brillaba en la ventana de un edificio cercano y un hombre, que aparentemente había cumplido labores fuera de horario, salió de él. Estaba echando llave a la puerta, cuando, advirtiendo el extraño espectáculo, suspendió su ocupación.

Las mujeres comenzaron a cruzar el puente lentamente. No era sino una prolongación del pavimento; pero al hollarlo, sus pasos se hicieron más pesados e inseguros, como si estuvieran subiendo a un escenario. Faltaban pocos metros para franquear el primer brazo del puente, pero ello les infundió una sensación de alivio y tarea cumplida.

Koyumi se detuvo bajo un farol y juntó nuevamente las manos. Las demás la imitaron. De acuerdo con los cálculos de Koyumi, el cruzar dos de los tres brazos del puente, equivalía a dos puentes por separado. Esto significaba que deberían formular sus peticiones cuatro veces en el Puente Miyoshi.

Masako observó los rostros asombrados de los pasajeros de un taxi que pasaba. Pero Koyumi no prestaba atención a tales cosas. Cuando las mujeres llegaron frente a la Oficina del Distrito, oraron por cuarta vez. Kanako y Masako comenzaron a sentir que, junto con el alivio que les proporcionaba el haber cruzado sin inconvenientes los dos primeros puentes, las oraciones, que hasta aquel momento no habían tomado demasiado en serio, representaban algo de trascendental importancia.

Masako llegó a convencerse de que prefería estar muerta si no podía consumar su encuentro con R. El solo hecho de cruzar dos puentes había multiplicado la intensidad de sus deseos. Por otra parte, Kanako creía ahora que la vida no merecía la pena de ser vivida si no encontraba un buen protector. Sus corazones se llenaron de emoción y los ojos de Masako se humedecieron repentinamente.

A su lado, Mina, con los ojos cerrados, mantenía reverentemente las manos juntas. Masako no dudó de que, cualquiera fuera la plegaria de Mina, jamás sería tan importante como la suya. Sintió desprecio y también envidia por la cueva vacía e insensible que era el corazón de la sirvienta.

Caminaron hacia el Sur, siguiendo el río hasta la estación de tranvías. El último coche había partido hacía ya largo rato, y las vías que quemaban durante el día bajo el sol de otoño, eran ahora dos líneas blancas y frías.

Aun antes de llegar a la estación, Kanako había comenzado a sentir extraños dolores en su abdomen. Algo le había caído mal. Los primeros síntomas de un calambre se desvanecieron a los dos o tres pasos seguidos por la sensación de alivio al olvidar el dolor. Mientras se felicitaba por ello, el calambre comenzó a atenacearla nuevamente.

El Puente Tsukiji era el tercero en la lista. Al término de este sombrío puente, ubicado en el centro de la ciudad, distinguieron un sauce plantado a la usanza tradicional. Era un sauce solitario que, normalmente, no se hubieran detenido a mirar mientras pasaban rápidamente en auto. Crecía en una pequeña franja de tierra salvada del cemento. Sus hojas, fieles a la tradición, temblaban con la brisa del río. A aquellas avanzadas horas de la noche los edificios bulliciosos morían a su alrededor. Sólo el sauce se agitaba, vivo.

Koyumi se detuvo bajo el sauce y juntó las manos para orar. Era quizás su responsabilidad como guía, pero lo cierto es que su rolliza figura se erguía en forma desacostumbrada. En realidad, hacía ya tiempo que Koyumi había olvidado el motivo de sus ruegos. En aquel momento, lo más importante era, para ella, cruzar los siete puentes sin inconvenientes. Esta determinación era la manifestación de que cruzar los puentes se había convertido en el objeto de sus oraciones. Podrá parecer ésta una meta bastante peculiar, pero, como sus repentinos ataques de hambre, pertenecía a su modo de vivir. Mientras caminaba bajo la luna, estos pensamientos se convirtieron en extrañas convicciones.

Mantuvo la espalda más derecha que nunca y fijó la mirada hacia adelante.

El Puente Tsukiji es un puente totalmente desprovisto de encanto. Los cuatro pilares de sus extremos carecen de todo atractivo. Sin embargo, mientras lo cruzaban, las cuatro mujeres pudieron oler por primera vez algo parecido al aroma del mar. Soplaba un viento con reminiscencias de brisa salada. Hasta un aviso de neón rojo perteneciente a una compañía de seguros, que podía divisarse hacia el sur, parecía un faro proclamando la proximidad del océano.

Cruzaron el puente y oraron de nuevo. Kanako sintió que su dolor, ahora agudo, le provocaba náuseas. Pasaron por la terminal de tranvías y caminaron entre los viejos edificios amarillos de las empresas S. y el río. Kanako comenzó a rezagarse. Masako, preocupada, aminoró el paso, pero no pudo romper el silencio para preguntarle si se sentía mal. Finalmente, Kanako se hizo entender oprimiendo su vientre y haciendo muecas de dolor.

Sin advertir lo que sucedía, Koyumi seguía marchando triunfalmente hacia adelante. Se agrandó la distancia entre ella y sus compañeras.

Cuando por fin un excelente protector aparecía frente a sus ojos, tan cerca que sólo necesitaba estirar la mano para tocarlo, Kanako sintió con desesperación que sus manos no podrían estirarse lo suficiente. Su rostro estaba mortalmente pálido y una pegajosa transpiración brotaba de su frente.

El corazón humano es sorprendentemente mudable. A medida que el dolor de su abdomen se hacía más intenso, Kanako comprendió que cuanto había deseado con tanto fervor minutos atrás, perdía toda realidad y sólo quedaba reducido a un sueño pueril, irreal y fantástico. Mientras luchaba contra el palpitante e implacable dolor, pensó que, si abandonaba aquellas tontas ilusiones, sus sufrimientos cesarían de inmediato.

Cuando, por fin, el cuarto puente apareció ante sus ojos, Kanako posó suavemente una mano sobre el hombro de Masako y, con ademanes semejantes al lenguaje de la danza, señaló su estómago y sacudió la cabeza. Los mechones de pelo pegados a sus mejillas por la transpiración expresaban bien a las claras que no podía continuar. Abruptamente volvió la espalda y se alejó precipitadamente rumbo a la estación terminal de tranvías.

El primer impulso de Masako fue el de seguirla; pero, recordando que su plegaria quedaría anulada si la interrumpía, se contuvo y sólo miró alejarse a Kasako.

Sólo al llegar al puente, Koyumi advirtió que algo andaba mal. Para ese entonces, Kanako corría frenéticamente bajo la luna sin importarle su aspecto desaliñado. Su kimono azul y blanco flameaba en la brisa y sus geta resonaban entre los edificios cercanos. Un taxi solitario parecía esperarla providencialmente en una esquina.

El cuarto puente era el de Irifuna. Era menester atravesarlo en dirección opuesta a la del Puente Tsukiji.

Las tres mujeres se congregaron en el extremo del puente y oraron con idéntico fervor. Masako sentía pena por Kanako, pero su compasión no brotaba tan espontáneamente como de costumbre. Sólo reflexionaba fríamente que quien desertara del grupo, tomaría, de ahora en adelante, un camino diferente al suyo.

Las plegarias de cada una eran una cuestión personal y ni siquiera en una emergencia era dable esperar que Masako cargara con responsabilidades ajenas.

Las palabras "Puente de Irifuna" se destacaban en letras blancas sobre una placa metálica clavada horizontalmente en un poste al extremo del puente. Éste se destacaba en la oscuridad con su lisa superficie de cemento recortada por el crudo reflejo de la estación de gasolina Caltex, ubicada en la otra orilla. Podía verse una lucecita en el río, bajo la sombra del puente. Aparentemente pertenecía a la choza semiderruida de un hombre que vivía en el extremo del muelle de pescadores. La choza estaba adornada con plantas y un letrero anunciaba allí "Botes de placer, Remolcadores, Botes de Pesca y Botes para redes".

El cielo nocturno parecía abrirse sobre los techos de la apretada fila de edificios que descendía gradualmente del otro lado del puente. Las jóvenes advirtieron que la luna, tan brillante minutos atrás, apenas se traslucía a través de finas nubes. El cielo estaba, ahora, completamente nublado.

Las mujeres cruzaron el puente Irifuna sin ningún contratiempo.

El río dobla allí en ángulo recto. El quinto puente se encontraba bastante alejado. Sería menester seguir el río por el terraplén ancho y desierto hasta el puente Akatsuki.

Hacia la derecha la mayoría de los edificios eran restaurantes. En cambio, en la orilla izquierda, montañas de piedra, arena y pedregullo esperaban ser empleadas en alguna construcción. En ciertos lugares su masa oscura ocupaba más de la mitad de la carretera. Poco después contemplaron el edificio del Hospital de San Lucas, que emergía, lúgubre, bajo la velada luna. La enorme cruz dorada instalada en su techo estaba brillantemente iluminada y las luces rojas, destinadas al tráfico aéreo, emitían destellos y delimitaban techos contra el cielo: No había luz en la capilla ubicada a los fondos del Hospital, pero su ventanal gótico se distinguía claramente. Algunas luces permanecían encendidas en las ventanas del Hospital.

Las tres mujeres marchaban en silencio. Masako, la mente ocupada por la tarea que la esperaba, no podía pensar en otra cosa. Sin advertirlo, habían acelerado la marcha y ahora estaba bañada en su transpiración.

El cielo se oscureció en forma amenazadora, y Masako sintió las primeras gotas de lluvia sobre su frente. Afortunadamente, aquello parecía no tener intenciones de convertirse en un aguacero.

En aquel momento apareció frente a ellas el Puente Akatsuki. Era el quinto del recorrido. Los postes de cemento pintados de blanco emitían una tonalidad fantasmal en medio de la noche.

Masako juntó las manos para orar en el extremo del puente, sin advertir las imperfecciones del suelo Trastabillando casi, hubo de dar con sus huesos sobre un caño de hierro en reparación.

En el otro extremo del puente se encontraba el desvío para automóviles del Hospital San Lucas.

El puente no era largo. Las mujeres caminaban tan rápidamente que lo cruzaron en un breve lapso. Sin embargo, la adversidad aguardaba a Koyumi. Una mujer con el pelo suelto y mojado y con una vasija de metal en la mano se acercaba en dirección opuesta. Masako miró fugazmente a la mujer y se atemorizó ante la palidez mortal de aquel rostro bajo el pelo mojado.

La mujer se detuvo en la mitad del puente:

—Pero, ¡si es Koyumi! Han pasado tantos años, ¿no es cierto? ¡Koyumi! ¿Estás fingiendo que no me reconoces? ¡Koyumi!

Estiró su cuello hacia Koyumi, cerrándole el paso.

Koyumi bajó los ojos y no contestó. La voz de la mujer era aguda y destemplada como el viento a través de una grieta.

Su monólogo no parecía dirigido a Koyumi, sino a otra persona que no se encontraba allí:

—En este momento volvía de la casa de baños. ¡Hace realmente tanto tiempo! ¡Mira que encontrarnos aquí!

Al sentir la mano de la mujer sobre su hombro, Koyumi abrió finalmente los ojos. Comprendió que era inútil negarse a responder a la mujer, ya que el hecho de que alguien le dirigiera la palabra era suficiente como para anular el efecto de la plegaria.

Masako observó el rostro de la mujer. Reflexionó un instante y siguió caminando, dejando atrás a Koyumi.

Masako recordó a la recién llegada. Era una vieja geisha que había aparecido en Shimbashi durante algún tiempo, inmediatamente después de la guerra. Se llamaba Koen. Había comenzado a comportarse en forma extraña, como una chiquilla, y ello le había valido ser borrada del registro de geishas. No era sorprendente, pues, que Koen hubiera reconocido a Koyumi, una vieja amiga. Sin embargo, era una coincidencia afortunada que no recordara a Masako.

El sexto puente, el Sakai, era sólo una pequeña estructura con un cartel de metal pintado de verde. Masako apresuró sus rezos y echó a correr para cruzarlo. Volviendo la cabeza, comprobó con alivio que Koyumi se había perdido de vista. Mina, en cambio, la seguía con su acostumbrada expresión de malhumor.

Ya sin guía, Masako no sabía cómo encontrar el séptimo y último puente. Sin embargo, razonó que si continuaba andando por la misma calle, tarde o temprano alcanzaría algún puente paralelo al Akatsuki. Sólo faltaba un puente para que sus plegarias fueran escuchadas.

Una fina llovizna humedeció su rostro. La calle que se extendía frente a ella estaba colmada de depósitos de mercaderías y casuchas de material ocultaban la vista del río. La oscuridad era total. A la distancia, las brillantes luces de la calle volvían aún más negras las tinieblas.

Masako no tenía miedo de andar a aquellas altas horas. Tenía un carácter aventurero, y su meta, el logro de sus plegarias, le infundía coraje. A sus espaldas el eco de las geta de Mina, se le antojó una carga insoportable de llevar. En realidad, el eco tenía una alegre irregularidad, pero el porte de Mina, en contraste con sus pasitos, parecía encarnar una burla hacia Masako.

La presencia de Mina sólo produjo cierto desprecio en el corazón de Masako hasta el momento en que Kanako abandonó el grupo. Desde aquel instante comenzó a pesarle y ahora que estaban solas, Masako no podía evitar sentirse molesta frente al enigma que significaban las plegarias de la muchacha campesina.

No era agradable verse seguida por una mujer impasible, de insondables ruegos. No, no era tan desagradable como inquietante y la incomodidad de Masako aumentó gradualmente hasta convertirse en algo parecido al terror. Masako nunca había advertido cuán perturbador resulta no conocer el pensamiento de otra persona.

Tenía la sensación de llevar a sus espaldas una gran masa negra. No era como cuando la seguían Kanako o Koyumi, cuyas plegarias eran tan transparentes que resultaba fácil ver a través de ellas. Masako intentó desesperadamente estimular su anhelo por R. hasta volverlo aún más febril que antes. Pensó en su rostro, en su voz. Recordó su aliento lleno de juventud. Pero la imagen se desvanecía inmediatamente y no intentó reconstruirla.

Era menester cruzar el último puente lo antes posible. Hasta entonces no pensaría ya en nada más.

Las luces de una calle que había divisado en la lejanía parecían ser, ahora, las de un puente. Comprendió que se estaba aproximando a una vía pública importante. Había indicios de que el puente no podía estar lejos.

En efecto, llegó primero a un pequeño parque donde las luces brillaban sobre oscuros charcos producidos por la lluvia, y, luego, apareció el puente con su nombre, "Puente Bizen", escrito en una columna de cemento. En lo alto del pilar una lamparita irradiaba una luz mortecina. Masako divisó a su derecha el Templo de Tsukiji Honganji con su techo verde levemente abovedado. Debería cuidarse al cruzar el puente de no regresar por el mismo camino.

Masako suspiró con alivio. Entrelazó sus dedos para orar en el extremo del puente, y esta vez, para enmendar la superficialidad de sus rezos anteriores, lo hizo cuidadosa y devotamente. Por el rabo del ojo podía observar a Mina, quien, remedándola, apretaba piadosamente las gruesas palmas de sus manos. Verla molestó tanto a Masako, que se apartó de la oración para murmurar a media voz: "¡Ojalá no la hubiera traído! ¡Es verdaderamente exasperante!"

En aquel mismo instante una voz de hombre la interpeló. Masako se puso tensa. Un policía se había detenido a su lado:

—¿Qué está haciendo aquí a estas horas de la noche?

Masako no podía contestar. Una palabra lo arruinaría todo. Advirtió de inmediato, a través del apurado interrogatorio, que el policía, al verla orando en medio del puente, la había tomado por una suicida en potencia. Masako no podía hablar. Era necesario hacer comprender a Mina que lo hiciera en su lugar. Tironeó del vestido de la sirvienta e intentó despertar su inteligencia. Por más obtusa que fuera Mina, parecía imposible que no pudiera comprender sus señas. Seguía con los labios obstinadamente sellados. Masako advirtió con desaliento que Mina —fuera por obedecer las instrucciones originales o por proteger sus propias plegarias— estaba resuelta a no hablar.

El tono del policía se hizo aún más áspero:

—¡Contésteme! ¡Exijo una respuesta!

Masako decidió que lo mejor que podía hacer era intentar ganar el otro lado del puente y explicarlo todo cuando hubiera finalizado el cruce. Se soltó de la mano del policía y se internó corriendo en el puente. Alcanzó a ver cómo Mina se precipitaba tras ella.

El policía alcanzó a Masako en la mitad del puente.

—Tratando de escapar, ¿eh? —gritó, tomándola de un brazo.

—¿Quién piensa en escaparse? ¡Me está lastimando! —Masako había gritado impulsivamente. Advirtiendo, entonces, que sus plegarias habían quedado en la nada, miró hacia el lado derecho del puente con los ojos llameantes de indignación.

Mina, a salvo en el otro extremo, completaba su catorceava y última plegaria.

Cuando regresaron, Masako se quejó histéricamente a su madre, quien, sin saber lo que sucedía, reprendió a Mina.

—¿Puedes decirme qué pedías en tus plegarias? —preguntó.

Por toda respuesta, Mina se limitó a sonreír estúpidamente.

Algunos días después y ya un poco más tranquila, Masako continuó importunando a Mina:

—¿Qué pedías? —le preguntó por centésima vez—. Cuéntamelo. Con toda seguridad ya me lo puedes contar.

Pero Mina sólo esbozaba una sonrisa evasiva.

—¡Eres espantosa! Mina, ¡eres realmente insoportable!

Y riéndose, Masako pellizcó el hombro de Mina con sus uñas cuidadosamente afiladas por la manicura.

La piel elástica y pesada repelió las uñas. Los dedos de Masako quedaron insensibles y ya no supo qué hacer con su mano.

EL SACERDOTE Y SU AMOR

De acuerdo con La esencia de la Salvación, de Eshin, los Diez Placeres no son nada más que una gota de agua en el océano comparados con los goces de la Tierra Pura. El suelo es, allí, de esmeralda y los caminos que la cruzan, de cordones de oro. No hay fronteras y su superficie es plana. Cincuenta mil millones de salones y torres trabajadas en oro, plata, cristal y coral se levantan en cada uno de los Precintos sagrados. Hay maravillosos ropajes diseminados sobre enjoyadas margaritas. Dentro de los salones y sobre las torres una multitud de ángeles tocan eternamente música sagrada y entonan himnos de alabanza al Tathagata Buda. Existen grandes estanques de oro y esmeralda en los jardines para que los fieles realicen sus abluciones. Los estanques de oro están rodeados de arena de plata y los de esmeralda, de arena de cristal. Hay plantas de loto en las fuentes que brillan con mil fuegos cuando el viento acaricia la superficie del agua. Día y noche el aire se colma con el canto de las grullas, gansos, pavos reales, papagayos y Kalavinkas de dulce acento que tienen rostros de mujeres hermosas. Estos y otras miríadas de pájaros cien veces alhajados elevan sus melodiosos cantos en alabanza a Buda. (Aun cuando sus voces resuenen dulcemente, esta inmensa colección de aves debe resultar extremadamente ruidosa).

Las orillas de estanques y ríos están cubiertas de bosquecillos con preciosos árboles sagrados que poseen troncos de oro, ramas de plata y flores de coral. Su belleza se refleja en las aguas. El aire está colmado de cuerdas enjoyadas de las que cuelgan legiones de campanas preciosas que tañen por siempre la Ley Suprema de Buda, y extraños instrumentos musicales, que resuenan sin ser pulsados, se extienden en lontananza por el diáfano cielo.

Una mesa con siete joyas, sobre cuya resplandeciente superficie se encuentran siete recipientes colmados por los más exquisitos manjares, aparece frente a aquellos que sienten algún tipo de apetito. No es necesario llevarse a la boca estas viandas. Basta deleitarse con su aroma y colores. En tal forma, el estómago se satisface y el cuerpo se nutre mientras que el sujeto se mantiene espiritual y físicamente puro. Una vez terminada la merienda, los recipientes y la mesa desaparecen.

De la misma manera, el cuerpo se viste automáticamente sin necesidad de coser, lavar, teñir o zurcir.

Las lámparas tampoco son necesarias, pues el cielo está iluminado por una luz omnipresente. Además, la Tierra Pura goza de una temperatura moderada durante todo el año, haciendo innecesario refrescarse o abrigarse. Cien mil esencias tenues perfuman el aire y pétalos de loto caen en constante lluvia.

En el capítulo de "El Portal de Inspección" se nos enseña que, visto y considerando que los no iniciados no pueden adentrarse profundamente en la Tierra Pura, deben ocuparse en despertar sus poderes de "imaginación exterior" y, luego, en engrandecerlos continuamente. El poder de la imaginación permite escapar a las trabas de nuestra vida mundana y contemplar a Buda. Si estamos dotados de una rica y turbulenta fantasía, podremos concentrar nuestra atención en una sola flor de loto y, desde allí, expandirnos hacia infinitos horizontes.

A través de una observación microscópica y de cierta proyección astronómica, la flor de loto puede convertirse en los cimientos de una teoría del universo y en el agente por medio del cual nos será posible percibir la Verdad. En primer lugar, debemos saber que cada pétalo tiene ochenta y cuatro mil nervaduras, y que cada nervadura posee ochenta y cuatro mil luces. Más aún, la más pequeña de estas flores tiene un diámetro de doscientos cincuenta yojana. Presumiendo que el yoyana del cual hablan las Sagradas Escrituras corresponde a setenta y cinco millas cada uno, podemos llegar a la conclusión de que una flor de loto de un diámetro de diecinueve mil millas no es de las más grandes.

Pues bien, esa flor tiene ochenta y cuatro mil pétalos y dentro de cada uno hay un millón de joyas resplandecientes con mil luces diferentes. Sobre el cáliz bellamente adornado de la flor se levantan cuatro alhajados pilares, cada uno de los cuales es cien billones de veces más grande que el Monte Sumeru, que sobresale en el centro del universo budista. Grandes tapices cuelgan de sus pilares. Cada uno de ellos está adornado con cincuenta mil millones de joyas que emiten ochenta y cuatro mil luces por unidad. Cada luz está compuesta de ochenta y cuatro mil tonos diferentes de oro.

La concentración en tales imágenes es conocida como "Pensamiento del asiento de Loto en el que se sienta Buda", y el mundo que se vislumbra como fondo de nuestra historia es un mundo imaginado en esa escala.

El sacerdote del Templo de Shiga era un hombre de gran virtud. Sus cejas eran muy blancas y apenas podía con sus huesos. Recorría el templo de un lado a otro, apoyado en un bastón.

A los ojos de este sabio asceta el mundo sólo era un montón de basura. Había vivido retirado durante muchos años y el pequeño retoño de pino que había plantado con sus propias manos, al mudarse a su celda actual era ya un gran árbol cuyas ramas se agitaban al viento. Un monje que había logrado abandonar el Mundo Fluctuante desde tanto tiempo atrás, debía nutrir gran seguridad respecto a su futuro.

Sonreía, compasivo, frente a nobles poderosos, y reflexionaba acerca de la imposibilidad que demostraba aquella gente en advertir que los placeres no eran sino sueños vacíos. Cuando contemplaba a alguna mujer hermosa, su única reacción era experimentar piedad por los hombres que aún habitan el mundo de las desilusiones y se sacuden en las olas del deseo carnal.

Cuando un hombre no responde a las motivaciones que regulan el mundo material, ese mundo parece sumergirse en un completo reposo. Para los ojos del Gran Sacerdote, el mundo sólo ofrecía reposo, estaba reducido a un dibujo, al mapa de cierta tierra extranjera. Cuando se ha alcanzado el estado de ánimo en el cual las pasiones indignas del mundo han desaparecido, también se olvida el temor. Es por esta razón que el Sacerdote no podía explicarse la existencia del Infierno. Sabía, más allá de toda duda, que el mundo no ejercía ya ningún poder sobre él, pero como carecía por completo de soberbia no se detenía a pensar que ello se debía a su enorme virtud.

En cuanto a su cuerpo, podía decirse que ya no tenía casi carne. Al bañarse se regocijaba viendo cómo sus huesos salientes estaban precariamente cubiertos por carne marchita. Habiendo su cuerpo alcanzado ese estado, podía avenirse a él como si perteneciera a otra persona. Un cuerpo en tales condiciones parecía estar más calificado para ser nutrido por la Tierra Pura que por alimentos y bebidas terrestres.

Soñaba noche a noche con la Tierra Pura y, al despertar, sólo sabía que subsistir en este mundo significaba estar atado a una triste ensoñación evanescente.

Cuando llegaba la época de admirar las flores, gran cantidad de gente venía de la capital con el objeto de visitar la villa de Shiga. Esto no molestaba al sacerdote, ya que hacía tiempo que había superado el estado en el que los ruidos del mundo pueden irritar la mente.

Abandonó su celda, en un atardecer de primavera, y caminó hacia el lago. Era la hora en que las sombras del crepúsculo avanzan lentamente sobre la brillante luz de la tarde. Ni el más leve movimiento agitaba la superficie del agua. El sacerdote se detuvo en la orilla y comenzó a practicar el sagrado rito de la Contemplación del Agua.

En aquel momento, un carruaje tirado por bueyes, perteneciente a todas luces a una persona de alto rango, rodeó el lago y se detuvo cerca del sacerdote. Su dueña, una dama de la Corte del distrito Kyogoku de la Capital, poseía el alto título de Gran Concubina Imperial. Esta dama deseaba contemplar el paisaje de Shiga en la recién llegada primavera y, al regresar, había hecho detener el carruaje. Alzó la cortina para echar una última mirada al lago.

El Gran Sacerdote miró, casualmente, en esa dirección y, de inmediato se sintió abrumado por tanta belleza. Sus ojos se encontraron con los de la mujer y, como no hiciera nada por apartarlos, ella no trató de ocultarse.

Su liberalidad no era tanta como para permitir que los hombres la miraran con apasionamiento; pero reflexionó que los motivos de aquel austero y viejo asceta no podían ser los mismos que los de los hombres comunes.

La dama bajó la cortina tras algunos minutos. El carruaje echó a andar y, después de cruzar el Paso de Shiga, se encaminó lentamente por la ruta que conducía a la Capital. Cayó la noche. Hasta que el carruaje no fue más que un punto entre los árboles lejanos, el Gran Sacerdote permaneció como petrificado en el mismo lugar.

En un abrir y cerrar de ojos el mundo se había vengado del sacerdote con terrible saña. Todo cuanto había creído tan inexpugnable, caía en ruinas.

Volvió al templo, contempló la imagen de Buda e invocó su Sagrado Nombre. Pero las sombras opacas de los pensamientos impuros se cernían sobre él. Se dijo que la belleza de una mujer no era más que una aparición fugaz, un fenómeno temporario compuesto de carne perecedera. Sin embargo, aunque intentaba borrarla, la inefable belleza que había contemplado junto al lago, pesaba ahora sobre su corazón con la fuerza de algo llegado desde una infinita distancia. El Gran Sacerdote no era lo suficientemente joven, ni física ni espiritualmente, como para creer que ese nuevo sentimiento era sólo una trampa que su carne le jugaba. La carne de un hombre, y lo sabía bien, no se agita tan rápidamente. Antes bien, tenía la sensación de haber sido sumergido en algún veneno sutil y poderoso que había alterado su espíritu.

El Gran Sacerdote no había quebrantado nunca su voto de castidad. La lucha interior librada en su juventud contra el deseo lo había llevado a considerar a las mujeres sólo como meros seres materiales. La única carne era la que existía realmente en su imaginación. Considerándola más como una abstracción ideal que como un hecho físico, confiaba en su fortaleza espiritual para subyugarla. En ese sentido, el sacerdote había triunfado. Nadie que lo conociera podría ponerlo en duda.

Pero el rostro de mujer que había levantado la cortina del carruaje era demasiado armonioso y refulgente como para ser designado como un mero objeto de la carne. El sacerdote no supo qué nombre darle. Sólo pudo reflexionar en que, para que tan portentoso hecho se produjera, algo hasta aquel momento oculto y al acecho en su interior, se había revelado finalmente. Ese algo no era sino este mundo, que hasta entonces había permanecido en reposo, y que, súbitamente, emergía de la oscuridad y comenzaba a agitarse.

Era como si hubiera permanecido, de pie, junto al camino que lleva a la capital, con las manos firmemente apretadas sobre los oídos, y hubiera visto cruzar con gran estrépito dos grandes carros tirados por bueyes. Al destaparse los oídos, bruscamente, el estruendo lo envolvía.

Percibir el flujo y reflujo de fenómenos transitorios, sentir su fragor rugiente en los oídos, era entrar dentro del círculo de este mundo. Para un hombre como el Gran Sacerdote, que no había admitido concesiones en su contacto con el mundo exterior, significaba someterse nuevamente a un estado de dependencia.

Aun leyendo a los Sutras exhalaba grandes suspiros de angustia. Pensó, entonces, que la naturaleza servía para distraer su espíritu e intentó concentrarse en las montañas que, a través de la ventana de su celda, se destacaban en la distancia contra el cielo nocturno. Pero sus pensamientos, en vez de concentrarse en la belleza, se desvanecían como nubes y desaparecían.

Fijaba su mirada en la luna, pero sus pensamientos fluctuaban como antes, y cuando fue a inclinarse, nuevamente, frente a la Suprema Imagen, en un desesperado esfuerzo por recobrar la pureza de su mente, el rostro de Buda se transformó y se convirtió en las facciones de la dama del carruaje. Su universo había quedado aprisionado dentro de los límites de un estrecho círculo donde se enfrentaban el Gran Sacerdote y la Gran Concubina Imperial.

La Gran Concubina Imperial de Kyogoku olvidó rápidamente al viejo sacerdote que la observara con tanta atención en el lago de Shiga. Sin embargo, poco tiempo después llegó a sus oídos un rumor que le recordó el incidente. Uno de los habitantes del villorrio había sorprendido al Gran Sacerdote mirando cómo se perdía en la distancia el carruaje de la dama. Se lo había comentado a un caballero de la Corte que admiraba las flores de Shiga, agregando que, desde aquel día, el Sacerdote se comportaba como quien ha perdido la razón.

La Concubina Imperial fingió no creer en tales habladurías, pero la virtud del sacerdote era conocida en toda la capital y el suceso sirvió para alimentar la vanidad de la dama.

Estaba verdaderamente cansada del amor que recibía de los hombres de este mundo. La Concubina Imperial tenía clara conciencia de lo hermosa que era y se inclinaba hacia otras disciplinas, como la religión, que trataran a su belleza y a su alto rango como cosas desprovistas de valor. El mundo la aburría soberanamente y, por ende, creía también en la Tierra Pura. Era inevitable que el Budismo Jodo, que rechazaba toda la belleza y el brillo del mundo visible como si fuera corrupción y contaminación, tuviera un atractivo especial para quien, como la Concubina Imperial, estaba tan desilusionada de la elegante superficialidad de la vida cortesana. Elegancia que, por otra parte, parecía anunciar inequívocamente los Últimos Días de la Ley y su degeneración.

Entre aquellos que consideraban al amor como su principal preocupación, la Concubina Imperial ocupaba un alto puesto como la personificación misma del refinamiento. El hecho de que jamás hubiera brindado su amor a hombre alguno no hacía sino acrecentar su fama. Aun cuando cumplía sus deberes para con el Emperador con el más absoluto decoro, nadie creía, ni por un momento, que estuviera enamorada de él. La Gran Concubina Imperial soñaba con una pasión al borde de lo imposible.

El Gran Sacerdote del Templo de Shiga era famoso por su virtud y todos en la Capital sabían hasta qué punto este anciano prelado había hecho abandono del mundo. Tanto más sorprendente era, entonces, el rumor de que había sido prendado por los encantos de la Concubina Imperial, y que, por ella, había sacrificado la vida eterna. Rehusar los goces de la Tierra Pura que estaban casi al alcance de su mano, equivalía al mayor sacrificio y a la más importante ofrenda.

La Gran Concubina Imperial se mostraba totalmente indiferente a los encantos de los nobles y jóvenes libertinos que abundaban en la Corte. Los atributos físicos de los hombres ya no representaban nada para ella. Su única ambición era encontrar a alguien que pudiera ofrecerle un amor fuerte y profundo.

Una mujer con tales aspiraciones se convierte en una criatura aterradora. Si hubiera sido sólo una cortesana, la habrían conformado las riquezas y la frivolidad. La Gran Concubina poseía todo lo que la riqueza del mundo puede brindar. El hombre que aguardaba tendría que ofrecerle, pues, los bienes del universo del futuro.

Los comentarios sobre el enamoramiento del Gran Sacerdote inundaron la Corte, hasta que, finalmente, y en son de broma, la historia fue repetida hasta al mismo Emperador. Esta chismografía desagradaba a la Gran Concubina, que guardaba una actitud fría e indiferente. Comprendía perfectamente que existían dos motivos para que los cortesanos pudieran bromear libremente sobre un asunto cuyo comentario, normalmente, les estaría vedado. El primero, que, refiriéndose al amor del Gran Sacerdote, estaban halagando la belleza de la mujer que inspiraba aun a un eclesiástico de tan gran virtud, tamaña distracción y, en segundo término, todos sabían que el amor del anciano por la noble dama jamás podría ser retribuido.

La Gran Concubina Imperial reconstruyó mentalmente los rasgos del viejo sacerdote que había visto a través de la ventana del carruaje. No se parecía en absoluto a los rostros de ninguno de los hombres que la habían amado hasta entonces. Era extraño que el amor surgiera en el corazón de un hombre que no poseía ninguna condición como para ser amado. La dama recordó frases tales como "mi amor perdido y sin esperanzas" que eran usadas a menudo por los poetastros de Palacio cuando deseaban despertar eco en los corazones de sus indiferentes amadas. La situación del más desgraciado de aquellos elegantes resultaba envidiable frente a la del Gran Sacerdote. Sin embargo, a la Concubina Imperial los escarceos poéticos de tales jóvenes se le antojaron adornos mundanos, inspirados por la vanidad y totalmente desprovistos de sentimiento.

A esta altura, el lector comprenderá claramente que la Gran Concubina Imperial no era, como comúnmente se la creía, la personificación de la elegancia cortesana, sino una persona que encontraba en la evidencia de ser amada una verdadera razón de vivir. Pese a su alto rango era, antes que nada, una mujer, y todo el poder y la autoridad del mundo carecían de valor si no le brindaban tal evidencia.

Los hombres que la rodeaban se entregaban a luchar sin fin para alcanzar el poder político. Ella soñaba con dominar el mundo por otros medios puramente femeninos.

Había conocido a muchas mujeres que habían tomado los hábitos que se habían retirado del mundo. Tales mujeres la hacían reír. Cualquiera sea la razón alegada por una mujer para abandonar el mundo, le es casi imposible desprenderse de sus posesiones. Sólo los hombres son verdaderamente capaces de abandonar cuanto poseen.

El viejo sacerdote del lago había dejado, en determinada etapa de su vida, el Mundo Fluctuante y sus placeres. Ante los ojos de la Concubina Imperial era más hombre que todos los nobles que poblaban la Corte. Y así como había abandonado una vez este Mundo Fluctuante, estaba dispuesto ahora, por ella, a renunciar también al mundo futuro.

La Concubina recordó la idea de la sagrada flor de loto que su profunda fe había impreso vívidamente en su mente. Pensó en el enorme loto con una anchura de doscientas cincuenta yojana. Aquella planta absurda se ajustaba más a sus gustos que las mezquinas flores flotantes de los estanques de la Capital. Por las noches, el susurro del viento entre los árboles del jardín le parecía insípido comparado con la música delicada que produce la brisa, en la Tierra Pura, cuando sacude a las plantas sagradas.

Al recordar los extraños instrumentos que colgaban del cielo y tañían sin ser tocados, el sonido del arpa de Palacio sólo se le antojaba una despreciable imitación.

El Sacerdote del Templo de Shiga luchaba. En sus combates juveniles contra la carne, lo había sostenido siempre la esperanza de alcanzar el mundo futuro. Pero, en cambio, esta lucha desesperada de su vejez se asociaba con un sentimiento de pérdida irreparable.

La imposibilidad de consumar su amor por la Gran Concubina Imperial se le aparecía tan clara como el sol en el cielo. Al mismo tiempo, tenía perfecta conciencia de la imposibilidad de avanzar hacia la Tierra Pura, mientras permaneciera esclavo de aquel amor. El Gran Sacerdote había vivido en un estado de incomparable libertad y ahora, en un abrir y cerrar de ojos, se encontraba sin futuro y en la más completa oscuridad. El coraje que lo había acompañado durante las luchas de su juventud había tenido, quizás, sus raíces en su propio orgullo y confianza, en saber que se estaba privando voluntariamente del placer que tenía al alcance de la mano.

El Gran Sacerdote sentía miedo nuevamente. Hasta que aquel noble carruaje se aproximara a la orilla del Lago Shiga, su convencimiento era que cuanto le esperaba ya no era sino la liberación del Nirvana. Ahora se encontraba, de pronto, frente a la oscuridad del mundo donde es imposible adivinar lo que nos acecha a cada paso.

En vano acudía a todas las formas de meditación religiosa. Ensayó la Contemplación del Crisantemo, la Contemplación del Aspecto Total y la Contemplación de las Partes; pero cada vez que intentaba concentrarse, el hermoso rostro de la Concubina aparecía ante sus ojos. Tampoco fue un remedio la Contemplación del Agua, pues invariablemente aparecían los bellos rasgos resplandecientes entre las ondas del lago.

Todo esto, sin duda, era sólo una consecuencia de su apasionamiento. Bien pronto, el sacerdote advirtió que la concentración le producía más mal que bien, y fue entonces cuando ensayó aliviar su espíritu por medio de la dispersión. Le asombraba constatar que la meditación lo hundía, paradójicamente, en una desilusión aún más profunda. A medida que su espíritu iba sucumbiendo bajo tal peso, el sacerdote decidió que antes de proseguir una lucha estéril, era mejor concentrar deliberadamente sus pensamientos en la figura de la Gran Concubina Imperial.

El Gran Sacerdote hallaba una nueva satisfacción al adornar su visión de la dama en las más variadas formas, como si se tratara de una imagen budista cubierta de diademas y baldaquines. Al hacerlo, el objeto de su amor se transformaba en un ser de creciente esplendor, distante e imposible. Esto le producía una alegría especial, seguramente porque de lo contrario, el ver a la Gran Concubina Imperial como a una mujer común y corriente era más peligroso. La revestía de todas las humanas fragilidades.

Mientras reflexionaba sobre este asunto, la verdad se hizo en su corazón. No veía en la Gran Concubina Imperial a una criatura de carne y hueso, ni tampoco a una visión. Era, en todo caso, un símbolo de la realidad, un símbolo de la esencia de las cosas. Resulta verdaderamente extraño perseguir esa esencia en la figura de una mujer. Y, sin embargo, existía un motivo. Aun al enamorarse, el sacerdote de Shiga no había perdido el hábito, adquirido tras largos años de contemplación, de esforzarse por alcanzar la esencia de las cosas a través de una constante abstracción. La Gran Concubina Imperial de Kyogoku, se había identificado con la visión del inmenso loto de doscientos cincuenta yojana. Reclinada en el agua y sostenida por todas las flores de loto, la Cortesana se volvía. tan grande como el Monte Sumeru.

Cuanto más convertía a su amor en un imposible, más profundamente traicionaba el sacerdote a Buda, pues la imposibilidad de su amor se encontraba aparejada con la imposibilidad de llegar a la iluminación. Y cuanto más advertía que su amor no podía tener esperanza, más crecía la fantasía que lo alimentaba y más se arraigaban sus pensamientos impuros. Mientras consideraba que su amor tenía alguna remota posibilidad, le había sido más fácil renunciar a él; pero ahora que la Gran Concubina se había convertido en una criatura fabulosa y totalmente inalcanzable, el amor del Gran Sacerdote se inmovilizaba como un gran lago de aguas calmas que cubría, inexorablemente, la superficie de la tierra.

Esperaba ver el rostro de su dama aún una vez más, pero temía que esa figura, que ahora se había vuelto una gigantesca flor de loto, se desvaneciera sin dejar rastros. Si aquello sucedía, el Gran Sacerdote se salvaría. Esta vez no dudaba de alcanzar la verdad. Y aquella mera perspectiva llenó al sacerdote de miedo y reverencia.

El melancólico amor del anciano había comenzado a crear curiosas estratagemas. Cuando, por fin, se decidió a visitar a la Gran Concubina, creyó en la ilusión de estar saliendo de una enfermedad que estaba marchitando su cuerpo. El caviloso sacerdote interpretó la alegría que acompañaba a su determinación como el alivio de haber escapado finalmente a las trabas de su amor.

Ninguno de los servidores de la Gran Concubina halló nada extraño en el hecho de que un anciano sacerdote permaneciera de pie en un rincón del jardín, apoyado en su bastón y mirando tristemente la Residencia. Era frecuente encontrar a ascetas y mendigos frente a las grandes casas de la Capital, aguardando limosnas.

Una de las cortesanas mencionó el hecho a su señora. La Gran Concubina miró, casualmente, a través del postigo que la separaba del jardín. Bajo las sombras del verde follaje, un anciano sacerdote macilento y de raídas vestiduras negras, inclinaba la cabeza. La dama lo observó por algún tiempo, y cuando hubo reconocido al sacerdote del lago de Shiga, su pálido rostro se volvió aún más demacrado.

Pasados algunos minutos de indecisión, impartió las órdenes necesarias para que la presencia del sacerdote en el jardín fuera ignorada.

Por primera vez el desasosiego hizo presa de ella. Había visto a mucha gente hacer abandono del mundo, pero ahora se encontraba por primera vez con alguien que renunciaba al mundo futuro. La visión resultaba siniestra y aterradora. Todos los placeres que había extraído su imaginación ante la idea del amor del sacerdote, desaparecieron en un segundo. Aunque aquel hombre hubiera renunciado al mundo futuro por ella, ahora comprendía que ese mundo jamás pasaría a sus propias manos.

La Gran Concubina Imperial contempló sus ropas elegantes y su hermoso cuerpo. Luego, miró hacia el jardín y observó al feo anciano andrajoso. El hecho de que pudiera existir alguna relación entre ambos tenia una extraña fascinación.

¡Qué diferente de la espléndida visión resultaba todo! El Gran Sacerdote parecía ahora una persona salida del Infierno mismo. Nada quedaba del hombre de virtuosa presencia que traía consigo el destello de la Tierra Pura. Su luz interior, que hacía evocar la gloria, se había desvanecido totalmente. Aun cuando se trataba del hombre del Lago de Shiga, era una persona completamente distinta.

Como la mayoría de los cortesanos, la Gran Concubina Imperial tendía a estar en guardia contra sus propias emociones, especialmente cuando se enfrentaba con algo que podía afectarla profundamente.

Al comprobar el amor del Gran Sacerdote, la invadió el descorazonamiento. La pasión consumada con la cual tanto había soñado durante años, adquiría una forma, preciso es reconocerlo, harto descolorida.

Cuando el sacerdote, apoyado en su bastón, llegó a la capital, casi había olvidado su fatiga. Penetró sigilosamente en las posesiones de la Gran Concubina Imperial en Kyogoku y observó desde el jardín. Tras aquellos postigos estaba la dama de sus pensamientos.

Al asumir su adoración una forma sin mácula, el mundo futuro comenzó a ejercer nuevamente su fascinación sobre el Gran Sacerdote. Nunca antes había vislumbrado la Tierra Pura con tanta intensidad. Su anhelo hacia ella se volvió casi sensual. Sólo debía pasar ahora por la formalidad de presentarse ante la Gran Concubina, declararle su amor y, de tal manera, librarse de una vez por todas de pensamientos impuros que lo ataban aún a este mundo. Faltaba ese único requisito para acercarse aún más a la Tierra Pura.

Le resultaba doloroso permanecer de pie, apoyado en el bastón. Los ardientes rayos del sol de mayo atravesaban las hojas y caían sobre su cabeza afeitada. Una y otra vez creyó perder el sentido. ¡Si tan sólo la dama advirtiera su propósito y lo invitara a saludarla para cumplir así con aquella formalidad! El Gran Sacerdote esperaba y, apoyado en su bastón, luchaba contra su creciente debilidad.

Finalmente llegó el crepúsculo. Nada sabía aún de la Gran Concubina, quien, por lógica, no podía conocer el pensamiento del sacerdote que, a través de ella, vislumbraba la Tierra Pura. Se limitaba a observarlo a través de los postigos. El sacerdote continuaba en el mismo sitio, inmóvil. La claridad nocturna iluminó el jardín.

La Gran Concubina Imperial se atemorizó. Presintió que cuanto veía en el jardín no era sino la encarnación de aquella "desilusión profundamente arraigada" de la que hablan los Sutras. Quedó abrumada ante la posibilidad de merecer las penas del Infierno.

Después de haber llevado a la perdición a un sacerdote de tan gran virtud, no era, seguramente, la Tierra Pura cuanto podía esperar, sino, en cambio, el Infierno mismo con todos los terrores que ella tan bien conocía. El amor supremo con el cual soñara se había derrumbado. Ser amada así, equivalía a una forma de condenación. Del mismo modo en que el Gran Sacerdote vislumbraba por su intermedio la Tierra Pura, la Gran Concubina contemplaba el horrible reino del Infierno a través del amor de aquel anciano.

Sin embargo, esta noble dama de Kyogoku era demasiado orgullosa como para sucumbir a sus temores sin luchar, y decidió poner en juego todos los recursos de su innata crueldad.

"El Gran Sacerdote —se dijo— tendrá que sucumbir, tarde o temprano, al mareo." Lo observó a través de los postigos esperando verlo en el suelo; pero, para su fastidio, la silenciosa figura continuaba inmóvil.

Cayó la noche y, a la luz de la luna, la figura del sacerdote se asemejaba a un montón de huesos blancos.

La dama, llena de temor, no podía conciliar el sueño. Dejó de mirar a través de los postigos y dio la espalda al jardín. Sin embargo, le parecía sentir constantemente la penetrante mirada del sacerdote.

Sabía que aquél no era un amor vulgar. Por temor a ser amada y, por ende, de terminar en el Infierno, la Gran Concubina Imperial rezaba con más fervor que nunca por la Tierra Pura. Una Tierra Pura propia e invulnerable que ansiaba conservar en su corazón. Era diferente a la del sacerdote y no tenía relación con su amor. No dudaba de que, si alguna vez la mencionaba ante el anciano, aquella interpretación personal se desintegraría inmediatamente.

El amor del sacerdote, se decía, no tenía nada que ver con ella. Era una aventura unilateral en la que sus sentimientos no tenían parte alguna. No había, pues, razón por la cual se la descalificara en su admisión en la Tierra Pura. Aun cuando el Gran Sacerdote perdiera el sentido y falleciera, ella se mantendría indemne. Sin embargo, a medida que avanzaba la noche y la temperatura se hacía más fría, su confianza comenzó a abandonarla.

El Sacerdote permanecía en el jardín. Cuando las nubes ocultaban la luna, se asemejaba a un extraño árbol viejo y nudoso.

La dama, consumida de angustia, insistía en que aquel anciano le era totalmente ajeno. Las palabras parecían explotar en su corazón. ¿Por qué, en nombre del Cielo, tenía que ocurrir esto?

En aquellos momentos, y por extraño que parezca, la Gran Concubina Imperial se había olvidado completamente de su belleza. Quizás fuera más correcto decir que se había visto obligada a hacerlo.

Finalmente, los tenues matices del amanecer irrumpieron en el cielo oscuro y la figura del sacerdote se destacó en la media luz. Todavía permanecía en pie. La Gran Concubina Imperial estaba derrotada.

Llamó a una doncella y le ordenó invitar al sacerdote a dejar el jardín y a arrodillarse junto al postigo.

El Gran Sacerdote se hallaba en la frontera del olvido, donde la carne se desintegra. Ya no sabía si esperaba a la Gran Concubina Imperial o al mundo futuro. Aun cuando distinguió la figura de la doncella aproximándose desde la residencia en la pálida luz del amanecer, ni siquiera comprendió que cuanto había esperado con tantas ansias, se hallaba finalmente al alcance de su mano.

La doncella trasmitió el mensaje de su señora. Al escucharlo, el sacerdote profirió un grito horrendo e inhumano. La doncella intentó guiarlo de la mano, pero él no se lo permitió y se dirigió hacia la casa con pasos increíblemente rápidos y seguros.

La oscuridad reinaba tras el postigo y resultaba imposible ver, desde afuera, a la Gran Concubina. El sacerdote cayó de rodillas y, cubriéndose el rostro con las manos, rompió a llorar. Estuvo allí por largo rato con el cuerpo sacudido por esporádicas convulsiones.

Entonces, en la semi penumbra del amanecer, una blanca mano emergió dulcemente del postigo. El sacerdote del Templo de Shiga la tomó entre las suyas y se la llevó a la frente y a las mejillas.

La Gran Concubina Imperial de Kyogoku tocó unos dedos extrañamente fríos. Al mismo tiempo, sintió algo húmedo y tibio. Alguien mojaba sus manos con tristes lágrimas.

Cuando los pálidos reflejos de la luz matutina comenzaron a iluminarla a través del postigo, la ferviente fe de la dama le infundió una maravillosa inspiración. No dudó ni por un instante de que aquella mano extraña era la de Buda.

Entonces, la gran visión surgió nuevamente en el corazón de la Concubina. El suelo de esmeraldas de la Tierra Pura; los millones de torres de siete joyas; los ángeles y su música; los estanques dorados con arenas de plata; los lotos resplandecientes y la dulce voz de las Kalavinkas. Si aquella era la Tierra Pura que le tocaría en suerte —y en aquel momento no dudaba de que así sería—, ¿por qué no aceptar el amor del Gran Sacerdote?

Aguardó a que el hombre con las manos de Buda le rogara abrir el postigo que los separaba. Cuando se lo pidiera, ella levantaría tal barrera y su cuerpo incomparablemente hermoso aparecería frente a él como en su primer encuentro junto al lago. Ella lo invitaría a entrar.

La Gran Concubina Imperial esperó.

Pero el Gran Sacerdote del Templo de Shiga no dijo nada. No pidió nada. Después de cierto tiempo, las viejas manos aflojaron su presión y los blancos dedos de la dama quedaron solos en la penumbra del amanecer. El Sacerdote se alejó. Un frío mortal descendió sobre el corazón de la Gran Concubina Imperial.

Pocos días después llegó a la Corte el rumor de que el espíritu del Gran Sacerdote había alcanzado la liberación final en su celda de Shiga. Al enterarse de tal noticia, la dama de Kyogoku se dedicó a copia

LA PERLA

El 10 de diciembre era el cumpleaños de la señora Sasaki. La señora Sasaki deseaba celebrar el acontecimiento con el menor ajetreo posible y solamente había invitado para el té a sus más íntimas amigas, las señoras Yamamoto, Matsumura, Azuma y Kasuga, quienes contaban exactamente la misma edad que la dueña de casa. Es decir, cuarenta y tres años.

Estas señoras integraban la sociedad "Guardemos nuestras edades en secreto" y podía confiarse plenamente en que no divulgarían el número de velas que alumbraban la torta. La señora Sasaki demostraba su habitual prudencia al convidar a su fiesta de cumpleaños solamente a invitadas de esta clase.

Para aquella ocasión la señora Sasaki se puso un anillo con una perla. Los brillantes no hubieran sido de buen gusto para una reunión de mujeres solas. Además, la perla combinaba mejor con el color de su vestido.

Mientras la señora Sasaki daba una última ojeada de inspección a la torta, la perla del anillo, que ya estaba algo floja, terminó por zafarse de su engarce. Era aquel un acontecimiento poco propicio para tan grata ocasión, pero hubiera sido inadecuado poner a todos al tanto del percance. La señora Sasaki depositó, pues, la perla en el borde de la fuente en que se servía la torta y decidió que luego haría algo al respecto.

Los platos, tenedores y servilletas rodeaban la torta. La señora Sasaki pensó que prefería que no la vieran llevando un anillo sin piedra mientras cortaba la torta y, muy hábilmente, sin siquiera darse vuelta, lo deslizó en un nicho ubicado a sus espaldas.

El problema de la perla quedó rápidamente olvidado en medio de la excitación producida por el intercambio de chismes y la sorpresa y alegría que producían a la dueña de casa los acertados regalos de sus amigas. Muy pronto llegó el tradicional momento de encender y apagar las velas de la torta. Todas se congregaron agitadamente alrededor de la mesa, cooperando en la complicada tarea de encender cuarenta y tres velitas.

Tampoco podía esperarse que la señora Sasaki, con su limitada capacidad pulmonar, apagara de un solo soplido tantas velas y su apariencia de total desamparo suscitó no pocos comentarios risueños.

Después del decidido corte inicial, la señora Sasaki sirvió a cada invitada una tajada del tamaño deseado en un pequeño plato que, luego, cada una llevaba hasta su respectivo asiento. Alrededor de la mesa se produjo una confusión bastante considerable. Todas extendían sus manos al mismo tiempo.

La torta estaba adornada con un motivo floral y cubierta con un baño rosado, salpicado abundantemente con pequeñas bolitas plateadas hechas de azúcar cristalizada. La clásica decoración de las tortas de cumpleaños.

En la confusión del primer momento algunas escamas del baño, migas y cierta cantidad de bolitas plateadas se desparramaron sobre el mantel blanco. Algunas de las invitadas juntaban estas partículas con los dedos y las ponían en sus platos. Otras, las echaban directamente en su boca.

Luego, cada una volvió a su asiento y, con toda la tranquila alegría que correspondía, comieron sus porciones.

Aquélla no era una torta casera. La señora Sasaki la había encargado con anticipación en una confitería de bastante renombre y todas coincidieron en que su gusto era excelente.

La señora Sasaki resplandecía de felicidad. De pronto, y con un dejo de ansiedad, recordó la perla que había dejado sobre la mesa. Con disimulo se levantó tan displicentemente como pudo y comenzó a buscarla. La perla había desaparecido. Sin embargo, estaba segura de haberla dejado allí. La señora Sasaki aborrecía perder cosas. Sin pensarlo más, se entregó de lleno a su búsqueda y su intranquilidad se hizo tan evidente que sus invitadas la advirtieron.

—No es nada… Un segundo, por favor… —repuso a las cariñosas preguntas de sus amigas.

Pese a lo ambiguo de su respuesta, una a una las invitadas se pusieron de pie y revisaron el mantel y el piso.

La señora Azuma, frente a tanta conmoción, pensó que la situación era francamente deplorable. Estaba contrariada frente a una dueña de casa capaz de crear una situación tan desagradable por el extravío de una perla.

La señora Azuma decidió inmolarse y salvar el día. Con una sonrisa heroica, dijo:

—¡Eso fue entonces! ¡La perla debe haber sido lo que me acabo de comer! Cuando me sirvieron la torta, una bolita plateada se cayó sobre el mantel y yo la levanté y me la tragué sin pensar. Me pareció que se atascaba un poco en mi garganta. Por supuesto que si hubiera sido un brillante no dudaría en devolvértelo, aun a riesgo de tener que sufrir una operación; pero como se trata simplemente de una perla, no puedo sino pedirte perdón.

Este anuncio calmó de inmediato la ansiedad del grupo y salvó a la dueña de casa de un trance difícil. Nadie se preocupó en averiguar si la confesión de la señora Azuma era cierta o falsa. La señora Sasaki tomó una de las bolitas que quedaban y se la comió.

—Mmmm —comentó—, ¡ésta tiene gusto a perla!

En esta forma, el pequeño incidente fue recibido entre bromas y, en medio de la risa general, quedó totalmente olvidado.

Al finalizar la reunión, la señora Azuma partió en su auto deportivo, llevando con ella a su íntima amiga y vecina, la señora Kasuga. Apenas se habían alejado, la señora Azuma dijo:

—¡No puedes dejar de reconocerlo! Fuiste tú quien se tragó la perla, ¿no es cierto? Quise protegerte y me declaré culpable.

Estas palabras informales ocultaban un profundo afecto. Pero por más amistosa que fuera la intención, para la señora Kasuga una acusación infundada era una acusación infundada. No recordaba bajo ningún concepto haberse tragado una perla en vez de un adorno de azúcar. La señora Azuma sabía cuán difícil era ella para todo lo referente a la comida. Bastaba con que apareciera un cabello en su plato, para que, inmediatamente, se le atragantara el almuerzo.

—Pero, ¡por favor! —protestó la señora Kasuga con voz débil mientras estudiaba el rostro de la señora Azuma—. ¡Nunca podría haber hecho algo semejante!

—No es necesario que finjas. Te vi en aquel momento. Cambiaste de color y ello fue suficiente para mí.

La confesión de la señora Azuma parecía cerrar el incidente del cumpleaños; pero, sin embargo, dejó una molesta secuela.

Mientras la señora Kasuga pensaba en la mejor forma de demostrar su inocencia, la asaltó la duda de que la perla del solitario pudiera estar alojada en alguna parte de sus intestinos. Era, desde luego, poco probable que se hubiera tragado una perla en vez de una bolita de azúcar, pero, en medio de la confusión general causada por la charla y las risas, forzoso era admitir que existía por lo menos esa posibilidad.

Revisó mentalmente todo lo sucedido en la reunión, pero no pudo recordar ningún momento en el que hubiera llevado una perla hasta sus labios. Después de todo, si había sido un acto subconsciente, sería difícil recordarlo.

La señora Kasuga se sonrojó violentamente cuando su imaginación la llevó hacia otro aspecto del asunto. Al recibir una perla en el cuerpo de uno, no cabe duda de que —quizás un poco disminuido su brillo por los jugos gástricos— en uno o dos días es fácil recuperarla.

Y junto a este pensamiento, las intenciones de la señora Azuma se volvieron transparentes para su amiga. Sin lugar a dudas, la señora Azuma había vislumbrado el mismo problema con incomodidad y vergüenza y, por lo tanto, pasando su responsabilidad a otro, había dejado entrever que cargaba con la culpa del asunto para proteger a una amiga.

Mientras tanto, las señoras Yamamoto y Matsumura, que vivían en la misma dirección, retornaban a sus casas en un taxi. Al arrancar el coche, la señora Matsumura abrió la cartera para retocar su maquillaje, recordando que no lo había hecho durante toda la reunión.

Al tomar la polvera, un destello opaco llamó su atención mientras algo rodaba hacia el fondo de su cartera. Tanteando con la punta de los dedos, la señora Matsumura recuperó el objeto y vio con asombro que se trataba de la perla.

La señora Matsumura sofocó una exclamación de sorpresa. Desde tiempo atrás sus relaciones con la señora Yamamoto distaban mucho de ser cordiales y no deseaba compartir aquel descubrimiento que podía tener consecuencias tan poco agradables para ella.

Afortunadamente la señora Yamamoto miraba por la ventanilla y no pareció darse cuenta del súbito sobresalto de su acompañante.

Sorprendida por los acontecimientos, la señora Matsumura no se detuvo a pensar en cómo había llegado la perla a su bolso, sino que, inmediatamente, quedó apresada por su moral de líder de colegio. Era prácticamente imposible, pensó, cometer un acto semejante aun en un momento de distracción. Pero dadas las circunstancias, lo que correspondía hacer era devolver la perla inmediatamente. De lo contrario, hubiera sentido un gran cargo de conciencia. Además, el hecho de que se tratara de una perla —o sea, un objeto que no era ni demasiado barato ni demasiado caro— contribuía a hacer su posición más ambigua.

Resolvió, pues, que su acompañante, la señora Yamamoto, no se enterara del imprevisible desarrollo de los acontecimientos, en especial cuando todo había quedado tan bien solucionado gracias a la generosidad de la señora Azuma.

La señora Matsumura decidió que le era imposible permanecer ni un minuto más en aquel taxi y, pretextando una visita a un familiar, pidió al conductor que se detuviera en medio de un tranquilo suburbio residencial.

Una vez sola en el taxi, la señora Yamamoto se sorprendió un poco por la brusca determinación tomada por la señora Matsumura a consecuencia de su broma. Observó el reflejo de la señora Matsumura en el vidrio y, en aquel preciso momento, vio cómo sacaba la perla de su cartera.

En el transcurso de la reunión la señora Yamamoto había sido la primera en recibir su parte de torta. Había agregado a su plato una bolita plateada que había rodado sobre la mesa y al volver a su asiento antes que las demás, advirtió que la bolita en cuestión era una perla. En el mismo momento de descubrirlo, concibió un plan malicioso.

Mientras las demás invitadas se preocupaban por la torta, deslizó la perla dentro del bolso que aquella hipócrita e insufrible señora Matsumura había dejado sobre la silla vecina.

Desamparada, en el barrio residencial donde había pocas probabilidades de conseguir un taxi, la señora Matsumura se entregó a oscuras reflexiones acerca de su posición.

En primer lugar, aun cuando fuera absolutamente necesario para descargo de su conciencia, sería una vergüenza ir a removerlo todo de nuevo cuando las demás habían llegado a tales extremos para arreglar las cosas satisfactoriamente. Por otra parte, sería peor si, con tal proceder, hiciera recaer injustas sospechas sobre ella misma.

No obstante estas consideraciones, si no se apresuraba en devolver la perla, desperdiciaría una ocasión única. Si lo dejaba para el día siguiente (el sólo pensarlo hizo sonrojar a la señora Matsumura) la devolución daría lugar a dudas y especulaciones. La propia señora Azuma había formulado una insinuación acerca de esta posibilidad.

Fue entonces cuando, con gran alegría, la señora Matsumura concibió el plan magistral que dejaría en paz a su conciencia y, al mismo tiempo, la libraría del riesgo de exponerse a injustas sospechas.

Aceleró el paso y, al llegar a una calle más transitada, llamó a un taxi y ordenó al conductor llevarla a un conocido negocio de perlas en Ginza.

Allí mostró la perla al vendedor y le pidió una algo más grande y de mejor calidad. Una vez efectuada la compra, volvió hasta la casa de la señora Sasaki.

El plan de la señora Matsumura era entregar la perla recién comprada a la señora Sasaki, diciéndole que la había encontrado en el bolsillo de su chaqueta. Su anfitriona la aceptaría y, después, intentaría hacerla calzar en el anillo. Al tratarse de una perla de distinto tamaño no coincidiría con el anillo, y la señora Sasaki, desconcertada, intentaría devolverla, cosa que no pensaba aceptar la señora Matsumura.

La señora Sasaki no podría sino pensar que aquélla se comportaba así para proteger a otra persona: "Sin duda la señora Matsumura ha visto robar la perla por una de las otras tres señoras. Será, pues, mejor olvidar todo el asunto; pero, al menos, de mis invitadas puedo estar segura de que la señora Matsumura está totalmente exenta de culpa. ¿Quién ha oído jamás que un ladrón robe algo y luego lo reemplace por algo similar y de mayor valor?"

Con esta estratagema la señora Matsumura se proponía escapar para siempre de la infamia de la sospecha y de igual manera —mediante un pequeño desembolso— de los remordimientos de una conciencia intranquila.

Volvamos a las otras señoras. Ya en su casa, la señora Kasuga seguía sintiéndose lastimada por las crueles bromas de la señora Azuma. Para librarse de un cargo tan ridículo como aquél, debía actuar antes del día siguiente, pues si no sería demasiado tarde. Para probar realmente que no había comido la perla, era, pues, necesario que la perla apareciera de alguna manera.

En resumen, si podía exhibir de inmediato la perla a la señora Azuma, por lo menos su inocencia respecto a la hipótesis gastronómica quedaría firmemente demostrada.

Si esperaba hasta el día siguiente, aun cuando se las arreglara para mostrar la perla, se interpondría inevitablemente la vergonzosa e innombrable sospecha.

La habitualmente tímida señora Kasuga abandonó apresuradamente su domicilio al cual acababa de regresar e inspirada por el coraje que confiere obrar con ímpetu, se apuró en llegar a un comercio de Ginza donde eligió y compró una perla que, a su parecer, era más o menos del mismo tamaño que las bolitas plateadas de la torta.

Llamó por teléfono a la señora Azuma. Le explicó que, al volver a su casa, había descubierto entre los pliegues del moño de su faja la perla perdida por la señora Sasaki y que le causaba cierta vergüenza ir a devolverla. ¿Sería tan amable la señora Azuma como para acompañarla lo más pronto posible?

Para sus adentros la señora Azuma reflexionó en que aquella historia era poco verosímil, pero por tratarse del pedido de una buena amiga, accedió a él.

La señora Sasaki aceptó la perla que le llevara la señora Matsumura y, asombrada de que no se ajustara a su anillo, pensó, agradecida, exactamente lo que la señora Matsumura había deseado que pensara.

Se sorprendió, sin embargo, cuando una hora más tarde llegó la señora Kasuga, acompañada por la señora Azuma, y le devolvió otra perla.

La señora Sasaki estuvo a punto de mencionar la visita anterior, pero se contuvo a último momento y aceptó la segunda perla tan tranquilamente como pudo. No dudaba de que ésta se ajustaría al engarce y, tan pronto como partieron sus amigas, se apuró a probarla en el anillo.

Era demasiado chica. Frente a este descubrimiento, la señora Sasaki enmudeció.

En el viaje de regreso ambas señoras se encontraron frente a la imposibilidad de saber lo que pensaba la otra, y aunque sus encuentros solían ser alegres y locuaces, en aquella oportunidad cayeron en un largo silencio.

La señora Azuma, que actuaba con perfecto conocimiento del asunto, sabía a ciencia cierta que no se había tragado la perla.

Había sido simplemente para eludir una situación embarazosa para todas que, en la fiesta, se había declarado culpable. En especial, la había guiado el deseo de aclarar la situación de una amiga que, por su inquietud, había transmitido cierta sensación de culpabilidad. ¿Qué podía pensar ahora? Más allá de la peculiar actitud de la señora Kasuga y del procedimiento de hacerse acompañar por ella para devolver la perla, presentía algo mucho más profundo. Quizá la intuición de la señora Azuma había ubicado el punto débil de su amiga y, al descubrirlo, la acorralaba transformando una cleptomanía inconsciente e impulsiva en un grave desorden mental.

Por su parte, la señora Kasuga todavía abrigaba sospechas de que la señora Azuma se hubiera tragado realmente la perla y de que su confesión en la fiesta fuera verdadera. De ser así, resultaría imperdonable de parte de la señora Azuma haberse burlado de ella tan cruelmente. Su timidez había contribuido a la sensación de pánico que la había impulsado a hacer aquella pequeña farsa a más de gastar una buena suma. ¿No era entonces una maldad de parte de la señora Azuma, después de todo ello, negarse a confesar que había comido la perla? Si la inocencia de la señora Azuma era fingida, la señora Kasuga, al representar tan esmeradamente su papel, aparecería ante sus ojos como el más ridículo de los actores de segundo orden.

Pero retornemos a la señora Matsumura. Al regresar de casa de la señora Sasaki y después de haberla obligado a aceptar la perla, la señora Matsumura se sintió algo más tranquila y pudo analizar, detalle por detalle, los acontecimientos del incidente.

Estaba segura, al levantarse en busca de su trozo de torta, de haber dejado su cartera sobre la silla. Luego, al comerla, había empleado servilletas de papel, con lo que se descartaba la necesidad de abrir el bolso en busca de un pañuelo. Cuanto más lo pensaba, menos recordaba haber abierto su cartera hasta el momento de empolvarse en el taxi. ¿Cómo era posible, entonces, que la perla se hubiera introducido en un bolso cerrado?

En aquel momento comprendió la tontería de no haber tenido en cuenta ese simple detalle en vez de atemorizarse al encontrar la perla. Llegada a este punto de su razonamiento, un súbito pensamiento la dejó atónita. Alguien había colocado la perla en su bolso con absoluta premeditación, a fin de comprometerla. Y de las cuatro invitadas a la reunión, la única que podía haberlo hecho era, sin duda, la detestable señora Yamamoto.

Con los ojos encendidos por la ira, la señora Matsumura fue hasta la casa de la señora Yamamoto.

Al verla aparecer en su puerta, la señora Yamamoto supo inmediatamente lo que la había llevado hasta allí y preparó su defensa.

Desde el primer instante, el interrogatorio de la señora Matsumura fue inesperadamente severo, y dejó traslucir claramente que no aceptaría evasivas.

—Has sido tú. Nadie podría haber hecho semejante cosa —comenzó la señora Matsumura.

—¿Por qué yo? ¿Qué pruebas tienes? Supongo que si vienes a echarme esto en cara, es porque tienes todos los elementos de juicio, ¿no es cierto? —la señora Yamamoto se mantenía en una rígida compostura.

La señora Matsumura respondió que la señora Azuma, al echarse las culpas por lo sucedido con tanta nobleza, no podía tener ninguna relación con tan ruin proceder, y que, en cuanto a la señora Kasuga, no tenía las agallas necesarias para un juego tan peligroso. Quedaba, pues, una sola incógnita: la señora Yamamoto.

Ésta guardó silencio con la boca cerrada como una ostra. Frente a ella, la perla traída por la señora Matsumura brillaba suavemente. El té de Ceilán que había preparado tan cuidadosamente comenzaba a enfriarse.

—No pensaba que me odiaras tanto —la señora Yamamoto se enjugó las comisuras de los ojos, pero resultó evidente que la señora Matsumura estaba resuelta a no dejarse ablandar por las lágrimas.

—Bueno, voy a decirte algo que jamás pensé decir —continuó la señora Yamamoto—. No voy a mencionar nombres, pero una de las invitadas…

—¿Con eso quieres hablar de la señora Kasuga o de la señora Azuma?

—Por favor, por lo menos déjame omitir su nombre. Como te decía, una de las invitadas estaba abriendo tu bolso e introduciendo algo en él cuando yo, inadvertidamente, miré en aquella dirección. ¡Puedes imaginarte mi desconcierto! Aun cuando me hubiera sentido capaz de prevenirte, no habría siquiera tenido la oportunidad de hacerlo. Comencé a sentir palpitaciones y más palpitaciones. Y en el viaje en el taxi… ¡oh, qué horror no poder hablarte! Si hubiéramos sido buenas amigas, no hubiera dudado en contártelo con absoluta franqueza, pero como aparentemente yo no te gusto…

—Comprendo. Has sido muy considerada, y ahora le estás echando hábilmente las culpas a las señoras presentes, ¿verdad?

—¿Culpar a otro? ¿Cómo puedo hacerte comprender mis sentimientos? Sólo quería evitar el herir a alguien…

—Está bien. Pero no te importó herirme a mí, ¿no es cierto? Por lo menos podrías haber mencionado todo esto en el taxi.

—Probablemente lo hubiera hecho si tú hubieras tenido la franqueza de mostrarme la perla cuando la encontraste en tu cartera. Preferiste, en cambio, bajar del coche sin decir una palabra!

Por primera vez la señora Matsumura no supo qué contestar.

—¿Comprendes, entonces, lo que quise hacer? Lo importante era no herir a nadie.

La señora Matsumura se sintió invadida por una intensa ira.

—Si vas a endilgarme una serie de mentiras como ésta, voy a pedirte que las repitas esta noche frente a las señoras Azuma y Kasuga y en mi presencia.

Al escuchar esto, la señora Yamamoto rompió a llorar.

—Gracias a ti, todos mis esfuerzos por no herir a nadie fracasarán… —sollozó.

Para la señora Matsumura era una experiencia nueva verla llorar y, aunque se repitió firmemente que no iba a dejarse engañar por aquellas lágrimas, no pudo evitar el pensamiento de que, al no probarse nada concreto, quizás podría haber algo de verdad en las afirmaciones de la señora Yamamoto.

Para ser más objetivos, si se aceptaba el relato de la señora Yamamoto como cierto, el rehusarse a revelar el nombre de la culpable traslucía cierta grandeza de alma. Y, de la misma manera, tampoco se podía asegurar que la gentil y, en apariencia, tímida señora Kasuga no pudiera sentirse inclinada a realizar un acto malicioso. Del mismo modo, el indudable rechazo existente entre ella y la señora Yamamoto podía, según se miraran las cosas, ser considerado como un atenuante en la culpa de la señora Yamamoto.

—Tenemos naturalezas diferentes —continuó la señora Yamamoto entre lágrimas— y no puedo negar que hay en ti ciertas cosas que no me gustan. Pero, a pesar de todo, es espantoso que puedas sospechar que necesito valerme de una artimaña tan baja contra ti… No obstante, pensándolo mejor, el someterme a tus acusaciones será la mejor forma de demostrar lo que he sentido hasta ahora en todo este asunto. En esta forma, yo sola cargaré con la culpa y nadie más se sentirá herido.

Una vez concluido este discurso patético, la señora Yamamoto inclinó su cabeza sobre la mesa y se abandonó a un llanto incontrolable.

Al contemplarla, la señora Matsumura comenzó a reflexionar sobre lo impulsivo de su propio comportamiento. Al dejarse cegar por su antipatía hacia la señora Yamamoto, había perdido la serenidad indispensable para manejar su castigo.

Cuando, después de sollozar prolongadamente, la señora Yamamoto alzó la cabeza nuevamente, la expresión a la vez pura y remota de su rostro se hizo visible aun para su visitante.

Un poco asustada, la señora Matsumura se puso tiesa contra el respaldo de la silla.

—Esto no debería haber sucedido nunca. Cuando desaparezca, todo permanecerá como antes.

Al hablar enigmáticamente, la señora Yamamoto sacudió su hermosa cabellera y clavó una mirada terrible, aunque fascinante, sobre la mesa. En un segundo, tomó la perla que estaba frente a ella y, con gran determinación, se la metió en la boca. Alzando la taza con el meñique elegantemente estirado, se tragó la perla con un sorbo de té de Ceilán frío.

La señora Matsumura la observaba con espantada fascinación. Todo había sucedido sin darle tiempo a protestar. Era la primera vez que veía a alguien tragarse una perla. Además, en la conducta de la señora Yamamoto había algo de la desesperación que se supone puede embargar a quienes ingieren un veneno.

Sin embargo, aunque el acto era heroico, aquél no era más que un incidente conmovedor. La señora Matsumura se encontró con que no sólo su enojo se había disuelto en el aire, sino que la pureza y simplicidad de la señora Yamamoto la hacían considerarla ahora como a una santa.

Los ojos de la señora Matsumura también se llenaron de lágrimas y tomó la mano de la señora Yamamoto.

—Te ruego que me perdones —dijo—, me he equivocado.

Lloraron juntas durante un buen rato, entrelazaron sus dedos y juraron ser, desde aquel momento, las mejores amigas.

Cuando la señora Sasaki se enteró de que las tirantes relaciones entre la señora Yamamoto y la señora Matsumura habían mejorado notablemente y de que la señora Azuma y la señora Kasuga habían enfriado su vieja y sólida amistad, no pudo explicarse las cosas y se limitó a pensar que todo era posible en este mundo.

Fuera como fuera, siendo una mujer sin demasiados escrúpulos, la señora Sasaki pidió a un joyero que remodelara su anillo en un formato en el cual se pudieran engarzar dos nuevas perlas, una grande y una chica, y lo usó sin complejos, sin ulteriores incidentes.

Al poco tiempo había olvidado las conmociones de aquel cumpleaños, y cuando alguien se interesaba por su edad, contestaba con las eternas mentiras de siempre.

www.ingramcontent.com/pod-product-compliance
Lightning Source LLC
Chambersburg PA
CBHW032242310726
48973CB00008B/2254